"一带一路"与南向开放

(第三卷)

赵晋平 赵跃宇 罗来军 等著

中国社会科学出版社

图书在版编目（CIP）数据

"一带一路"与南向开放 . 第三卷 / 赵晋平等著 . —北京：中国社会科学出版社，2021.4
ISBN 978-7-5203-7140-7

Ⅰ.①—… Ⅱ.①赵… Ⅲ.①"一带一路"—国际合作—研究 Ⅳ.①F125

中国版本图书馆 CIP 数据核字（2020）第 169184 号

出版人	赵剑英
责任编辑	张冰洁　乔镜蕾
责任校对	周　昊
责任印制	王　超

出　　版	中国社会科学出版社
社　　址	北京鼓楼西大街甲 158 号
邮　　编	100720
网　　址	http://www.csspw.cn
发 行 部	010-84083685
门 市 部	010-84029450
经　　销	新华书店及其他书店

印　　刷	北京明恒达印务有限公司
装　　订	廊坊市广阳区广增装订厂
版　　次	2021 年 4 月第 1 版
印　　次	2021 年 4 月第 1 次印刷

开　　本	710×1000　1/16
印　　张	19.5
插　　页	2
字　　数	272 千字
定　　价	108.00 元

凡购买中国社会科学出版社图书，如有质量问题请与本社营销中心联系调换
电话：010-84083683
版权所有　侵权必究

《"一带一路"与南向开放》作者
（排名不分先后）

赵晋平 国务院发展研究中心对外经济研究部原部长，海南大学经济学院特聘教授，海南大学海南省开放型经济研究院名誉院长、学术委员会主任，享受国务院政府特殊津贴。

赵跃宇 博士，教授，博士生导师，享受国务院政府特殊津贴专家。现任广西大学校长，第十三届全国政协委员，广西壮族自治区第十三届人大常委。

李后强 四川省社会科学院党委书记、教授，享受国务院政府特殊津贴

罗来军 中国人民大学经济学院教授、博士生导师；中国人民大学长江经济带研究院首任院长；现挂职中共海南省委政研室副主任

马　亮 中国人民大学公共管理学院教授、博士生导师

戴稳胜 中国人民大学国家发展与战略研究院研究员，财政金融学院教授

李世杰 海南大学经济学院院长、教授，享受国务院政府特殊津贴

前　言

我国已制定2025年将基本建成西部陆海新通道的宏伟目标，并将建设西部陆海新通道上升为国家战略。西部陆海新通道既是南向开放出海大通道，与西部大开发战略、长江经济带有机衔接，共同提升西部在构建新发展格局中的作用，拓展我国高质量发展战略空间，服务于国家全面开放发展、协同发展的大局。为实现南向开放战略更系统的谋划和更精准的定位，中国人民大学长江经济带研究院首任院长、中共海南省委政研室副主任（挂职）罗来军教授对此深入策划，联合广西大学校长赵跃宇教授、国务院发展研究中心对外经济研究部原部长赵晋平、海南大学经济学院李世杰教授、四川省社会科学院党委书记李后强、中国人民大学国家发展与战略研究院马亮教授、中国人民大学国家发展与战略研究院戴稳胜教授等专家共同开展研究。

本部《"一带一路"与南向开放》（第三卷）分为两大部分：第一部分为"一带一路"南向出海大通道研究，该部分重点对出海大通道建设的优劣性进行了分析，结合目前出海大通道建设的现状，指出了建设过程中还存在的问题，为全力推进"一带一路"南向出海大通道建设提出了对策建议；第二部分为"一带一路"与南向开放"软件"建设研究，该部分内容包括"一带一路"与南向开放"软件"建设的重要意义、"一带一路"与南向开放研究动态、"一带一路"与南向开放政策沟通进展、"一带一路"与南向开放贸易便利化进展、"一带一路"与南向开放文化教育交流进展、南向开放"软件"

前言

建设存在的问题、南向开放"软件"建设问题的原因探究、国家视阈下推进南向开放的对策、省份视阈下推进南向开放的对策等方面。全书内容为实现西部陆海新通道突出新亮点、迸发新动能提供政策建议和决策参考。主要研究成果和内容在该书中予以呈现，以飨读者。

除了上述专家之外，来自于中国人民大学、广西大学的参研人员还有郭庆宾、李光辉、黄立群、吕妍、张练、谢东丹、黄志敏、张正华。在此对各位研究人员致以衷心感谢。

目　　录

第一部分　"一带一路"南向出海大通道研究

第一章　引言 ………………………………………………（3）
第一节　研究的背景 ………………………………………（3）
第二节　研究的意义 ………………………………………（6）
第三节　文献回顾及评价 …………………………………（7）

第二章　"一带一路"南向出海大通道建设的
优劣势分析 ……………………………………………（18）
第一节　"一带一路"南向出海大通道建设的
优势分析 …………………………………………（18）
第二节　"一带一路"南向出海大通道建设的
劣势分析 …………………………………………（32）

第三章　"一带一路"南向出海大通道建设的现状 ………（44）
第一节　基础设施建设情况 ………………………………（44）
第二节　物流通道建设情况 ………………………………（58）
第三节　沿线经济发展情况 ………………………………（64）
第四节　沿线贸易发展现状 ………………………………（75）

目 录

第四章 "一带一路"南向出海大通道建设存在的问题 ……… (90)
  第一节 陆海新通道建设要求高与经济发展水平低的
        矛盾突出 ………………………………………… (90)
  第二节 陆海新通道建设成本高与投资回报周期长的
        矛盾突出 ………………………………………… (97)
  第三节 集疏运体系建设需求高与各方协调不畅的
        矛盾突出 ………………………………………… (107)
  第四节 陆海新通道发展合力需求与各方多元利益
        诉求不一致 ……………………………………… (112)

第五章 推进"一带一路"南向出海大通道建设的对策 ……… (115)
  第一节 加强基础设施建设，增强互联互通能力 ………… (115)
  第二节 加快物流设施建设，打造现代物流体系 ………… (117)
  第三节 加强协调机制建设，提升通道可持续发展能力 … (121)
  第四节 扩大区域协同合作，优化南向开放布局 ………… (123)
  第五节 优化财税金融支持政策，保障通道资金供给 …… (125)
  第六节 提升营商环境和运营水平，打造陆海贸易
        通道典范 ………………………………………… (128)

第二部分 "一带一路"与南向开放"软件"建设研究

第一章 "一带一路"与南向开放"软件"建设重要意义 …… (133)
  第一节 推进深化对外开放的关键路径 …………………… (133)
  第二节 加强沿线国家深度对接的重要纽带 ……………… (137)
  第三节 推动中国形成全面开放新格局重要平台 ………… (140)

第二章 "一带一路"与南向开放研究动态 ………………… (144)
  第一节 "一带一路"南向通道研究动态 ………………… (144)

第二节　中国—中南半岛经济走廊研究动态 …………………（150）
　　第三节　孟中印缅经济走廊研究动态 ………………………（155）
　　第四节　中巴经济走廊研究动态 ……………………………（159）

第三章　"一带一路"与南向开放的政策沟通进展 …………（165）
　　第一节　与南向开放主要国家的合作备忘录不断签署 ……（166）
　　第二节　南向开放相关发展规划纲要不断出台 ……………（172）
　　第三节　南向开放相关国际性合作论坛不断推进 …………（176）
　　第四节　与南向开放主要国家的高层互访不断加强 ………（180）

第四章　"一带一路"与南向开放的贸易便利化进展 ………（184）
　　第一节　深化南向开放的设施联通水平大幅提升 …………（184）
　　第二节　深化南向开放的贸易畅通成果丰硕 ………………（194）
　　第三节　深化南向开放的资金融通支撑作用明显 …………（199）

第五章　"一带一路"与南向开放的文化教育交流进展 ……（207）
　　第一节　文化交流平台日益完善 ……………………………（207）
　　第二节　文化交流渠道日益拓宽 ……………………………（212）
　　第三节　与大洋洲国家文化交流日益融合 …………………（215）
　　第四节　人才培养和教育合作日益深入 ……………………（219）

第六章　南向开放"软件"建设存在的问题 …………………（223）
　　第一节　地方同质化竞争和话语权争夺严重 ………………（223）
　　第二节　国内民营企业和金融机构参与力度不够 …………（224）
　　第三节　南向开放的相关人才储备不足 ……………………（229）
　　第四节　动机和结果遭受质疑 ………………………………（231）
　　第五节　人文交流广度与深度不足 …………………………（234）

目录

第七章　南向开放"软件"建设问题的原因探究 …………（237）
 第一节　官员任职时间与考核机制存在矛盾 …………（237）
 第二节　国家对"南向开放"缺乏有效的顶层设计 …………（238）
 第三节　南向开放沿线国家的国情存在较大差异 …………（239）
 第四节　南向开放区域地缘政治错综复杂 …………（241）
 第五节　跨区域的国际合作和协调机制不健全 …………（241）
 第六节　国内腹地开放基础薄弱 …………（242）
 第七节　跨文化传播和公共外交体系建设存在缺陷 …………（243）

第八章　国家视域下推进南向开放"软件"建设对策 …………（245）
 第一节　加强中央顶层设计与地区内部统筹 …………（245）
 第二节　加强不同国家政府之间的沟通与协调 …………（246）
 第三节　推进企业间国际经贸与投资合作 …………（248）
 第四节　发挥统战力量促进不同国家人民民心相通 …………（250）
 第五节　加强南向开放中沿线国家软件基础设施的
    互联与保障 …………（254）
 第六节　加快南向开放的配套保障体系建设 …………（255）
 第七节　发挥南向开放中自贸区的制度优势 …………（258）

第九章　省份视域下推进南向开放"软件"建设对策 …………（260）
 第一节　重庆市推进南向开放"软件"建设对策 …………（260）
 第二节　四川省推进南向开放"软件"建设对策 …………（264）
 第三节　云南省推进南向开放"软件"建设对策 …………（270）
 第四节　贵州省推进南向开放"软件"建设对策 …………（273）
 第五节　甘肃省推进南向开放"软件"建设对策 …………（274）
 第六节　广西壮族自治区推进南向开放"软件"建设对策 …（277）
 第七节　广东省推进南向开放"软件"建设对策 …………（280）
 第八节　海南省推进南向开放"软件"建设对策 …………（285）

参考文献 …………（289）

第一部分 "一带一路"南向出海大通道研究

第一章 引言

第一节 研究的背景

2015年11月习近平主席访问新加坡，中新两国签约启动中新（重庆）战略性互联互通示范项目。"南向通道"是在中新互联互通项目框架下，中方以重庆为枢纽、运营中心，东南亚以新加坡为重要节点，通过铁路、公路、水运、航空等多种交通运输组织方式，向北经由南线欧亚大陆桥连通中亚、欧洲，向南通达东南亚国家的主要物流节点，旨在加强中国西部省区市与新加坡等东盟国家的物流联通、国际经贸合作，进而辐射南亚、中东、澳新等区域的复合型国际贸易物流通道的总称。"南向通道"向北连接丝绸之路经济带，向南经广西与新加坡等东盟国家通过海运连接21世纪海上丝绸之路，形成"一带一路"经中国西部地区的完整环线，因此，"南向通道"也称为"一带一路"南向出海大通道。

2018年11月12日，中新两国正式签订《关于中新（重庆）战略性互联互通示范项目"国际陆海贸易新通道"建设合作的谅解备忘录》，将"南向通道"正式更名为"国际陆海贸易新通道"[1]（简称陆海新通道）（详见表1-1），名称上的变化意味着中新两国有了更广泛、更深层次的合作内容，也为促进中国与东盟国家间的合作提

---

[1] 钟明容、刘忠萍：《西部陆海新通道高水平、高质量发展研究文献综述》，《物流科技》2019年第8期。

供了交通便利,为"一带一路"参与国之间的互联互通以及深化区域合作、国际经贸往来提供了更加便利的国际性综合大通道。

2019年10月13日,重庆、广西、陕西、四川、内蒙古、贵州、甘肃、云南、宁夏、青海、新疆、西藏西部12省区市以及海南省和广东湛江市,在重庆市进行框架协议签约,合作共建西部陆海新通道。西部陆海新通道朋友圈扩展到14个省区市。重庆、成都分别经贵阳、怀化、百色至北部湾港(钦州港、北海港、防城港港)的铁路运输线已基本形成,与中欧班列的衔接效率得到优化,集装箱班列开行频率大幅提升,保证每日均有开动;物流组织形式得到优化,中国—中南半岛跨境公路班车以及国际铁路联运初步建成;北部湾港口整体竞争力显著上升,软硬件设施同步提升,对西部地区经济转型发展、拓展新的经济空间、形成西部大开发新格局产生积极影响。

2019年8月15日,国家发展改革委印发《西部陆海新通道总体规划》,该规划明确至2025年基本建成西部陆海新通道,这也标志着建设西部陆海新通道上升为国家战略。西部陆海新通道既是"一带一路"南向出海大通道,又与西部大开发战略、长江经济带有机衔接,共同服务于国家全面开放发展、协同发展的大局。

表1–1　　　　　　　　"西部陆海新通道"大事记

时间	事件
2015年11月6—7日	习近平主席访新,中新两国签约启动中新(重庆)战略性互联互通示范项目
2016年3月25日	中新(重庆)战略性互联互通示范项目跨境人民币创新业务试点启动
2017年8月31日	渝、桂、黔、陇4省区市签署《关于合作共建中新互联通项目南向通道的框架协议》
2017年9月25日	南向通道铁海联运班列正式开通运营
2018年4月20日	南向通道首次与中欧班列实现无缝衔接
2018年6月2日	青海加入合作共建"南向通道"工作机制

第一章 引言

续表

时间	事件
2018年6月26日	南向通道铁海联运线路首次开通冷链运输班列
2018年8月30日	新疆加入合作共建"南向通道"工作机制
2018年10月26日	北部湾港（防城港）至重庆冷链专列正式首发，这标志着防城港站正式加入西部陆海新通道建设，途经北部湾港的国际铁海联运班列又增添了新成员
2018年11月12日	中新两国正式签订《关于中新（重庆）战略性互联互通示范项目"国际陆海贸易新通道"建设合作的谅解备忘录》，将"南向通道"正式更名为"国际陆海贸易新通道"（本课题后文简称"陆海新通道"）
2019年1月	云南、宁夏宣布加入共建陆海新通道工作机制
2019年3月29日	广西服务西部陆海新通道铁海联运重要工程——钦州港东站集装箱办理站东站作业区正式投入使用，西部陆海新通道铁海联运实现换挡提速
2019年5月16日	陕西正式加入陆海新通道共建合作机制
2019年8月15日	国家发展改革委印发《西部陆海新通道总体规划》，明确到2025年将基本建成西部陆海新通道
2019年10月13日	重庆、广西、贵州、甘肃、青海、新疆、云南、宁夏、陕西、四川、内蒙古、西藏西部12省区市以及海南省和广东湛江市，在重庆市进行框架协议签约，合作共建西部陆海新通道。西部陆海新通道朋友圈扩到14个省区市
2019年12月27日	西部陆海新通道跨境（公路）货运班车正式开行，标志着成都至东南亚国家的公路货运模式全面开启
2020年3月5日	青海至曼谷首趟铁海快线国际班列开行，途经西部陆海新通道运行时间约18天
2020年3月6日	西部陆海新通道铁海联运班列（重庆涪陵—广西钦州）的首班车开行
2020年3月10日	西部陆海新通道开行青海铁路箱专列

资料来源：笔者根据资料整理。

与区域经济社会发展和扩大对外开放要求相比，"一带一路"南向出海大通道的建设还存在许多突出问题。西部陆海新通道经过的西部地区存在经济发展水平低、基础设施建设薄弱、缺乏有效产业支撑、缺乏人才等问题,这直接影响着基础设施投入建设力度以及投资回报速度,也直接影响着未来西部陆海新通道的发展水平;西部多省区的物流体系缺乏顶层规划思路,港口、铁路、航空、公路"各自为政",服务于新通道的物流网络、物流成本缺乏竞争力,现有的基础设施配套体系和服务体系尚不完善,现有的多式联运规模、航线数量不能满足西部陆海新通道的发展需求。亟待补齐铁路运输、港口设施、公路建设等短板,亟待解决通关便利化、多式联运体系建设和物流通道便利化等问题,亟待协调基础设施建设成本高与经济发展水平低、集疏运体系建设与各省市协调机制缺乏等矛盾。

因此,在西部陆海新通道面临多项发展机遇和种种现实问题的背景下,沿线省市只有抓住机遇,妥善补齐短板、解决问题和协调矛盾,未来西部陆海新通道才能真正建设成为畅通西部地区的大通道、联结东南亚经贸合作的新桥梁和联动"一带"和"一路"的新纽带。

第二节 研究的意义

目前,世界正处于大发展大变革大调整时期,中国发展仍处于并将长期处于重要战略机遇期。随着新一轮西部大开发战略顶层规划的出台、区域协调发展战略的深入推进和高质量高标准高水平共建"一带一路"的现实要求,中新互联互通项目下的"南向通道"进一步扩大内涵和覆盖范围,上升为新时代服务中国进一步开放发展的国家战略——西部陆海新通道。西部陆海新通道向北连接丝绸之路经济带,向南经广西与新加坡等东盟国家通过海运连接21世纪海上丝绸之路,向东衔接长江经济带,形成"一带一路"经中国西部地区的完整环线。新通道对内协同衔接长江经济带,促进中国西部发展,在区域协调发展格局中具有重要战略地位;对外具有助推"一带一路"建设、加强中国与东盟合作的多重意义,是新时代深化"形成陆海内外联动、东西双向互济的开放格局"的重要举措。

互联互通是贯穿"一带一路"建设的血脉经络。习近平总书记在第二届"一带一路"国际合作高峰论坛演讲中明确指出：中国将同各方继续努力，构建以新欧亚大陆桥等经济走廊为引领，以中欧班列、陆海新通道等大通道和信息高速路为骨架，以铁路、港口、管网等为依托的互联互通网络。[①] 西部陆海新通道是"一带一路"的合龙工程。因此，本部分着眼于陆海新通道的基础设施建设以及互联互通问题，以期加快通道和物流设施建设，提升运输能力和物流发展质量效率，深化国际经济贸易合作，促进交通、物流、商贸、产业深度融合，为推动西部地区高质量发展、建设现代化经济体系提供有力支撑。

第三节 文献回顾及评价

一 理论基础：点轴理论

点—轴系统理论是由我国著名地理学家陆大道在德国经济地理学家 W. Christallerde 中心地理论、瑞典地理学家 T. Hagerstrand 的空间扩散理论和法国经济学家 F. Perroux 的增长极理论基础上提出的，是指在区域经济发展的过程中，经济中心首先集中出现在少数条件优越的地区，并且呈斑点状分布，这些"点"即为区域经济发展的增长极。"轴"一般是指"交通基础设施束"——陆路交通线、水运通道等连接组成。区域经济的发展要依靠"交通基础设施束"将该区域的增长中心"点"连接起来，进行生产要素交换的活动。通过轴线的连接，区域经济得以活跃发展，中心点发展增大，首先增大的一批中心点将对周围区域产生经济影响。点轴系统中的"轴线"首先是为区

[①] 习近平：《齐心开创共建"一带一路"美好未来——在第二届"一带一路"国际合作高峰论坛开幕式上的主旨演讲》，中华人民共和国中央人民政府，2019年4月26日，http://www.gov.cn/gongbao/content/2019/content_ 5389301. htm。

域增长极服务的，但轴线一经形成，人口、资本、产业将向轴线两侧集聚，新的增长点也会随之产生。点轴贯通，就形成点轴系统。因此，点轴开发可以理解为从发达区域大大小小的经济中心（点）沿交通线路向不发达区域纵深地发展推移。

点轴系统理论中的"点"和"轴"具有自发形成的特点，"点"是区域的增长中心，其对于周围地区经济辐射的需求和经济要素的交换互动过程而初始形成陆路和水路等基础交通线路，即为"轴"，这些基础交通线路将区域内更多的增长点相连，形成更加稳定、便利的增长系统。建设西部陆海新通道，形成区域内多省区、多国家的共商共建机制本质上是对"点轴理论"的逆向应用，即创造良好的基础交通条件，打破区域间经济要素交换的通道瓶颈、现实制约，以交通"轴"的发展联动多个区域增长"点"的经济互动，形成区域经济发展联动、繁荣的新格局。

二 关于"一带一路"南向出海大通道的战略及意义研究

从"一带一路"南向出海大通道到西部陆海新通道，学者对其战略地位和意义的研究也在丰富拓展。"一带一路"南向出海大通道是实现南北贯通、东西互济、海陆联通全面开放格局的大通道和新平台，对于连接"一带"与"一路"、促进中国—东盟互联互通、发展中新关系、构建中国对外开放新格局和带动相关省区的发展均具有重要意义[①]。

三 关于西部省区市共建西部陆海新通道的研究

随着西部陆海新通道建设的不断推进，学者们对通道建设的研究也越来越多，特别是对西部区域各省区市参与西部陆海新通道合作共

---

① 杨祥章、郑永年：《"一带一路"框架下的国际陆海贸易新通道建设初探》，《南洋问题研究》2019年第1期；郝洁、李大伟：《将南向通道建设为西部地区全面开放战略大通道的思考》，《中国发展观察》2019年第Z1期。

建的情况，对不同省区市的定位、发展对策以及如何深度参与西部陆海新通道建设展开了研究。

（1）重庆市。在重庆、广西、贵州和甘肃四省区市于2017年8月31日共同签署的《关于合作共建中新互联互通示范项目南向通道的框架协议》里有提到"南向通道隶属于中新战略性互联互通示范项目框架。其中的运营中心是重庆，关键节点分别为广西、贵州和甘肃"。这是我国西部地区的省区市与东盟各国（如新加坡等）互联互动，合作打造的国际陆海新通道。同时，该新通道也为"一带一路"的有机衔接起到重要作用。[①] 在"南向通道"建设中，如何充分发挥其Y形交叉口的重要优势，依托南向通道，优质发展枢纽经济，打造内陆开放高地，建设内陆自由港，是重庆面临的重大挑战之一。而战胜这一挑战也有助于重庆自身实现地区经济增长动能转化。[②] 黄振东在分析了重庆长江水运现状的基础上，提出重庆在参与"南向通道"共建的过程中需重点关注两个方面的发展，分别是在集装箱业务方面要充分利用广西北部湾港和在"南向通道"的集疏运体系方面应注意在公路运输作为基础的同时以铁路运输为骨干，而水路运输为辅助的体系建设。[③] 除此之外，重庆还应当统筹规划和利用原有通道，促使大通道之间、主辅通道之间形成整体的联通；通过加速提升铁路的货运能力来补足短板；依靠新通道的物流服务能力来促进国际贸易的发展。[④]

[①] 来源于2017年8月31日，重庆、广西、贵州、甘肃四省区市在重庆签署的《关于合作共建中新互联互通示范项目南向通道的框架协议》中的内容。资料来源："从南向通道到'陆海新通道'，'陆海新通道'到底是什么？"，新浪网，2019年7月28日，http://k.sina.com.cn/article_3049725331_b5c71d9302700z6re.html。

[②] 姚树洁、欧璟华、房景：《"一带一路"框架下国际陆海贸易新通道与中蒙俄经济走廊建设——基于打造重庆内陆开放高地视角的研究》，《渭南师范学院学报》2018年第24期。

[③] 黄镇东：《中国西南地区建设"南向通道"的前景》，《重庆交通大学学报》（自然科学版）2019年第11期。

[④] 李牧原、郝攀峰、许伟：《试看"南向通道"的战略布局（二）》，《中国远洋海运》2018年第7期。

第一部分 "一带一路"南向出海大通道研究

（2）广西。作为国家"一带一路"倡议的重点项目之一的南向通道建设，为广西深度融入"一带一路"建设，贯彻落实中央赋予"三大定位"新使命提供了战略手段。广西作为南向通道的陆海门户，为加快构建"南向、北联、东融、西合"的全面开放的新型发展模式，正发挥着自身的独特优势，为区域发展服务。①广西深度参与西部陆海新通道共建的是着力推动北部湾港的发展，因此突破基础设施瓶颈，加快"西南陆桥"建设势在必行，形成和完善多式联运综合服务成为当务之急。此外，广西为贯彻落实《西部陆海新通道总体规划》，专门制定并印发了4个政策文件和8个实施方案，这些政策和方案提出加快推进北部湾港口软硬件设施、大能力铁路通道和通道现代物流业体系等各方面的建设，促进通道建设与产业融合发展，有任务、有目标、有行动地贯彻落实国家总体规划的顶层设计和政策保障。②

（3）甘肃。在南向通道的建设过程中，兰州是实现其与新亚欧大陆桥通道有效衔接的重要节点城市，极具战略意义。加入"南向通道"的共建合作，为地处胡焕庸线分界线且表现出显著的资源性经济特征而外向型经济不发达的兰州带来更多的发展机遇：一是为兰州找到最近的出海通道；二是可以借助兰渝铁路带动兰州经济发展；三是可以有效结合陇海铁路的物流通道业务培养枢纽转运能力。但与此同时，兰州在"南向通道"共建的过程中也面临着一定的挑战，主要

---

① 蒋连生：《发挥海陆门户新优势 打造开放合作新通道 南向通道建设开辟广西发展广阔空间》，《广西经济》2018年第8期。

② 资料来源：广西壮族自治区人民政府门户网。4个政策文件为：《南宁国际铁路港开发建设支持政策》《广西加快西部陆海新通道建设若干政策措施（修订版）》《关于金融支持西部陆海新通道建设的若干政策措施》《西部陆海新通道广西物流业发展规划（2019—2025年）》；8个实施方案为：《广西建设西部陆海新通道建设实施方案》《西部陆海新通道物流体系建设攻坚行动实施方案（2019—2020年）》《西部陆海新通道基础设施建设攻坚行动实施方案（2019—2020年）》《西部陆海新通道综合交通基础设施建设实施方案（2019—2020年）》《西部陆海新通道重点铁路项目建设实施方案（2019—2021年）》《西部陆海新通道广西铁海联运主干线运营提升实施方案（2019—2020年）》《西部陆海新通道港航及园区基础设施建设实施方案（2019—2020）》《广西建设西部陆海新通道工作任务清单》。

第一章 引言

来自于货源基础不足;现有物流园区具有数量少、分布零散、发展薄弱等特点,难以形成合力;通道未能形成良好的枢纽能力;通道运营主体的能力水平较低这四个方面。对此,兰州应该明确自身在南向通道建设中的定位与作用,抓住机遇的同时迎接挑战,尽快破解发展难题,克服挑战,做好顶层设计并且明确阶段性目标,拓展更大的发展空间。[①]

(4)云南。国家"一带一路"、孟中印缅经济走廊这些一系列的部署,为云南的发展提供了动力。在此背景下,云南提出全力打造"云南国际大通道"的构想,重点构建能够有效促进互联互通、推进国际运输合作的交通运输支撑体系,加快推进能够实现高效率"出省出境"的公路与水运的通道建设。[②] 近代以来,云南省的地缘优势使其在形成自身对外开放格局的过程中,有效吸收容纳了近代南亚、东南亚殖民地国家的现代交通条件,形成了具有一定水平的开放体系和开放通道经济发展路径。其开放系统由商埠、交通干线和中心集镇群组成,三者分别是开放系统的支点、支撑、纽带;该路径主要面向欧美市场,实现对外联系和对内引进。今后,云南的定位将转变为通道建设主体之一。中国西部地区与东南亚形成国际铁路联运的愿望在中老铁路的开通之后货物可以在泛亚铁路实现相互联通的条件下有望变成现实。[③]

(5)贵州。贵州被纳入西部陆海新通道的规划范围后,从"一带一路"的边缘地带变成了中心区域。贵州积极配合西部陆海新通道的建设,加快发挥贵州这一重要枢纽的经济优势和区位优势的作用,缩小与东部地区的差距。特别是在基础设施的建设上,加大对

[①] 李牧原、郝攀峰、许伟:《试看"南向通道"的战略布局(二)》,《中国远洋海运》2018年第7期;翟晓岩:《"南向通道"建设中的甘肃战略定位与辐射作用》,《天水行政学院学报》2019年第6期。

[②] 夏晓伦:《云南构建互联互通国际大通道 助推"一带一路"建设》,人民网,2015年8月28日,http://finance.people.com.cn/n/2015/0828/c1004_27527979.html。

[③] 饶卫:《近代云南对外开放格局的形成及其历史意义》,《云南师范大学学报》(哲学社会科学版)2017年第1期。

交通设施的资金投入，扶持建筑企业尤其是涉及建造公路、桥梁、轨道以及隧道项目的企业，进一步对交通网络进行布局和规划，实现互联互通，服务实体经济发展。① 通过研究贵州地区的地区增长总值、三次产业机构、进出口贸易额占全国比重及贵州的全国排名，发现贵州在"一带一路"建设中的地位并不突出，要改变贵州的内陆劣势，要积极采用以下几项措施对接"一带一路"倡议。一是向北打通经过重庆、程度连接欧亚大陆桥，向"丝绸之路经济带"靠拢；二是向南打通通往中印缅、中南半岛经济走廊；三是对接长江经济带，与珠江三角洲城市群共同建设。②

（6）新疆。新疆位于我国西北边陲，地处亚欧大陆的腹地，与周边八个国家接壤。目前既是第二座"亚欧大陆桥"的必经之地，也是"丝绸之路经济带"的核心地带，拥有非常重要的战略地位。新疆将通过打造"五大中心"即金融中心、交通枢纽中心、商贸物流中心、文化教科中心、医疗服务中心来支持"一带一路"核心区域的建设。此外，将通过与中亚地区国家的高新技术等方面的科技合作，进一步促进科技的战略升级和国际友谊的深化。③ 新疆通过政策沟通、设施联通、贸易畅通、资金融通和民心相通的方式积极建造"丝绸之路经济带"，配合国家相关部门开展与周边国家的多方位合作，尤其是在基础设施方面，通过续建、扩建铁路、公路、管道和航空等交通设施，提高运输效率，扫除与其他国家的交通障碍，实现与周边国家顺畅的贸易往来。此外还通过合作油田开发、光伏发电等项目，推进国际产能和能源合作的深化。④

（7）陕西。战略通道有助于克服距离和空间上的矛盾，降低贸易

---

① 谢春芳、董娟：《贵州外向型企业的历史新机遇：西部陆海新通道》，《企业科技与发展》2019年第11期。

② 张陇娟、王尚平：《南向通道：渝桂黔陇区域开放度实证分析》，《物流科技》2018年第11期。

③ 乔文汇：《新疆丝绸之路经济带核心区建设加速》，《大陆桥视野》2015年第5期。

④ 王宏丽：《新疆"丝绸之路经济带"核心区建设进程与前景展望》，《克拉玛依学刊》2018年第1期。

成本，既节省了资源获取的时间，也节省了在商品交易上花费的时间。交通运输等基础设施是经济要素和商品流通的根本保障。陕西将充分利用自身优势，通过对战略硬通道和软通道的建设，确定自身的主导产业，形成合力的布局，强化丝绸之路经济带的经济联系。此外，还应注重制度设计，信息传输与共享、区域之间的相互合作等。①为了陕渝铁水联运通道的运输与实际运输需求相互匹配，陕西积极规划建设，释放运输能力，确定通道建设方案，分别从通道内铁路、港口和长江水道三个部分分析，充分发挥铁路和水道联运的互补作用，完善运输系统，进一步提高交通运输的经济效益，保证能源运输通畅②。

（8）四川。四川成都自古以来就是南方丝绸之路的起点，通过茶马古道来连接东南亚和南亚，同时也占据着连接中蒙俄、新亚欧大陆桥、中国—中亚—西亚、中国—中南半岛、中巴、孟中印缅六大经济走廊的战略位置。四川省为了继续优化南向陆海贸易通道，在对外交往、经贸合作、交通设施和人文交流方面都投入了大量的资金和努力。通过达成区域间的合作机制，积极筹建铁路、高速公路、口岸和港口的共建和项目合作。特别是加大对宜宾、攀枝花、泸州等地贸易港、物流基地的建设，降低交通运输的阻碍，全面提升通道基础设施的水平，形成互联互通的开发格局和体系。在充分激活通道的经济效能的同时，也为"南向通道"沿线的建设进行持续的优化和提升。③为了进一步完善四川省南向铁路货运通道的建设，结合目前四川省的经济状况、货运运输情况的规划、现状以及四川省南向铁路货运通道的历史使命和战略地位，通过对比分析重庆、贵州、云南、广西、广东、西藏、甘肃、陕西、华北、华东等地货运总量，针对四川存在线

---

① 卫玲、戴江伟：《丝绸之路经济带：形成机理与战略构想——基于空间经济学语境》，《西北大学学报》（哲学社会科学版）2014 年第 4 期。
② 胡必松：《陕渝铁水联运通道研究》，《铁道标准设计》2017 年第 6 期。
③ 崔文博：《四川省融入中蒙俄经济走廊发展的建议》，《北方经济》2020 年第 1 期。

路规模小、标准低、运输能力差、服务有待提高和区域间绕路较多的问题，提出了加快铁路扩大规模，提升运输能力，建造最短货运铁路和利用政策优势增强通道服务水平和吸引力的对策，对四川省南向通道的建设具有重要意义。①四川需在"一带一路"建设和长江经济带的建设中承担起弥补西南地区出海通道短板的问题，围绕"四向拓展、全域开放"的战略方向，力图从提高运输能力、强化集聚和扩散、注重商品输出规模、实现双向投资的能力和提升区域间顺利交流沟通能力等几方面着手建设。②

（9）西藏。虽然自然条件恶劣且地处边陲，但是西藏在古代属于西北陆海丝绸之路和南方海上丝绸之路的关键节点。目前，西藏在"一带一路"的建设中占据不可或缺的重要位置，同时也是属于南向通道建设的重要区域。随着高速公路、铁路、航空等交通设施建设日益丰富，西藏大力发展对外贸易和对外开放的条件逐渐完善。西藏在建设南向通道的过程中，主要通过实现与尼泊尔的贸易往来、投资基础设施、加快口岸建设、建设中尼自由贸易区和综合保税区等方式助力南向通道的建设。为了进一步融入"一带一路"的建设，巩固南向通道建设成果，西藏要充分发挥好政府和民间的作用，坚定对外开放的决心，结合自身资源的优势和政策的扶持条件，积极发挥在南向通道中的枢纽作用。③

（10）广东湛江市。湛江市作为"21世纪海上丝绸之路"的重要战略支点，应结合目前的经济发展条件，承担起振兴粤西地区中心城市的使命。为了与沿"带"沿"路"的国家和地区进行战略合作，湛江从产品出口结构进行优化，对体制机制进行改革，站在新的战略

---

① 孟昕馨、帅娟：《四川省南向铁路货运通道研究》，《铁道经济研究》2019年第2期。

② 盛毅：《借势西部陆海新通道建设 深化四川南向开放》，《四川日报》2019年8月29日第7版。

③ 王延中：《加快西藏融入"一带一路"能力建设》，《中国民族报》2019年6月18日第6版。

视野和起点上进一步构建"湛江—东盟"互利互惠的对外开放模式，积极建设港口产业，实现港口和城市相融合的创新发展模式，充分发挥湛江在"21世纪海上丝绸之路"的地位优势和经济优势。[①] 为了保证湛江海洋产业与"一带一路"的建设相融合，湛江积极构建区域合作机制，大力发展交通运输，保证运输资源的高度配置，巩固和扩大湛江海洋企业的优势地位和业务范围。同时，主动对接东盟先行区建设、打通与北部湾沿海城市的合作渠道，将湛江打造成为"内联外通"和"泛珠三角合作"的发展大平台。[②]

四 关于西部陆海新通道建设中物流通道建设的研究

西部陆海新通道建设的立足点在于物流通道建设。"南向通道"的全部要义是立足于物流通道建设并将物流通道作为引擎，面向新通道沿线的通道经济增长需求以形成新的区域经济合作。[③] 在新的时代背景下，传统国际贸易依托海运为主要通道的物流模式正受到经济结构变化所带来的新挑战。国际物流通道正在从海运为干线运输转变为陆路与海运并举、其模式从贸易或运输通道转变为物流通道、其服务从单一运输方式为主转变为多式联运网络化服务，这三个方面的变化使得国际物流大通道的建设朝向网络化、平台化和品牌方向发展。但是纵观国内各地物流通道的建设情况，不难发现很多共性问题，如物流大通道建设的目标导向不明确、协调机制不健全导致通道多但却缺乏其间的大联通、用运输线路替代物流体系、刻意求新、不顾市场规律、缺乏大枢纽支撑大通道、通道运输组织水平有待提高等。如何实现海陆通道的高效联通、与国际市场衔接

[①] 汤晓龙：《"一带一路"节点城市的发展路径研究——以广东省湛江市为例》，《财经理论研究》2016年第2期。

[②] 王幸福、高维新：《湛江海洋产业对接"一带一路"倡议的对策研究》，《湖北经济学院学报》（人文社会科学版）2018年第10期。

[③] 李牧原、郝攀峰、许伟：《试看"南向通道"的战略布局（一）》，《中国远洋海运》2018年第6期。

而提高国内运输市场的标准化程度、物流在内陆地区的效率的提高、内陆地区的国际产业资本布局等成为亟待解决的新命题。①

除了一些共性问题外，西部陆海新通道的建设因涉及国际区域合作，口岸及海运陆运物流通道基础设施互联互通不完善、多式联运各环节衔接效率低、国际国内制度标准未有效对接、运输标准规范不同等问题使得协调各方利益成为一个重要议题，上述这些问题又直接或间接导致了西部陆海新通道物流成本偏高。而对于国际大通道来说，这其中制度与标准化体系建设和内外协调将是最重要的两个方面，若该两个问题解决不力，则将直接带来物流运输成本高的问题，本质上是通道"通"而不"畅"，国际通道的便利化将失去其竞争力。因此，归纳起来主要是在涉及宏观、中观和微观的三个层面有针对性地解决西部陆海新通道面临的问题方面。其中，宏观层面主要是政策上需要重点突出在国家对战略性物流通道的引导、跨国家的关检一体、国际协调政策和平台、通关便利化和营商环境的改善等等；中观层面主要是政府及行业有关部门需要解决可能影响通道物流高效运行甚至正常运行的问题，落实好通道设施、衔接设施、信息化设施等方面的保障，政府层面要加快产业链构建、外贸经济转型升级、产业差异化及产品高端化发展、物流一体化合力突破等；微观层面主要是在完成物流运输的实际过程中，运输企业的管理水平、集货能力及其对境外市场资源配置等的整体管控。②

---

① 李牧原：《国际物流大通道建设与发展模式》，《中国远洋海运》2018 年第 2 期；辛曼玉：《"一带一路"倡议下国际物流大通道建设研究》，《物流技术》2015 年第 16 期；钟德才：《"一带一路"倡议下国际物流通道建设问题研究》，《中国商论》2017 年第 7 期。

② 王景敏：《"西部陆海新通道"物流系统建设面临的挑战与应对之策》，《对外经贸实务》2019 年第 5 期；张译丹、陈丹蕾、苏小军、唐秋生：《不确定环境下中新南向物流通道运输成本现状评价与发展对策研究》，《智能城市》2018 年第 21 期；邓辉：《建立钦州与中新南向通道 沿线城市物流协作机制的问题研究》，《大陆桥视野》2019 年第 1 期。

五 对现有研究的评价及研究意义

综合上述文献不难看出，南向出海大通道由区域性的发展策略上升为国家战略——西部陆海新通道，其战略意义在不断上升，成为国家的发展大局中的重要一环，其对于区域协调发展、西部大开发战略的推进、深化与东南亚地区的合作和纵深推进"一带一路"高水平高质量发展等的意义不言而喻。但同时从现有的文献中也看到，对于西部省（区）市合作共建新通道的研究停留在单个省（区）、市的研究，鲜有将西部陆海新通道途经的省（区）、市节点作为整体研究对象，全面和系统评估其基础设施建设的现状与瓶颈、发展的优劣势问题、产业链构建的问题、物流体系的建设问题和在建设过程中的突出矛盾等，倘若不把这些省（区）、市作为整体研究、不把西部陆海新通道作为整体研究，就使得"共建"西部陆海新通道名不副实，自然"新通道"也只是货物通道，而不能成为物流经济通道，不能从产业链、供应链、价值链和生态链发力，也自然失去对西部区域的开放作用，更谈不上对区域协调发展、"东西双向互济，陆海内外联动"全面开放新格局的作用。

另外，本部分还考虑到，西部陆海新通道虽已上升为国家战略，在顶层设计上已有较大的突破，但是新通道的各项铁路、公路、港口等基础设施建设，相之配套的物流园区、物流体系、通道标准化和信息化建设、与国际通道衔接通达却是一个纷繁复杂的创建、创新和协调的过程，因此西部陆海新通道的建设不仅仅是将沿线省区、国际区域基础设施"建成"的问题，更是将通道内各个物流节点、方式、模式和市场协调好、连接好和联动发展好的问题。因此统筹考虑西部陆海新通道优劣势、协调沿线内各个节点省市区的共建机制、协调国内国际标准化问题以及促进物流经济通道的发展也是本部分的研究意义所在。

第二章 "一带一路"南向出海大通道建设的优劣势分析

第一节 "一带一路"南向出海大通道建设的优势分析

一 区位优势

西部陆海新通道往南经过海洋和陆地与21世纪海上丝绸之路、中南半岛连接，向北接丝绸之路经济带，协同衔接长江经济带和粤港澳大湾区，是"一带一路"和西部大开发有机衔接的大通道。西部陆海新通道将21世纪丝绸之路和丝绸之路经济带有机衔接，形成了向北通过西安、甘肃、兰州等地连接，与"一带"相连，沟通欧洲、非洲，向南经广西、云南边境通过跨境铁路和跨境公路联通越南等中南半岛国家或以北部湾港为节点，以新加坡港为海运枢纽中心，面向美洲、欧洲、东南亚、大洋洲的物流运输大通道。随着区域内基础设施的不断完善，运输成本的不断降低，陆海新通道将成为中国西部区域经济发展的新引擎，有效促进中国西部和"一带一路"沿线国家的产业优势互补，将给西南地区省份建设向海经济注入新的活力和新的历史机遇。

西部陆海新通道既是中国西南地区也是西北地区出海的国际大通道，自北向南的运输大动脉，主要运输方式包括铁海联运、铁铁联运、跨境公路、跨境铁路以及空运等。现任广西壮族自治区人大常委会副主任张晓钦曾表示"西部陆海新通道从重庆经长江航运出海是

2400千米，运输时间超过14天，如果重庆经铁路到北部湾港口约是1450千米，运距缩短950千米，运输时间只有2天，大大节约运距和时间成本。如果从兰州向南到新加坡，比向东出海时间节约5天左右，陆海运距缩短约一半"。[1]

三峡船闸过闸常态化拥堵并日益加剧为常态。课题组在调研中了解到，与2017年相比，2018年三峡船闸待闸时间为151小时，同比增长42.45%，日均待闸数为883艘，同比增长37.97%，过闸总时间为154小时，同比增长41.28%，船闸通过量为1.44亿吨，同比仅增长4.35%。由此可知，三峡船闸待闸过闸时间增加将近50%，直接导致长江航运的相关货船的运输成本和时间成本大大提升，而过货量仅为4.35%，三峡船闸已经成为长江黄金水道瓶颈并日益加剧。曾经90%以上的货物运输依赖长江航道进出口的重庆，遇到航道枯水期，江海联运每半年航道货物通行效率低的问题如今得到了解决。西部陆海新通道从重庆出发，通过铁海联运、铁铁联运等方式运至全球贸易中心新加坡中转后发往全球，西部陆海新通道将成为一条内贸和外贸功能兼有之的国际贸易大通道。广西在西部陆海新通道上有着重大的战略地位，是面向东盟国家的开放门户，是通道的核心枢纽和陆海交会点。华南经济圈、西南经济圈和东盟经济圈三圈交会于广西，正是这种独特的区位优势，广西成为打造我国西部省份与东盟国家国际贸易物流通道的重要枢纽。

二 政策优势

国家和西南地区为了支持西部陆海新通道建设，出台了一系列的政策，政策叠加优势明显，东西兼顾（见表2-1）。

1. 对外开放及国际合作政策

中国与东盟陆海相连，既是好邻居也是好伙伴，双边建立对话关

---

[1] "中国对东盟投资额加速反转 兰州经广西出海'南向通道'可期"，新浪网，2017年7月11日，http://news.sina.com.cn/c/2017-07-11/doc-ifyhweua4714448.shtml。

系至今已29年。2002年11月4日,《中国与东盟全面经济合作框架协议》签署,自贸区建设正式启动。此后,2007年《中华人民共和国与东盟交通合作战略规划(草案)》(以下简称《规划》)颁布,中国与东盟双方以交通基础设施建设为重点,以便利运输为核心,在中国与东盟之间建立无障碍、高效、安全、环保的国际交通运输体系。[①] 截至2019年,在《中国—东盟交通合作战略规划(修订版)》及其行动规划的指导下,中国与东盟共同推进了一系列交通基础设施项目,并取得了长足的进步。近年来,中国与东盟更是加强双边的战略伙伴关系,加强沟通,持续推进"一带一路"倡议与《东盟互联互通总体规划2025》对接,双边关系进入了全面加速期。

西南地区作为陆海新通道的腹地,在区域全面开放格局中具有重要的战略地位,《西部陆海新通道总体规划》中给了西部陆海新通道四大定位,推进西部大开发形成新格局的战略通道,连接"一带"和"一路"的陆海联动通道,支撑西部地区参与国际经济合作的陆海贸易通道,促进交通物流经济深度融合的综合运输通道。2015年习近平总书记参加十二届全国人大三次会议广西代表团审议时指出,发挥广西与东盟国家陆海相连的独特优势,加快北部湾经济区开放开发,构建面向东盟的国际大通道,打造西南中南地区开放发展新的战略支点,形成21世纪海上丝绸之路和丝绸之路经济带有机衔接的重要门户。2019年8月26日,中国(广西)自由贸易试验区总体方案公布,明确提出了建设面向东盟的国际陆海新通道和形成"一带一路"有机衔接的重要门户。这两大任务的实施,对广西在推动陆海新通道的建设发挥着日益重要的作用。广西将在两个方面推动陆海新通道的服务和质量,一是通过立体化综合交通基础设施的建设,二是通过陆海门户港的建设和临港产业的发展。[②]

[①] "中国—东盟交通合作战略规划预计11月出台",中国—东盟自由贸易区,2007年9月18日,http://www.cafta.org.cn/show.php? contentid = 54276。

[②] "中国(广西)自由贸易试验区未来可期",广西壮族自治区人民政府门户网站,2019年8月27日,http://www.gxzf.gov.cn/gxyw/20190827 - 763469.shtml。

2. 交通便利化政策

实现交通便利化是加快陆海新通道建设的关键。国家层面出台了《关于进一步鼓励开展多式联运工作的通知》《"十三五"铁路集装箱多式联运发展规划》以及《西部陆海新通道总体规划》，包括大力推动多式联运发展，加强铁水联运、铁海联运，提高集疏运比例，完善广西北部湾港功能、海南洋浦港功能、港航设施建设，提升综合交通枢纽功能，加强与周边国家设施联通等。

近年来，广西、重庆和四川积极加强西部地区互联互通，在既有的交通运输网络的基础上，进一步完善综合立体交通网络，优化通道结构，疏通关键枢纽城市的节点，加大力气解决"断头路"问题。此外，国家总体规划出台以后，广西对综合交通基础设施建设、广西铁海联运主干线运营提升作出了实施方案，对方案确定的重点任务和项目进行了分工，保障措施执行到位，促进跨省运输便利化、跨境运输便利化，为打通陆海新通道的堵点提供政策保障。

3. 贸易便利化政策

2019 年 10 月 13 日，重庆海关、南宁海关、贵阳海关、兰州海关、西宁海关等 15 个直属海关在重庆联合签署了《区域海关共同支持"西部陆海新通道"建设合作备忘录》，该《合作备忘录》达成了推进信息平台共享，持续优化通关作业流程、深入开展海关国际合作、提升通关便利化水平的内容。在海关层面，十五地海关共同协作推动，助力西部陆海贸易新通道加快建设。

"单一窗口"是国际贸易便利化的一项重要措施。广西钦州港海关设立了"陆海新通道专窗"和"陆海新通道专用查验台"，并提供 24 小时预约通关服务，截至 2019 年进口整体通关时间为 37 个小时，出口整体通关压缩至 2 个小时。①《钦州港集装箱国际门户港数字化便利化一体化实施方案（2019—2020 年）》提出将集中力量统筹整合

---

① "广西推进通过便利化，助力新通道建设"，南宁海关，2019 年 10 月 25 日，http://huhehaote.customs.gov.cn/nanning_customs/600328/600329/2659752/index.html。

第一部分 "一带一路"南向出海大通道研究

陆海新通道经贸大数据平台，集中力量建设国际贸易"单一窗口"升级版"智慧湾"项目，完成实施方案包括建设舱单协同系统、建设理货报告数据交换共享系统、建设引航和码头船舶调度协同系统、建设查验协同系统、建设查验无问题费用减免协同系统、建设设备交接单无纸化系统、建设集装箱码头卡口智能化系统、推广应用统一版金融服务系统、推广应用统一版出口退税系统、建设区域"单一窗口"数据共享系统总计十项业务系统，通过现代化通关一体化平台提高贸易便利化水平。[①]

表2-1　　　　　　　国家和地方政府出台的政策文件梳理

名称	印发部门	时间	内容
西部陆海新通道总体规划	国家发改委	2019年8月	包括加快运输通道建设，加强物流设施建设，提升通道运行与物流效率，促进通道与区域经济融合发展，加强通道对外开放及国际合作
关于建设中新（重庆）战略性互联互通示范项目的框架协议	中国、新加坡	2015年11月	中新互联互通项目以"现代互联互通和现代服务经济"为主题，以重庆为运营中心，聚焦金融服务、航空产业、交通物流、信息通信四大重点领域开展合作
关于合作共建中新互联互通项目南向通道的框架协议	重庆、广西、贵州、甘肃	2017年8月	提出在完善交通物流基础设施、搭建通道管理运营平台、促进沿线地区经贸联动、形成跨国跨区域信息互通、推进通关一体化建设等方面加强合作，推动体制机制和政策创新
区域海关共同支持"西部陆海新通道"建设合作备忘录	中国海关总署	2019年10月	包括推进信息平台共建共享，支持通道物流发展，推进"两段准入"监管改革，联合打击走私等

---

① 广西壮族自治区发展和改革委员会：《广西壮族自治区发展和改革委员会 广西壮族自治区商务厅关于〈印发钦州港集装箱国际门户港数字化便利化一体化实施方案（2019—2020年）〉的通知》，2019年11月29日，http://fgw.gxzf.gov.cn/zwgk/wjzx/zyzc/t2197373.shtml。

第二章 "一带一路"南向出海大通道建设的优劣势分析

续表

名称	印发部门	时间	内容
关于畅通南向通道深化南向开放合作的实施意见	四川省人民政府	2018年9月	包括强化互联互通,壮大特色优势产业,打通物流关键节点,扩大区域协同合作,加大政策支持力度
四川加快西部陆海新通道建设实施方案	四川省发展和改革委员会	2019年12月	包括加快运输通道建设、打造现代物流体系、提升运输服务水平、发展通道枢纽经济、扩大区域协同合作等
贵州省关于支持(重庆)战略性互联互通示范项目"国际陆海新通道"建设有关政策措施(试行)	贵州省人民政府	2019年10月	包括支持集装箱多式联运、鼓励外贸进出口、降低物流成本、提高通关效率、支持口岸及口岸功能区建设,支持贵州绿色农产品出省及冷链物流运输
重庆市推进西部陆海新通道建设实施方案	重庆市人民政府	2020年4月	包括加强通道物流和运营组织中心建设、强化通道能力建设、提升通道物流服务效能、促进通道与区域经济融合发展、提升通道对外开放水平、强化组织实施和政策保障
广西建设西部陆海新通道实施方案和工作任务清单	广西壮族自治区西部陆海新通道建设指挥部办公室	2019年10月	包括加快大能力运输通道建设,加强物流体系建设,提升通道运行规模、效率和质量,促进通道与产业融合发展,扩大开放及营造良好环境
金融支持西部陆海新通道建设的若干政策措施	广西壮族自治区西部陆海新通道建设指挥部办公室	2019年11月	包括金融服务好西部陆海新通道基础设施建设的信贷支持,推动金融支持西部陆海新通道的产品和服务创新,建立金融服务西部陆海新通道的政策保障机制
广西加快西部陆海新通道建设若干政策措施(修订版)	广西壮族自治区西部陆海新通道建设指挥部办公室	2019年11月	包括支持铁海联运、支持跨境公路铁路运输、降低物流通关费用、支持冷链物流体系建设、支持重点物流园区及重大项目建设、加大对西部陆海新通道有关企业和项目的金融支持、引进和培养物流企业

第一部分 "一带一路"南向出海大通道研究

续表

名称	印发部门	时间	内容
钦州港集装箱国际门户港数字化便利化一体化实施方案（2019—2020）	广西壮族自治区发展和改革委员会 广西壮族自治区商务厅	2019年11月	包括建设"一朵云"——北部湾港经贸物流云，打造"一平台"——国际贸易"单一窗口"升级版，推行"一卡通"——全港通行一张卡，持续推动降低港口收费，加快钦州港港航基础设施建设，建设北部湾航运服务中心，加快完善钦州港生活配套设施
南宁国际铁路港开发建设支持政策	广西壮族自治区发展改革委、财政厅、交通厅、商务厅、北部湾办、中国铁路南宁局	2019年11月	包括财政政策，税费及价格政策，土地政策，金融政策
西部陆海新通道广西铁海联运主干线运营提升实施方案（2019—2020）	广西壮族自治区西部陆海新通道建设指挥部办公室	2019年11月	包括拓展班列开行线路，持续优化航线布局，强化联运支撑保障，创新铁海联运业务
西部陆海新通道综合交通基础设施建设实施方案（2019—2020）	广西壮族自治区西部陆海新通道建设指挥部办公室	2019年11月	包括拓展班列开行线路，持续优化航线布局，强化联运支撑保障，创新铁海联运业务
西部陆海新通道广西现代物流建设实施方案（2019—2020）	广西壮族自治区西部陆海新通道建设指挥部办公室	2019年11月	包括拓展班列开行线路，持续优化航线布局，强化联运支撑保障，创新铁海联运业务
西部陆海新通道广西物流业发展规划（2019—2025年）	广西壮族自治区发展改革委	2019年11月	提出了"双通道、六枢纽、四轴带、多门户"空间，明确"畅通陆海新通道物流大动脉，强化国家物流枢纽辐射带动，培育融合发展物流产业带，拓展陆海空立体开放门户"等任务和要求

续表

名称	印发部门	时间	内容
西部陆海新通道港航及园区基础设施建设实施方案（2019—2020年）	广西壮族自治区西部陆海新通道建设指挥部办公室	2019年11月	包括拓展班列开行线路，持续优化航线布局，强化联运支撑保障，创新铁海联运业务

资料来源：根据网站资料整理。

在加强国际合作方面，海关总署积极推动"经认证的经营者"（AEO）互认，获得AEO互认的企业货物出口到已互认的国家和地区时，查验率最低可降低至少80%，通关时间和成本可降至50%以上。[①] 截至2019年4月24日，中国已与欧盟、新加坡、韩国、瑞士、新西兰、日本、以色列、澳大利亚等9个经济体的36个国家和地区签署了"经认证的经营者"（AEO）互认安排，其中包括14个"一带一路"沿线国家，实现贸易畅通。[②]

三 产业优势

1. 国内西部地区产业比较优势

西部陆海新通道辐射到重庆、广西、贵州、甘肃、青海、新疆、云南、宁夏、陕西、四川、内蒙古、西藏等西部地区12省区市和海南省、广东省湛江市。辐射地区的经济发展水平较高，为西部陆海新通道良好发展提供了腹地支撑。从经济总量看，西部陆海新通道国内辐射地区共实现生产总值205185.18亿元，占全国的20.71%；四川以46615.82亿元排名西部第一。从增速看，贵州、云南、西藏GDP增速非常抢眼，突破8%的增长率、持续领跑全国，其中，贵州增速

[①] "我国已与36个国家和地区实现海关AEO互认"，新华网，2019年1月15日，https://baijiahao.baidu.com/s?id=1622738085460823903&wfr=spider&for=pc。

[②] "我国已与14个'一带一路'沿线国家实现AEO互认"，中华人民共和国海关总署，2019年4月24日，http://www.customs.gov.cn/customs/xwfb34/mtjj35/2394994/index.html。

第一部分 "一带一路"南向出海大通道研究

全国最高。(见表2-2,表2-3)

表2-2 2019年西部陆海贸易新通道主要辐射省市各省(区、市)生产总值及增速比较

	生产总值（亿元）	增速（%）2019年	增速（%）2018年	增速排位 2019年	增速排位 2018年
全国	990865.00	6.1	6.7	—	—
贵州	16769.34	8.3	9.1	1	1
内蒙古	17212.53	5.2	5.3	12	12
广西	21237.14	6.0	6.8	10	8
重庆	23605.77	6.3	6.0	6	11
四川	46615.82	7.5	8.0	4	5
云南	23223.75	8.1	8.9	2	3
西藏	1697.82	8.1	9.1	2	1
陕西	25793.17	6.0	8.3	10	4
甘肃	8718.30	6.3	6.3	8	9
青海	2965.95	6.3	7.2	6	6
宁夏	3748.48	6.5	7.0	5	7
新疆	13597.11	6.2	6.1	8	10

资料来源：根据各省（区、市）国民经济和社会发展统计公报。

表2-3 2019年西部陆海贸易新通道主要辐射省市各省(区、市)三次产业比较

	第一产业 绝对值（亿元）	第一产业 增速（%）	第一产业 占比（%）	第二产业 绝对值（亿元）	第二产业 增速（%）	第二产业 占比（%）	第三产业 绝对值（亿元）	第三产业 增速（%）	第三产业 占比（%）
全国	70467.00	3.1	7.11	386165.00	5.7	38.97	534233.00	6.9	53.92
贵州	2280.56	5.7	13.60	6058.45	9.8	36.13	8430.33	7.8	50.27
内蒙古	1863.19	2.4	10.82	6818.88	5.7	39.62	8530.46	5.4	49.56
广西	3387.74	5.6	15.95	7077.43	5.7	33.33	10771.97	6.2	50.72
重庆	1551.42	3.6	6.57	9496.84	6.4	40.23	12557.51	6.4	53.20
四川	4807.23	2.8	10.31	17365.33	7.5	37.25	24443.26	8.5	52.44

续表

	第一产业			第二产业			第三产业		
	绝对值（亿元）	增速（%）	占比（%）	绝对值（亿元）	增速（%）	占比（%）	绝对值（亿元）	增速（%）	占比（%）
云南	3037.62	5.5	13.08	7961.58	8.6	34.28	12224.55	8.3	52.64
西藏	138.19	4.6	8.14	635.62	7.0	37.44	924.01	9.2	54.42
陕西	1990.93	4.4	7.72	11980.75	5.7	46.45	11821.49	6.5	45.83
甘肃	1050.48	5.8	12.05	2862.42	4.7	32.83	4805.40	7.2	55.12
青海	301.90	4.6	10.18	1159.75	6.3	39.10	1504.30	6.50	50.72
宁夏	279.93	3.2	7.47	1584.72	6.7	42.28	1883.83	6.8	50.26
新疆	1781.75	5.3	13.10	4795.50	3.7	35.27	7019.86	8.1	51.63

资料来源：根据各省（区、市）国民经济和社会发展统计公报。

下面就主要省市的产业优势进行分析概述。

重庆市是我国重要的制造业基地，产业门类比较齐全，是全国最大的汽车生产基地之一、全球最大笔记本电脑生产基地、第二大手机生产基地和亚洲最大电子信息产品生产基地。重庆工业有九大支柱产业（包括汽车产业、电子产业、材料产业、消费品产业、化工产业、装备产业、医药产业、摩托车产业、能源产业）。2019年全年全市规模以上工业增加值比上年增长6.2%，较上年提升5.7个百分点。分三大门类看，采矿业增长2.6%，制造业增长6.5%，电力、燃气及水生产和供应业增长5.2%。全年规模以上工业中，分产业看，汽车产业增加值比上年下降4.1%，摩托车产业增长2.4%，电子产业增长14.3%，装备产业增长6.8%，化工产业增长3.1%，医药产业增长7.1%，材料产业增长14.7%，消费品产业增长6.1%，能源工业增长5.3%。分行业看，农副食品加工业增加值比上年增长4.4%，化学原料和化学制品制造业增长4.2%，非金属矿物制品业增长7.9%，黑色金属冶炼和压延加工业增长27.4%，有色金属冶炼和压延加工业增长24.3%，通用设备制造业增长6.2%，铁路、船舶、航空航天和其他运输设备制造业下降0.4%，电气机械和器材制造业增

第一部分 "一带一路"南向出海大通道研究

长 8.1%，计算机、通信和其他电子设备制造业增长 14.1%，电力、热力生产和供应业增长 6.8%。① 西部陆海新通道的建设给重庆电子制造产业、建材、汽摩产业带来了新的机遇。

四川省产业快速发展得益于西部大开发政策，四川省 2019 年工业增加值达 13365.7 亿元，对经济增长的贡献率为 37.4%，工业大省地位进一步巩固。② 电子信息作为四川省的第一大产业，2019 年主营业务收入首次突破万亿元大关，达 10259.9 亿元，同比增长 13.8%，这也标志着四川首个万亿产业诞生。③ 四川省五大万亿级支柱产业和数字经济的基础雄厚、规模大、产业优势突出，四川省五大支柱产业包括电子信息产业、食品饮料产业、能源化工产业、先进材料产业、装备制造产业。截至 2019 年前三个季度，五大支柱产业（含软件）实现营业收入 29443.6 亿元、同比增长 10.9%，五大支柱产业凸显了强大的支撑作用。④ 特色优势突出，前三个季度，四川五大支柱产业（不含软件）实现利润 1685.9 亿元、同比增长 10.1%。⑤ 四川省在电子信息、汽车制造、轨道交通和石油炼化一体化等方面拥有完整的产业链。截至 2019 年 1—8 月，四川对东盟出口占全省的 27.9%，成为四川省第一大出口市场。⑥

广西拥有丰富的铝土矿产资源，广西积极推动铝产业发展，逐步

---

① 资料来源：《2019 年重庆市国民经济和社会发展统计公报》。
② "2019 我省工业增加值对全省经济增长贡献率达 37.4%"，四川省经济和信息化厅，2020 年 3 月 27 日，http：//www.sc.gov.cn/zcwj/TDepartment.aspx? i = 20200327092220 - 436044 - 00 - 000。
③ "2019 年全省电子信息产业主营业务收入超万亿元"，四川省人民政府，2020 年 3 月 4 日，http：//www.sc.gov.cn/10462/c102277/2020/3/4/ceaf91212d7c4165bfc11bec89f57229.shtml。
④ 资料来源："五大支柱产业营收突破 2.9 万亿元"，四川省经济和信息化厅，2019 年 11 月 18 日，http：//jxt.sc.gov.cn//scjxt/tpxw/2019/11/18/478500bb718a4b65b429a0da2e0d6613.shtml。
⑤ 资料来源："五大支柱产业营收突破 2.9 万亿元"，四川省经济和信息化厅，2019 年 11 月 18 日，http：//jxt.sc.gov.cn//scjxt/tpxw/2019/11/18/478500bb718a4b65b429a0da2e0d6613.shtml。
⑥ "出口占全省 27.9%，东盟成四川第一大出口市场"，腾讯网，2019 年 9 月 18 日，https：//new.qq.com/omn/20190918/20190918A07XB100.html。

形成了我国重要的铝产业生产基地，经过多年的发展形成了较为完整的铝产业链，2019年1—12月广西铝材产量为161.13万吨。① 有色金属、铝、糖等为广西经济发展的传统优势产业，基本形成了铝深加工技术创新体系，广西已成为中国最大的甘蔗生产基地和产糖中心。此外，广西北部湾拥有1600千米长的海岸线，2019年广西海洋生产总值达到1640亿元，同比增长9.2%，继续保持较高增长势头。② 如今，广西向海经济发展迅速，在海洋基础设施、海洋产业发展、与东盟国家的海洋经济合作成绩显著。其中广西北部湾国际港务集团于2014年入股马来西亚关丹港、2017年2月接管文莱摩拉港集装箱码头。目前，广西沿海已逐步形成以电子信息、石油化工、粮油、能源发电、林浆纸、钢铁冶金、修造船、食品制药、海产品加工、新材料等为主导的现代临海工业体系。广西渔业、生物医药及珍珠等特色向海产业助推海洋经济向高质量发展转型。

根据《贵州省十大千亿级工业产业振兴行动方案》（以下简称《方案》），贵州具有基础能源、清洁高效电力、优质烟酒、新型建材、现代化工、先进装备制造、基础材料、生态特色食品、大数据电子信息、健康医药十大工业产业。贵州素有"江南煤海"之称，煤种齐全，储量丰富，资源储量居全国第5位，煤层气资源量居全国第2位，是全国重要的能源基地。贵州是全国四大优质烟叶生产基地之一，还是酱香型白酒的原产地，贵州茅台已成为引领中国白酒的名优品牌。贵州省拥有丰富的磷、煤、重晶石等矿产资源，已形成以磷化工、煤化工、钡盐和橡胶加工等为主体的化工产业基础。今年来，在贵州省委省政府的战略指导下，贵州大数据电子信息产业发展迅速，从2014年到2018年，工业总产值从117亿元增长到706亿元，年均

---

① "2019年广西铝材产量为161.13万吨"，中商产业研究院数据库，2020年2月26日，https://baijiahao.baidu.com/s?id=1659568032104197216&wfr=spider&for=pc。
② 《1640亿元，广西海洋经济实现弯道超车》，《广西日报》2020年3月18日，http://gxrb.gxrb.com.cn/html/2020-03/18/content_1673777.htm。

增长56%。①

云南的八大支柱产业包括生物医药和大健康产业、旅游文化产业、信息产业、物流产业、高原特色现代农业产业、新材料产业、先进装备制造业、食品与消费品制造业。② 2019年，云南规模以上工业增加值同比增长8.1%，增速比全国（5.7%）高2.4个百分点，从三大门类看，全省采矿业增加值同比增长8.1%；制造业增加值增长6.5%，其中高技术制造业增加值增长31.1%；电力、热力、燃气及水生产和供应业增加值增长12.8%。③ 从主要行业看，39个大类行业有32个行业保持增长，增长82.1%，其中：计算机、通信和其他电子设备制造业同比增长67.0%，黑色金属冶炼和压延加工业同比增长18.1%，煤炭开采和洗选业同比增长14.8%，电力、热力生产和供应业同比增长12.8%，食品制造业增长9.3%，酒、饮料和精制茶制造业增长7.8%，烟草制品业增长1.1%。④

2. 东盟国家产业比较优势

东盟国家作为一个整体，其产业优势主要包括资源密集型、劳动密集型和技术密集型的产业，其中比较优势最强的是资源密集型产业，如水产品、油脂、橡胶等，其次是纺织服装、制鞋等劳动密集型产业，再次为机电产业等资本及技术密集型产业。⑤ 东盟国家不仅有丰富的自然资源及矿产资源，并且劳动力资源优势非常突出，人力成本低廉。新加坡和文莱经济发展水平高，新加坡传统优势产业以商业和转口贸易为

---

① "贵州十大千亿级工业产业 掀开新篇章 再添新动力"，贵州省人民政府，2019年6月21日，http://www.guizhou.gov.cn/xwdt/gzyw/201906/t20190621_2714868.html。
② "云南八大重点产业"，中国云南省委政策研究室，2019年7月11日，http://www.swzys.yn.gov.cn/zswd/201907/t20190711_877219.html。
③ 资料来源："2019年云南经济运行情况"，昆明市统计局，2020年2月7日，http://tjj.km.gov.cn/c/2020-02-07/3279131.shtml。
④ "2019年云南经济运行情况"，云南省统计局，2020-01-21，http://stats.yn.gov.cn/tjsj/jjxx/202001/t20200121_917650.html。
⑤ 胡新天、王曦、万丹香、刘晓平：《广东—东盟优势产业的竞争性与互补性研究》，《南方经济》2010年第11期。

主，文莱则以石油、天然气为主。①马来西亚和泰国发展水平和市场自由化程度较高。马来西亚优势产业包括食品加工、矿产、橡胶等资源密集型产业，也包括化纤制品、机电等资本及技术密集型产业。②泰国的优势产业包括制造业、农业和旅游业，泰国是东南亚汽车制造中心，世界闻名的旅游胜地，还是世界五大农产品出口国之一。柬埔寨、越南、老挝、缅甸则属于传统的农业国家，在农业上具有一定的比较优势。

四 平台优势

我国与东盟地理位置相邻、相近。我国与东盟经贸往来和人文交流频繁活跃，双边具有深厚的历史文化基础，合作根基深厚。海关总署2020年3月7日发布数据显示，2020年前2个月，我国与东盟货物贸易总值5941.1亿元，同比增长2%，占我国外贸总值的14.4%。③东盟由此超过欧盟，成为我国第一大贸易伙伴。广西自2004年以来通过中国—东盟博览会等平台，抓住中国与东盟合作的历史性机遇，积极拓宽战略合作和开放领域。西部陆海新通道作为我国西部地区与东盟国家区域合作的连接大通道。中新（重庆）战略性互联互通示范项目是中国与新加坡政府间第三个合作项目，提出了在"一带一路"的框架下，将"一带"和"一路"有效对接起来，两国共同助力"南向通道"的建设。中国（四川）东盟自由贸易中心成为四川扩大与东盟交流合作，构建四川面向西南、东盟全面开放新格局的新平台。中马钦州产业园区、钦州保税港区、钦州经济技术开发区、中国（广西）自贸试验区，中国—东盟博览会、中国—东盟商务与投资峰会等，已成为广西面向东盟全面开放的亮丽名片。中越跨境经济合作区、中泰（崇左）产业园区、"文莱—

---

① 胡新天、王曦、万丹香、刘晓平：《广东—东盟优势产业的竞争性与互补性研究》，《南方经济》2010年第11期。
② 胡新天、王曦、万丹香、刘晓平：《广东—东盟优势产业的竞争性与互补性研究》，《南方经济》2010年第11期。
③ "2019年云南经济运行情况"，云南省统计局，2020-01-21，http://stats.yn.gov.cn/tjsj/jjxx/202001/t20200121_917650.html。

广西经济走廊"等建设成为新亮点。中国—东盟信息港建设全面铺开,中国与东盟国家信息化领域合作不断深化。信息港南宁核心基地等一批立足广西、面向东盟的重点工程相继落地,中越、中老、中缅等跨境陆缆和亚太2号等国际海缆为中国与东盟国家搭起了高速信息通道。

第二节 "一带一路"南向出海大通道建设的劣势分析

一 基础设施薄弱

综合交通运输网络协同能力不足,西南地区公路、铁路密度不够,通道建设亟待提速。广西拥有钦州港、防城港等优良港口,但港口建设起步较晚,综合服务能力弱。

一是港口货物吞吐和集装箱吞吐能力和规模有所上升,但跟上海港、广州港等发达城市港口相比还有一定差距,现有港口能力有待提升(见表2-4、表2-5、表2-6)。广西北部湾港存在大、中、小型码头比例布局不合理,港口实际吞吐能力与港口设计吞吐能力有一定的差距;铁海联运基础设施联通效率有待提高,重要节点存在专用站场、载运机具、信息平台等基础设施建设不完善、互联不通不足等问题。

表2-4 广西北部湾港钦州港区与国内主要港口基础设施对比情况表

指标	北部湾港钦州港区	广州南沙港	深圳盐田港	上海洋山港
航道水深(米)	13.2	17	17.6	16
深水泊位(个)	8	16个15万吨级	20	30
年集装箱吞吐能力(万TEU)	420	1566		1500

资料来源:根据调研和网站资料整理。

二是集装箱泊位和航道等级较低,相关配套设施不完善,不能满足大型集装箱船舶进港靠泊所需，中转耗时长、效率低。北部湾港钦州码头公司致力于打造北部湾港"千万标箱"干线港，万吨级以上泊位20个，其中10万吨级集装箱泊位6个，为港区最大集装箱泊位，航道为10万吨级（单向航道），超10万吨级集装箱船舶不能全天候常态化进出钦州港码头。而当前船舶呈大型化趋势，欧美干线班轮基本都是10万吨级以上船舶，主力船型为15万—20万吨级船舶；中东线基本也是以7万和10万吨级船型为主。[1] 因此，钦州港目前的航道及泊位条件，已经不能满足集装箱发展的需要，新航线（干线）的开辟已受到严重制约。深水航道建设滞后，无法适应船舶大型化的需求。[2] 目前，根据北部湾港钦州港的建设规划，将改造、新建4个自动化集装箱泊位和15万吨级集装箱码头。港口码头建设的薄弱、港口航运条件欠佳的问题仍然存在，如防城港缺乏30万吨矿石专业码头和40万吨级散码头、钦州港缺乏20万吨级集装箱码头，在码头作业过程中出现的装卸设备故障率高、物流装卸速度低、仓储存放条件落后、码头建设较为分散等问题亟待解决。

表2-5　　2019年中国主要港口货物吞吐量排名情况列表

港口名称	全国排序	货物吞吐量（万吨）	比增（%）
上海	2	71677	—
广州	4	60616	12.6
深圳	15	25785	2.6
广西北部湾港	17	25568	14.7
湛江	22	21570	-2.8

资料来源：根据交通运输部数据整理。

---

[1] "北部湾港2018年年度董事会经营评述北部湾港（000582）"，同花顺财经，2019年4月24日，http://news.10jqka.com.cn/20190424/c611038575.shtml。
[2] 资料来源：北部湾港股份有限公司（000582）（以下简称北部湾港）2018年年度报告。

表2-6　　2019年中国主要港口集装箱吞吐量排名情况列表

港口名称	全国排序	集装箱吞吐量（万标箱）	比增（%）
上海	1	4330	—
广州	4	2283	5.7
深圳	3	2577	0.1
广西北部湾港	14	382	34.6
湛江	30	112	10.4

资料来源：根据交通运输部数据整理。

三是陆海新通道的货量明显上升以后，2019年西部陆海新通道班列达到923班，与货物快速增长矛盾的是铁路线路的"不通"之痛。从现状看，成都到北部湾港有三条线路：西线经昆明、南宁至北部湾2100多千米；中线经宜宾、六盘水至北部湾1600多千米；东线经重庆、贵阳至北部湾1800多千米。[①] 正在规划建设的成都经泸州、黄桶、百色至北部湾铁路1400千米，是最短的出海通道，但黄桶至百色段310千米尚未开工。目前成都班列的运行线路从威舍改为麻尾，尽管依然绕行，拥堵情况却得到改善，目前运行时间约为57个小时。如黄桶—百色铁路开通，运行时间将可以降至约48小时[②]（见图2-1）。

二　物流集聚不强

广西全区物流产业布局可以用"三中心、五基地、六条带、多节点"即北部湾国际航运中心、南宁国际物流中心和柳州制造业物流中心，桂中物流基地、桂东北物流基地、桂东南物流基地、桂西物流基地和沿边物流基地，形成南广（南宁—广州）物流发展带、南友

[①] "西部陆海新通道 通则不痛"，成都市发展和改革委员会，2019年10月29日，http://cddrc.chengdu.gov.cn/cdfgw/ztlm032001005/2020-03/16/content_9443e6d5f7bf4d9b902ef1e9aa2cab83.shtml。

[②] "西部陆海新通道 通则不痛"，成都市发展和改革委员会，2019年10月29日，http://cddrc.chengdu.gov.cn/cdfgw/ztlm032001005/2020-03/16/content_9443e6d5f7bf4d9b902ef1e9aa2cab83.shtml。

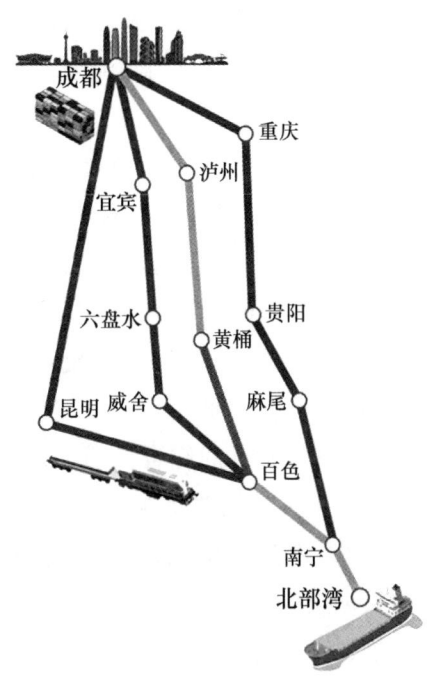

第二章 "一带一路"南向出海大通道建设的优劣势分析

图2-1 成都出海之路①

（南宁—友谊关）物流发展带、湘桂物流发展带、黔桂物流发展带、昀桂物流发展带、桂东物流发展带，培育桂林、梧州等12个物流节点城市。广西物流产业在快速发展的过程中，集聚水平相对其他的一些沿海省市来说还是比较落后，存在物流产业集聚环境营造不足和物流资源整合缺乏力度等问题。广西处于"老少边山穷"地区，地形多为山地和丘陵，物流交通基础设施的建设关系到城市物流配送体系和农村物流配送网络的完善。

物流园区是物流产业集聚发展的重要载体之一，运营较为完善的首批自治区示范物流园区包括：广西海吉星农产品国际物流园、广西

---

① "西部陆海新通道 通则不痛"，成都市发展和改革委员会，2019年10月29日，http://cddrc.chengdu.gov.cn/cdfgw/ztlm032001005/2020-03/16/content_9443e6d5f7bf4d9b902ef1e9aa2cab83.shtml。

钦州保税港区、柳州市鹧鸪江钢铁深加工及物流产业园、南宁国际综合物流园、广西物资集团规律储运总公司物流园、梧州港港口物流中心、防城港市东湾物流加工园区、百煤物流园区、广西凭祥综合保税区（一期）和中国—龙邦—越南茶岭跨境商贸物流集聚区等14家物流园区。① 智能自动化立体仓储物流中心、标准大型物流园区的不足影响依然存在，正在推进的中新南宁国际物流园、广西万生隆国际商贸物流中心等约70个物流园区正在加紧建设中。广西目前物流园区规划建设较为滞后，物流产业集聚效应并不突出，物流配套设施跟不上，物流现代化基础设施建设有待加强。

港口物流方面，以港口为龙头的综合交通集疏运体系有待完善，物流成本高，港口竞争力不强，铁路货车至码头"最后一公里"铁海联运节点项目仍在推进。铁路运费较高，钦州港东站至中马钦州产业园、大栏坪、钦州保税港区之间没有铁路连接线，集装箱通过铁路运输之前须靠陆路运输，增加了300元/组（海运集装箱）或者10元/吨（散杂货）的短途运输费用。② 其次，港口各类收费较高。例如钦州港码头总费用比国内不少港口高，与江阴、宁波、湛江、广州黄埔等港相比高30%，其中拆箱费高50%—200%，装卸费高80%—200%。③ 再次，代理费偏高，大型代理企业少导致市场不活跃，企业代理成本高。④

航空物流方面，广西机场管理集团充分利用广西与东盟国家接壤的区位优势，截至2018年10月，南宁机场国际客货航线18条，全货机航线2条，覆盖12个国家和地区；开通国际航空货邮运输资质

---

① "广西将重点建设首批认定的38个现代服务业集聚区"，广西新闻网，2018年3月4日，http：//www.gxnews.com.cn/staticpages/20180304/newgx5a9ba499-16970062.shtml。
② 邓辉：《建立钦州与中新南向通道 沿线城市物流协作机制的问题研究》，《大陆桥视野》2019年第1期。
③ 傅远佳：《中国西部陆海新通道高水平建设研究》，《区域经济评论》2019年第4期。
④ 邓辉：《建立钦州与中新南向通道 沿线城市物流协作机制问题研究》，《大陆桥视野》2019年第1期。

的国际客运航线14条，覆盖11个国家和地区。[①] 2019年广西机场实现货邮吞吐量为16.8万吨，与广东同期货邮吞吐量329.8万吨相比，差距悬殊，与周边西南地区省份相比在航空物流上也没有优势。[②] 西南地区省市仅有四川、云南、重庆和陕西货邮吞吐量较大，但跟广东相比差距也很大（见表2-7）。[③] 目前，广西在构建的西南地区经广西前往东盟的国际航空大通道还未完全形成，东盟货运线路未做到东盟十国全覆盖，民航基础设施薄弱，南宁国际空港综合交通枢纽还未形成。

表2-7　　　　西部陆海新通道相关省市货邮吞吐量[④]

地区	排名	货邮吞吐量（万吨）		
		2019年	2018年	增减（%）
广东	1	329.8	319.2	3.3
四川	2	69.9	68.5	2.0
云南	3	46.3	47.5	-2.6
重庆	4	41.3	38.4	7.4
陕西	5	39.3	32.0	22.9
海南	6	27.6	26.4	4.5
新疆	7	21.7	19.2	13.0
广西	8	16.8	15.7	7.0
贵州	9	12.7	11.8	8.0
内蒙古	10	8.2	7.4	10.8

[①] "机场集团打造面向东盟的国际航空货运大通道"，广西壮族自治区人民政府国有资产监督管理委员会，2018年12月16日，http://www.gxgzw.gov.cn/html/2018/qiyetuijian_1216/126542。

[②] "2019年民航机场生产统计公报"，中国民用航空局，2020年3月9日，http://www.caac.gov.cn/XXGK/TJSJ/202003/t20200309_201358.html。

[③] "2019年民航机场生产统计公报"，中国民用航空局，2020年3月9日，http://www.caac.gov.cn/XXGK/TJSJ/202003/t20200309_201358.html。

[④] "2019年民航机场生产统计公报"，中国民用航空局，2020年3月9日，http://www.caac.gov.cn/XXGK/TJSJ/202003/t20200309_201358.html。

续表

地区	排名	货邮吞吐量（万吨）		
		2019年	2018年	增减（%）
甘肃	11	7.6	6.4	18.3
宁夏	12	6.2	5.1	21.2
青海	13	4.7	3.7	27.1
西藏	14	4.4	4.0	9.2

资料来源：2019年民航机场生产统计公报。

三 通关面临难题

为服务陆海新通道建设，提升整体通关效率，南宁海关不断提升通关便利化水平。2019年前三季度，南宁关区进口整体通关时间14.73小时，同比压缩33.98%，比全国平均水平快27.75小时。[①] 2019年9月，南宁海关辖区进口整体通关时间为9.63小时，比全国快30.39小时，全国排名第2名。[②] 通关效率整体提升奠定了广西在陆海新通道的门户地位。但值得注意的是，钦州海关在以使用H986机检查验货物为主、人工查验为辅的模式下，与其他发达城市海关相比仍有较高的抽验率。北部湾港务集团也遭遇到"报关难"的难题，集团原从国外进口铬铁，尝试从北部湾港报关，但是却失败了，海关告知因铬铁这个品名没有处理的经验需前往广东黄埔港报关进口，再经陆运运输回广西，加大了运输成本。课题组经过调研访谈，相关物流企业表示，南宁关区通关速度快的时候可以四分钟通关，但是慢的情况下需等待半个小时甚至更长的时间。海关在判定验收货物比率的时候，查验时间的标准不一；再者有可能存在单证不齐、未收到车牌号、检疫未抽检等各种影响通关效率的

---

① 《风起再扬帆—南宁海关全面深化改革助推广西外向型经济发展》，《广西日报》2019年12月7日。

② 《风起再扬帆—南宁海关全面深化改革助推广西外向型经济发展》，《广西日报》2019年12月7日。

情况。海关人员的执法自由裁量权大,却没有相对统一的执行标准,物流企业遇到通关不畅的问题,没有得到及时的妥善处理。综上所述,物流企业均有反映货物因通关效率的因素制约,走西部陆海新通道的优势不够突出。

四 口岸吸引不强

西部陆海新通道沿线省市区货物进出口主要口岸均不在南宁关区。

1. 云南企业多选择在本地口岸进出口。云南企业对东盟进出口均以昆明关区为主,包括公路运输、铁路运输以及其他运输,水路运输则较多在南宁关区。2019年1—9月,云南水路运输货运量经南宁关区口岸占比为32%。[①]

2. 海南企业较多选择华东珠三角口岸出口。2019年海南企业对东盟的进出口货运量超过2018年全年,但2019年在海口关区的进出口占比同比下降18.8个百分点,而在南宁关区进出口则增长了3.3倍,从南京、黄埔、上海关区进口增长更为迅猛。[②]

3. 重庆企业倾向于选择东部沿海口岸。2018年,重庆企业对东盟进出口的水运货物主要从上海、南京、青岛等关区进出口,值得注意的是从深圳进出口的商品主要是高新技术产品,货运量小但货值高;2019年以来重庆企业通过上海、南京关区进出口有所下降,经湛江关区进出口降为0,经南宁关区进出口则有所增加,同比增长4倍。公路运输方面,2018年重庆企业通过南宁关区进出口略高于昆明关区,2019年1—9月昆明关区货物量达到30.1万吨,进出口增长2.2倍,南宁关区为15.0万吨,昆明关区的货物量是南宁关区的2倍。[③]

[①] 资料来源:南宁海关,http://nanning.customs.gov.cn/。
[②] 资料来源:南宁海关,http://nanning.customs.gov.cn/。
[③] 资料来源:南宁海关,http://nanning.customs.gov.cn/。

4. 四川企业倾向于选择东部沿海口岸。2019年以来，四川企业对东盟进出口的水运货物以上海、南宁、南京等关区为主，但从上海进出口的货物量有所下降，而从大连、福州、厦门关区进出口均呈现剧增之势，分别为1336%、861.8%、144%。①

5. 内蒙古企业主要从天津口岸进出口。内蒙古对东盟的水运货物主要从北方的沿海口岸进出口，其中从天津口岸进出口持续快速增长，占比超过9成。公路运输的货运量较小，主要从昆明和南宁关区进出口。2019年1—9月，内蒙古货物经昆明、南宁出口的货运量仅分别为1万吨和3000万吨，同比分别下降52.3%、54.7%。②

6. 贵州企业以湛江口岸进出口为主。2018年贵州企业以水运方式对东盟进出口的货物中，有40%货物经湛江关区进出口，30%货物经南宁关区进出口；2019年贵州对东盟的出口持续下降，而经南宁关区进出口的货物量却有所上升。③

7. 甘肃企业以上海口岸进出口为主。2018年，甘肃企业以水路运输方式从南宁关区进出口东盟的货运量增长1.2倍，2019年大幅下降，但经天津关区进出口增长2.8倍，经广州关区净增长。④

五 腹地支撑薄弱

长江经济带依托长江黄金水道历史悠久，江海联运基础设施较为完善，长江沿线是中国重要的经济腹地，也是老工业区，例如上游的四川、重庆等。西部陆海新通道的主要经济腹地云南、贵州、四川、重庆、湖南等都纳入了长江经济带的版图。由此可见，西南地区货物出海的通道除了西部陆海新通道，还有长江黄金水道，且经由江铁联运的齐力打造，形成了"一横、一网、十线，沟通东

---

① 资料来源：南宁海关，http://nanning.customs.gov.cn/。
② 资料来源：南宁海关，http://nanning.customs.gov.cn/。
③ 资料来源：南宁海关，http://nanning.customs.gov.cn/。
④ 资料来源：南宁海关，http://nanning.customs.gov.cn/。

西、辐射南北"的航道体系,提高了长江的货物通过能力,运费有竞争优势,吸引了绝大多数西南地区的货源。重庆港是长江中上游吞吐量最大的大港,周边省市货物中转量占全市港口货物吞吐量的40%以上,全市90%以上的外贸货物运输通过水运完成。[①] 运费是物流成本的大头,即使算上20元/吨的装卸费,水路运输也比铁路便宜,按目前市场定价,重庆港的散装货运输费每吨仅0.025元,铁路运费平均每吨·千米0.15元左右,根据《广西沿海铁路下调货运价格调整方案》,广西集装箱货物平均运价为0.161元,铁路运费上没有优势。此外,如货物在钦州港拼箱,货物需要在钦州港待2—3天,在广州或深圳港则随到随走。广深两地的铁路网发达,货物到岸后可及时分装发往全国各地,而钦州港尚不能实现这一功能。从目前情况看,还存在南向通道"南向"货物较多,"北向"货物较少,上下行货源不平衡的状况。

作为西南水运的出海大通道西江黄金水道,由西向东流经广西,汇入珠江。北部湾不通水运,货物只能通过公路或者铁路运至北部湾港口,那么货物到珠三角港口的江海联运费用低于到北部湾港的费用,因此广西区内货物不走北部湾港,传统西南出海大通道湛江港及深圳港、上海港成为广西货进出口的主要选择。如广西柳钢、柳工、上通五菱、东风柳汽、银海铝业等企业表示,产品不走北部湾港的原因,跟湛江港、深圳港、南沙港在运输价格、通关效能、物流效率、铁路优惠、航线规划、班期设置、兑付效率等方面有关,走这些港口比走北部湾港更具有优势。广西柳州钢铁(集团)公司2016年出口钢铁近20万吨,其中55%的量通过北部湾港出口,剩余45%的量从湛江出口;广西柳工机械股份有限公司2016年出口交货值为15.7亿元,2017年仅有2单产品从钦州港出口,其余产品通过上海和深圳出口;广西大型企业玉柴机器集团有

[①] 陈晓彬:《重庆港加快内陆国际物流枢纽建设》,《国际商报》2018年2月6日。

限公司货物出口主要通过深圳蛇口港、盐田港和广州黄埔港，基本上不从北部湾港出口。①

相比于珠三角、长三角、渤海湾的港口，北部湾不属于国际主要航道，腹地局限于西南地区，如果没有充足的腹地货源支撑，其港口群难以吸引到充足的国际货运船只。②四川省近年来制造业发展加速，汽车、电子信息、机械装备等产业发展加速，而且与中南半岛各国的需求较为契合，未来将是西部陆海大通道流量的重要来源。加强产业支撑，要发挥四川产业基础优势，针对中南半岛3亿人口市场，发挥在汽车、电子信息、机械装备等耐用消费品和装备产业的优势，进一步强化产业能力。③另外，广西缺乏与南向通道沿线城市合作，机制不健全，缺乏货源组织网，组织通道货源能力较弱，还存在坐等货源的现象，物流企业规模普遍较小，组货能力差。④

六 人才储备不足

西部陆海新通道的建设，需要大量的高素质技术技能型物流人才保障。西部陆海新通道以西南地区省区为腹地，而西南地区多为欠发达地区，人才吸引力较低，最大的劣势在于人才竞争的劣势。就广西而言，广西专业技术人才总量偏少，广西专业技术人才总量157万人，仅占全区人口总量5518万人的2.8%，低于全国平均值1.4个百

---

① "杨和荣代表谈如何立足广西定位加快发展"，东方网，2017年3月11日，http：//news.eastday.com/eastday/13news/auto/news/china/20170311/u7ai6585281.html。

② "中国城市规划设计研究院副总规划师肖莹光：西部陆海新通道建设成都面临五大新机遇"，成都发展改革委员会，2019年8月19日，https：//www.sohu.com/a/334739115_100011338。

③ "中国城市规划设计研究院副总规划师肖莹光：西部陆海新通道建设成都面临五大新机遇"，成都发展改革委员会，2019年8月19日，https：//www.sohu.com/a/334739115_100011338。

④ 邓辉：《建立钦州与中新南向通道 沿线城市物流协作机制的问题研究》，《大陆桥视野》2019年第1期。

分点。① 随着西部陆海新通道的加快建设，以重庆为运营中心，广西北部湾地区为中心的国际物流、港口物流以及航运经济相关产业将成为西部陆海新通道建设不可缺少的重要部分，但当前西南地区的大型物流企业欠缺，高端物流人才储备不足，航运人才匮乏的情况仍十分严峻。

航运人才方面，西南地区仅有重庆交通大学、湛江海洋大学、北部湾大学等几个高校能够培养全面的高层次专业涉海人才，人才培养出来后出于供不应求、综合薪酬待遇等各方面原因，这些涉海人才多流向粤港澳大湾区或新加坡等国家，西南地区很难将人才留住。目前在广西的高校中，北部湾大学、广西交通职业技术学院、广西交通运输学校开设有涉海专业，整个北部湾海运人才市场，人才空缺极大。

物流人才方面，课题组根据《广西物流业发展"十三五"规划（2016—2020年）》，调研了近百家相关单位，包括各类型物流企业，开设物流相关专业的大专院校，中国—东盟国际物流、冷链、港口物流等人才需求量增大。据广西物流与采购联合会统计，截至2017年底，广西从事物流活动的规模企业法人单位数3700多家，广西各类型物流从业人员总数超过120万人；未来五年，广西物流企业数量预计将超1万家，从业人数将稳定在140万人左右规模，从业人员缺口为20万。② 物流行业面临着人才需求量大、供给数量不足和物流企业留不住人的瓶颈。经调研发现，广西物流企业从业人员中至少一半以上属于低学历或未经过专业教育的社会招聘人员，专业性人才比例不高，这些人员不具有现代物流管理模式的知识储备，且广西物流行业从业人员专业不对口比例较高，这与建设西部陆海新通道对人才的需求极不相称。

---

① 《陆爱益代表：建议国家给予广西人才培养和引进更多支持》，搜狐网，2019年3月15日，https://www.sohu.com/a/301623925_664377。
② 杨清、吴立鸿：《广西物流行业人才需求探析》，《高教论坛》2018年第7期。

第三章 "一带一路"南向出海大通道建设的现状

根据《西部陆海新通道总体规划》，西部陆海新通道未来的建设重点是加强主通道建设与布局，发挥铁路在陆路运输中的骨干作用和港口在海上运输中的门户作用。主通道的三条线路分别为：一是自重庆经贵阳、南宁至北部湾出海口（北部湾港、洋浦港）通道；二是自重庆经怀化、柳州至北部湾出海口通道；三是自成都经泸州（宜宾）、百色至北部湾出海口通道。本章重点围绕主通道的建设梳理当前陆海新通道沿线基础设施和物流通道的建设情况。在此基础上，基于当前通道建设重点主要是面向东盟国家的考虑，本章还重点阐述了陆海新通道中我国沿线重点省市及东盟国家的产业发展状况。

第一节　基础设施建设情况

一　沿线铁路设施情况

陆海新通道涉及铁路运输的主要为铁海联运和国际铁路联运两种运输方式，其中，铁海联运是陆海新通道的主要运输方式。当前铁海联运的主要线路为"渝黔桂新"铁海联运班列，通过铁海联运将陆海新通道沿线省区的货物经由铁路班列运输至广西北部湾港，再从北部湾港出海运往目的地，此种方式的铁路运输主要在国内。从现阶段看，国内沿线铁路主干线基本畅通，但仍存在主通道西线中的黄桶至百色铁路亟须建设，主干线中川黔铁路、黔桂铁路等干线铁路仍为单线，部分铁路设施老旧等问题。而从运力上来看，除南昆线的运输能力较为紧张外，其他铁路干线当前运力尚能满足现阶段需求。不过着眼于未来，随着沿线通道物流组织水平、通关便利化水平、港口、口岸等基础设施更为完善以及多式联运有效衔接之后，运输成本将进一步下降，运输效率将进一步提升，陆海新通道货物运输增长有望呈快速增长态势。因此，必须提前布局建设和升级沿线铁路设施，实现扩能，提升运力。

根据《西部陆海新通道总体规划》为提高陆海新通道沿线铁路干线的运输能力，未来在沿线铁路设施建设方面主要着眼于以下方面：一是建设新线，如黄桶至百色铁路；二是加快增建二线，如贵阳至南宁铁路、叙永至毕节铁路、渝怀铁路；三是改造和升级沿线铁路，如焦柳铁路怀化至柳州段实施电气化改造、改造升级湘桂铁路南宁至凭祥段、成渝铁路成都至隆昌段、隆黄铁路隆昌至叙永段。此外，还需研究建设黔桂铁路增建二线、重庆至贵阳铁路等项目。

现阶段，部分沿线铁路干线的建设情况见表3-1。

表3-1　　　西部陆海新通道沿线铁路干线建设情况

铁路线路	建设情况
黄桶至百色铁路	国铁Ⅰ级、双线，电力牵引，技术标准160千米/时，全长约302千米，总投资约323亿元，其中广西境内段长132千米，投资约147亿元。项目已纳入国家《中长期铁路网规划》，并作为西部陆海新通道重点项目推进，未来计划开行双层集装箱列车，目前已完成方案研究工作。计划2020年12月开工，2025年12月建成

续表

铁路线路	建设情况
重庆至贵阳铁路（渝贵铁路）	连接重庆市和贵州省贵阳市的国铁Ⅰ级双线电气化快速铁路。2017年3月26日，渝贵铁路贵州段轨道全部铺通；2018年1月25日，设计时速200千米的渝贵铁路全线开通运营。通车后的渝贵铁路除了能与贵广铁路相连外，还在北端通过重庆枢纽与成渝、兰渝、襄渝、渝利等铁路接轨，南端通过贵阳枢纽与沪昆、湘黔等铁路相接，形成高标准、大能力、快速度的"出海"大通道
贵阳至南宁铁路（贵南高铁）	线路北起贵阳铁路枢纽贵阳北站，经贵州龙里、贵定、都匀、独山、荔波，广西环江、金城江、都安、马山、武鸣，终至南宁铁路枢纽南宁东站，线路全长533千米。贵阳北站至龙里北站51千米利用既有白龙客专，新建线路（龙里北站至南宁东站）长约482千米共设14个车站，速度目标值350千米/时，规划输送能力为每年4000万人。2017年12月23日，贵南高铁全线土建正式开工，预计2023年12月20日建成通车。贵南高铁建成后，从贵阳至荔波只需40分钟，至南宁只需2小时
渝怀铁路增建二线	2005年建成竣工的渝怀铁路全长624.523千米，为一级单线、预留复线条件，一次建成电气化铁路。渝怀铁路二线将在现有铁路单线旁增建一条运输线路，线路西起襄渝铁路团结村站，横跨重庆、贵州、湖南三省市，终至怀化南站，全长625千米，设计时速120千米，全线于2015年4月开工，预计将于2020年6月完工
叙永至毕节铁路	铁路线起于泸州叙永县，经宜宾市兴文县、云南省昭通市威信县和镇雄县，止于贵州省毕节市七星关区，新建正线全长180.6千米。该线路的铁路等级为国铁Ⅰ级，正线数目是单线，设计速度目标值为120千米/时。2016年10月份实现全面开工，全线工期为6年，2022年年底10月份达到通行条件
焦柳铁路怀化至柳州段	连接焦作市与柳州市的国家Ⅰ级客货共线铁路，2004年，焦柳铁路月山站至怀化站段启动电气化改造。2009年，焦柳铁路洛阳至张家界路段完成电气化改造。2017年12月29日，焦柳铁路怀化至柳州段电气化改造工程正式开工。该工程在原焦柳铁路的基础上进行改造，线路自湖南省怀化市通道侗族自治县塘豹站至广西柳州南站，全长约268千米，按国铁Ⅰ级单线铁路标准建设。设计时速维持原120千米/时不变，牵引质量提升至4000吨，计划工期3年，预计2020年建成通车

续表

铁路线路	建设情况
湘桂铁路南宁至凭祥段	国铁Ⅰ级、双线，电力牵引，技术标准120千米/时，全长约198千米，总投资约140亿元，湘桂线南宁至凭祥段扩能改造工程争取2021年年底实现开工建设
隆黄铁路隆昌至叙永段	2019年9月16日，四川省公共资源交易平台发布《隆黄铁路隆昌到叙永段扩能改造工程勘察设计招标公告》，2019年11月，国铁集团鉴定中心赴内江、泸州，全线调研隆黄铁路隆昌至叙永段扩能改造，原则同意隆黄铁路隆昌至叙永段扩能改造可行性研究报告

资料来源：根据网上新闻资料整理而得。

二 沿线公路设施情况

陆海新通道国际公路联运在国内的出境省份主要是广西和云南，其中，经广西口岸出境的主干线路主要为重庆南彭公路保税物流中心经贵州贵阳到广西凭祥/广西东兴/广西龙邦通往越南再到其他东盟国家；经云南口岸出境的主干线路主要为重庆南彭公路保税物流中心经贵州贵阳到云南磨憨/云南瑞丽通往老挝/缅甸再到其他东盟国家。自重庆经由广西跨境公路的运输线路及公路基础设施情况见表3-2，根据表3-2可知，陆海新通道沿线公路国内段的基础设施比较完善，从重庆到广西各口岸的高速路网已形成。此外，通道沿线其他省市如成都、西安、兰州、昆明等到重庆和广西的高速路网也已基本贯通。

表3-2 国际陆海贸易新通道经由广西口岸的沿线公路基础设施情况

干线通道	线路	距离	备注
重庆—贵阳—凭祥—东盟	境内路段	重庆南彭—贵州贵阳—广西凭祥口岸	1050千米	兰海高速—银百高速
	境外路段	凭祥—谅山—河内—东河—穆达汉—曼谷—吉隆坡—新加坡	3659千米	中、泰、马、新路段均为高速公路，越南河内至北宁已有36千米的高速公路，其余路段和老挝境内路段为二、三级油路

续表

干线通道		线路	距离	备注
重庆—贵阳—东兴—东盟	境内路段	重庆南彭—贵州贵阳—广西东兴口岸	1087千米	银百高速—兰海高速
	境外路段	东兴—芒街—海防—河内—胡志明市—金边	2300千米	需新建芒街—海防、河内—胡志明市—金边高速公路
重庆—贵阳—龙邦—东盟	境内路段	重庆南彭—贵州贵阳—广西龙邦口岸	864千米	兰海高速—银百高速
	境外路段	龙邦—高平—河内—琅勃拉邦—清迈—内比都	/	需新建龙邦—高平—河内—琅勃拉邦—清迈—内比都高速公路

资料来源：根据赵光辉等：《"一带一路"背景下国际陆海贸易新通道发展现状评价》，《物流技术》2019年第7期论文中的相关内容整理而得。

　　根据《西部陆海新通道总体规划》可知，为提高陆海新通道沿线公路干线的运输能力，未来在沿线公路设施建设方面主要着眼于以下方面：加快推进G69待贯通路段、G75渝黔和南宁至钦州段扩能、G5615墨江至临沧段、G85待贯通路段等项目建设；升级G93重庆至遂宁段等。现阶段，部分沿线公路建设情况和建设进度见表3－3。

表3－3　　　西部陆海新通道沿线公路干线建设情况

高速公路网编号	线路	公路建设情况
G69（银百高速）	宁夏—甘肃—陕西—重庆—贵州—广西	银百高速公路连接宁、甘、陕、渝、黔、桂6个省区市，全长2281千米，计划2030年全线贯通。宁夏段：自2017年10月开工，剩余工程将于2020年8月底完工。甘肃段：该项目2016年4月进行施工图设计招标，正在建设中。陕西段：北段是咸旬高速，于2014年12月3日正式通车，双向4车道。南段由西康高速公路和安岚高速公路组成。西康高速是G65包茂高速公路的一段，G69

续表

高速公路网编号	线路	公路建设情况
G69 （银百高速）	宁夏—甘肃—陕西—重庆—贵州—广西	在此段与它共线，于2009年5月28日正式通车；安岚高速公路2016年开工，预计4年建成，计划2020年建成通车。重庆段：由城开高速公路、万开高速公路（与G5012恩广高速共线）、原规划的G50S沿江高速公路（涪陵至万州段）、南涪高速和南道高速一段组成。城开高速公路2016年12月27日开工，预计2022年建成。万开高速公路和涪丰高速2006年建成，忠万高速公路、丰忠高速公路于2016年12月9日通车。G50S沿江高速公路（涪陵至万州段）目前在规划阶段。南涪高速（2013年建成），南道高速公路于2017年10月19日通车，接贵州省黔北高速公路（亦称道瓮高速公路）。贵州段：北段由2015年12月31日同步通车的道真至瓮安高速公路和瓮安至贵阳高速公路组成。南段由2013年10月10日通车的贵阳至惠水高速公路和2015年8月28日通车的惠水至罗甸高速组成。广西段：G69银百高速公路在广西境内由乐百高速公路、百靖高速公路、广昆高速公路百色南过境段上宋至那坡镇那音村段（与G80广昆高速公路共线）和靖龙高速公路组成。乐百高速公路已于2020年1月8日通车。百靖高速公路于2014年12月16日通车运营。广昆高速公路2007年12月28日建成通车。靖龙高速公路于2018年12月19日正式通车
G75 （兰海高速）	渝黔段扩能	2018年6月，渝黔高速扩能项目重庆段全面开工。项目按双向六车道高速公路标准进行建设，路基宽度33.5米，设计车速100千米/时，建设工期4年，计划2021年实现通车
	南宁至钦州段扩能	2019年10月31日，兰海高速公路广西南宁经钦州至防城港段改扩建工程竣工验收，实现全线八车道通行
G5615 （杭瑞高速）	墨江至临沧段	路线全长246.722千米的双向四车道高速公路，路基宽为25.5米，设计速度80千米/时，建设周期为2016年1月至2020年1月

第一部分 "一带一路"南向出海大通道研究

续表

高速公路网编号	线路	公路建设情况
G85（银昆高速）	宁夏—甘肃—陕西—四川—重庆—贵州—云南	计划2030年全线贯通。宁夏段：由银川机场高速和太阳山至彭阳段组成。2017年9月太阳山至彭阳段项目进入设计阶段。 甘肃段：2017年4月18日，可行性研究报告日前已经甘肃省发展改革委批复。陕西段：其中甘陕界至宝鸡市区段已于2011年11月8日建成通车，宝鸡市区至凤县坪坎镇段于2016年8月25日开工建设，建设工期6年，坪坎镇至汉中段2012年12月21日开工在建，2017年12月28日建成通车。汉中至秦川界（喜神坝至汉中）2015年9月2日通车运营，其中，米仓山隧道于2018年8月9日贯通，2018年11月22日上午10时巴陕高速全线通车。四川段：全线通车。重庆段：全线通车。云南段：全线通车
G93（成渝环线高速）	重庆至遂宁段升级	成渝环线高速公路于2013年9月12日建成。2019年12月16日，渝遂高速公路扩能（北碚至铜梁段）工程可行性研究报告获市发展改革委批复

资料来源：根据网上新闻资料整理而得。

三 港口建设情况

根据《西部陆海新通道总体规划》，南向通道出海口主要为广西北部湾港和海南洋浦港，下面就两个港口在基础设施、航线布局、货物吞吐量方面的情况进行介绍。

1. 广西北部湾港

北部湾港[①]，是中国西部地区最近的出海通道，是我国大陆距离马六甲海峡最近的港口，具有大型、深水、专业化码头群的规模优势，与100多个国家和地区的250多个港口有贸易往来，北部湾港各港口的码头长度见表3-4。

---

① 含防城港、钦州港、北海港在内，三港区之间已开通穿梭巴士，以保障各港区对应腹地集装箱快速分拨。

第三章 "一带一路"南向出海大通道建设的现状

表3-4　　　　　　　北部湾港各港口的码头长度　　　　（单位：米）

年份	2015	2016	2017	2018
北部湾港	35937	37197	37953	38567
钦州港	13938	13938	13938	14552
防城港	15260	15587	16343	16343
北海港	6739	7672	7672	7672

资料来源：广西统计信息网。

根据北部湾港集团官网数据显示，北部湾港拥有生产性泊位82个，10万吨级以上泊位26个，年吞吐能力2.4亿吨。集装箱的年通过能力468万标箱，正在建设15万吨级自动化集装箱码头，已开通内外贸集装箱航线46条，其中外贸航线26条（见表3-5），基本实现了东南亚地区主要港口全覆盖；内贸航线20条，基本实现了全国沿海主要港口全覆盖；另开通了钦州、防城港、北海三港间的穿梭巴士以及到广东的港外穿巴。北部湾港散杂货的装卸货类齐全，涵盖交通部对沿海港口分类货物吞吐量统计所列的17类货物，拥有20万吨级散货码头、正在建设30万吨级散货泊位。当前，北部湾港的散杂货业务已迈入运输、仓储、贸易、交割等全供应链服务时代，拥有煤炭、矿石、粮食、硫磷、液体化工等专业化码头；拥有30万吨级原油泊位、15万吨级LNF泊位。在滚装方面，建有7万吨级专用泊位，滚装汽车吞吐能力为37.2万辆/年。在远近洋航运方面，北部湾港自有及光租船舶15艘，日均控制运力70余艘，载重吨超过600万吨。在冷链物流方面，北部湾港积极打造面向东盟国家和地区的农产品进口、加工、运输、冷藏、配送一体化冷链物流服务体系，在南宁建设5个大型高低温库，已投入使用库容量为30万立方米，投放了一批铁海联运专用冷链集装箱，并开通了东盟经北部湾港至重庆、四川等内陆省市的铁海联运冷链运输服务。在西江内河物流方面，连通红水河、左江、右江、柳江等西江干支流，启用基于北斗导航的西江船舶智能过闸及航行系统，实现西江水运物流全程网络化、智能化、可视

51

第一部分 "一带一路"南向出海大通道研究

化和安全化，拥有和控制船舶142艘，集装箱班轮航线8条，运力达18.87万吨。

表3－5　　　　　　　　北部湾集装箱外贸航线

序号	船公司	航线	班期	舱位（TUE）
1	地中海航运（MSC）	钦州—中国香港—福州/汕头—中国香港—海防—钦州	周一	2045
2	新海丰SITC	钦州—海防—蛇口—厦门—仁川—平泽—大山—青岛—上海—厦门—中国香港—岘港—胡志明—林查班—雅加达—林查班—胡志明—钦州	截一开二	1032
3	新海丰SITC	防城—中国香港/蛇口—厦门—仁川—海防—防城	周三	1032
4	德翔航运（TSL）	钦州—蛇口—中国香港—东京—横滨—名古屋—大阪—神户—基隆—台中—高雄—中国香港—蛇口—海防—钦州	周三	1049
5	万海航运（WHL）	钦州—中国香港—南沙—巴生港—海防—钦州	周四	1234
6	太平船务（PIL）	钦州—越南岘港—越南归仁—新加坡—关丹—海防—钦州	周四	1880
7	东方海外货柜航运有限公司（OOCL）	钦州—中国香港—大铲湾—海防—钦州	周五	1500
8	宏海箱运（RCL）	钦州—中国香港—胡志明—新加坡—仰光—新加坡—海防—钦州	周六	1000
9	长荣海运（EMC）	钦州—湛江—中国香港—蛇口—海防—钦州	周六	1164
10	中远海	钦州—洋浦—湛江—高栏—中国香港—盐田—蛇口—胡志明—新加坡—归仁—海防—钦州	周日	1400

第三章 "一带一路"南向出海大通道建设的现状

续表

序号	船公司	航线	班期	舱位（TUE）
11	长海船务有限公司	防城港—越南其河（三协港）	每月两班	224
12	X-PRESS	WIN航线：皮帕瓦沃—科伦坡—巴生—新加坡—盖梅港—钦州—中国香港—宁波—上海—蛇口—新加坡—巴生—那瓦西瓦—皮帕瓦沃	周三	6000
13		海防穿巴：钦州—海防	1周/2班	700
14	现代商船（HMM）/天敬海运（CKLINE）	仁川—釜山—中国香港—海防—钦州—中国香港—厦门—仁川	周日	1000
15	中国香港永丰船务公司	钦州—中国香港	2班/周	200—250
16		防城港—中国香港	1班/周	
17		北海—中国香港	2班/周（周三、六或日）	
18	南洋船务有限公司	钦州—中国香港	2班/周	210
19		防城港—中国香港	1班/周	150
20		北海—中国香港	2班/周（周二或周五）	210
21	广州市恒富物流有限公司	钦州港—中国香港—深圳	1班/周	180
22		防城港—钦州港—中国香港—深圳	1班/周	180
23	北海昊辰国际物流有限公司	北海—中国香港	每周四/周六	90
24	广西利通物流有限公司	北海—中国香港	周二、周五	90
25	五洲航运	北海—中国香港	不定班	200
26	北海凯宏船务有限公司	北海—中国香港	不定班	45
27	厦门大达海运有限公司	北海—中国香港	不定班	158

53

第一部分 "一带一路"南向出海大通道研究

续表

序号	船公司	航线	班期	舱位（TUE）
28	新海丰集装箱运输有限公司	钦州—中国香港—马尼拉	周三	—
29	中远海	钦州—新加坡—伊塔瓜伊—桑托斯—巴拉纳瓜—伊塔普亚—纳维根斯特—伊塔雅伊	—	4250

资料来源：根据北部湾港集团官网及相关新闻整理而得。

当前，在着重打造西部陆海新通道门户港的过程中，北部湾港重点构建北部湾港至重庆班列、中国香港航线、新加坡航线三个"天天班"，相继拓展成都、兰州、昆明、贵阳等8条常态化班列运营线路。因此，陆路可以通过目前已开通至西部六个省市的班列将货物快速便捷地运抵渝、滇、川、黔、陇等西部内陆省市，海路可以通过北部湾港至中国香港、北部湾港至新加坡方向的班轮中转接驳上远洋航线母船，最终可以实现全球航线主要网点的全覆盖。值得一提的是，2019年3月29日，广西服务西部陆海新通道铁海联运重要工程——钦州港东站集装箱办理站东站作业区正式投入使用，为陆海新通道铁海联运升档提速。

此外，为了吸引货源，陆海新通道在物流成本降低方面已实现铁路双向运费下浮30%，港口作业费率减免50%，中转关检费用降低80%，外贸进口大柜货物单箱成本降低至2100元/箱。得益于陆海新通道的建设，北部湾港的货物吞吐量逐年上涨（见表3-6和表3-7）。2019年，北部湾港（全港）货物吞吐量完成2.56亿吨，同比增长14.70%，集装箱完成382万标箱，同比增长31.68%。其中，北部湾港（本港）完成2.05亿吨，同比增长16.73%，完成集装箱382万标箱，同比增长31.68%。中转业务完成22.7万标箱，同比增长416.3%；铁海联运完成16.15万标箱，同比增长194%。2019年，北部湾港货物吞吐量在全国沿海主要港口中排第12位，集装箱增速居全国沿海主要港口第1位。[1] 截至2020年3月8日，北部湾港铁海联运班列到发481列，同比增长49%；累计完成铁海联运集装箱共24149标箱，同比增长53%。[2]

表3-6　　　　　　北部湾港（全港）货物吞吐量

	年份	2015	2016	2017	2018	2019
广西北部湾港	货物吞吐量（万吨）	20482	20393	21862	23986	25568
	外贸货物吞吐量（万吨）	—	—	11827	13027	13772
	集装箱（万标箱）	—	—	—	290.14	382
钦州港	货物吞吐量（万吨）	6510	6954	8338	10150	11931
	外贸货物吞吐量（万吨）	—	—	—	4194	4678
	集装箱（万标箱）	—	—	—	232.45	302
防城港	货物吞吐量（万吨）	11504	10688	10355	10448	10141
	外贸货物吞吐量（万吨）	—	—	—	7453	7687
	集装箱（万标箱）	—	—	—	31.2	42
北海港	货物吞吐量（万吨）	2468	2750	3169	3387	3496
	外贸货物吞吐量（万吨）	—	—	—	1380	1407
	集装箱（万标箱）	—	—	—	26.49	38

资料来源：交通运输部。

表3-7　　　　　　北部湾港（本港）货物吞吐情况

指标	2006年	2016年	2017年	2018年	2019年
吞吐量（万吨）	3348	13960	14650	17600	20546
集装箱（万标箱）	19.13	180	228	290	382

资料来源：北部湾港官网。

[1] "北部湾港2019年货物吞吐量保持高速增长"及"北部湾港2019年散改集成效明显"，北部湾港网站，2020年2月1日，https://www.bbwport.cn/index.html。
[2] 资料来源：《逆势增长 释放活力——北部湾经济区复工复产侧记》，《广西日报》2020年3月18日。

2. 海南洋浦港

洋浦港地处海南省西北部的洋浦经济开发区，为国家一类开放港口，素有"水深、避风、回淤量少"等特点，是海南天然条件最好的深水港。目前洋浦港已建成码头泊位45个，开通内外贸航线22条，其中内贸航线14条，连通北部湾、长三角、珠三角、华北、东北等国内沿海港口；外贸航线8条，连通越南、新加坡、马来西亚、缅甸、孟加拉国和中国香港等国家和地区，基本完成了面向东南亚和南亚的航线布局，初步构建起以洋浦作为中国—东盟航运中转枢纽的航线网络骨架。[1]

洋浦港近两年来的货物吞吐情况见表3-8，虽然目前总的货物吞吐量仍较少，但2019年增长速度较快，特别是集装箱的数量快速上涨。据统计，2020年1—2月洋浦港口吞吐量801.90万吨，同比增长7.79%，其中外贸吞吐量524.87万吨，同比增长17.43%；集装箱吞吐量9.2993万标准箱，同比增长8.28%；货重139.81万吨，同比增长31.12%。[2]

表3-8　　　　　　　　　　洋浦港货物吞吐情况

指标	2018年 数值	2018年 为去年同期	2019年 数值	2019年 为去年同期
货物吞吐量（万吨）	4206	98.1%	5015	119.4%
外贸货物吞吐量（万吨）	2443	94.5%	2785	114.3%
集装箱（万标箱）	55.67	121.%	71	127.1%

资料来源：交通运输部。

---

[1] 资料来源：《开辟陆海新通道 打造航运新枢纽》，《海南日报》2020年3月17日。

[2] "洋浦港货物吞吐量逆势上扬 同比增长7.79%"，洋浦经济开发区网站，2020年3月19日，http://yangpu.hainan.gov.cn/yangpu/zwdt/202003/9f98724e1ccf43f39cfb3dfd4a853bb2.shtml。

四 口岸建设情况

作为南向通道的两个关键节点,重庆和广西具备公、铁、水、空多种类型的口岸,基本具备满足通道对多式联运和货物运输的需求。从重庆的口岸建设情况来看,重庆市有7个口岸、10个具有口岸功能的场所。近几年来,重庆抓住中新互联互通和西部陆海贸易新通道建设的机遇,不断加快各类口岸建设,完善口岸功能,建立起了覆盖水陆空等多种运输方式的立体化口岸体系,已实现7×24小时通关常态化和电子化通关,口岸通行效率不断提升。其中,以重庆港、寸滩港作为主要港口组成了较发达的水路运输体系,并以果园港为龙头,在其域内679千米的长江水道上布局打造了"1+3+9"港口群。重庆航空口岸也得到了快速发展,一年多来,口岸新增"一带一路"沿线国家航线7条,设置专用通道服务中新(重庆)战略性互联互通示范项目,常态开设"一带一路"专用通道,保障"外国人144小时免签过境",为重庆的发展营造了良好的口岸环境。2019年,重庆航空口岸入出境外国人达到28万余人次,同比增长7.2%。共有183个国家(地区)的人从重庆口岸入境,较2018年增加4个。[①] 当前,重庆通过17个口岸/场所可以将长江黄金水道、南向通道和中欧班列(重庆)等国际物流通道实现无缝对接。

从广西的口岸建设情况来看,广西拥有21个国家一类口岸,其中,6个国际一类海港口岸,基本形成了沿海水运口岸密集分布,沿边地区铁路口岸、公路口岸多点开放,重点城市和旅游城市航空口岸基本覆盖的全方位、多层次、立体化口岸开放格局。[②] 近年来,得益于南向通道的建设,广西不断加强口岸基础设施建设和推进口岸通关

[①] "重庆航空口岸2019年出入境人数突破340万人次",《重庆晨报》2020年1月9日,https://www.cqcb.com/wealth/2020-01-09/2090617_pc.html。

[②] 资料来源:《我区大口岸大通道模式已具雏形》,《广西日报》2019年10月15日。

第一部分 "一带一路"南向出海大通道研究

环境优化,已实现国际贸易"单一窗口"口岸全覆盖。至2019年6月底,"单一窗口"在全区口岸主要业务应用率达到100%,并在全国率先开发启用边境口岸电子系统等,友谊关口岸更是成为全国第一个实现免刷卡智能通关的沿边陆路口岸。通过优化通关流程和作业方式、提升口岸管理信息化水平、创新检验监管方式、持续推进跨部门联合检查等举措,近年来广西口岸整体通关时间不断缩短,截至2019年8月,广西口岸进口整体通关时间为7.24小时,比同期全国平均水平快30.81小时;出口整体通关时间为2.26小时,比同期全国快1.51小时。其中,北部湾海港口岸平均进口通关时间压缩至43.43小时。①

总的来看,南向通道主干线上的铁路、公路等基础设施基本实现连通,出海港口和口岸建设尚能满足当前的货物运输需要,但面对未来快速增长的服务需求和企业对智能化、便利化、快捷通关等的需要,现阶段的基础设施建设还有很大的提升改造空间。未来,陆海新通道基础设施建设要在破除瓶颈和扩能改造方面提前布局和加快建设的步伐。

第二节 物流通道建设情况

西部陆海贸易新通道是一条复合型国际贸易物流通道,包括多种运输组合方式。当前,重庆、成都分别经贵阳、怀化、百色至北部湾港的三条铁路运输线路,实现集装箱班列每日开行,并与中欧班列保持有效衔接;并初步形成了至中南半岛的跨境公路班车和国际铁路联运等物流组织模式。不同的物流运输方式在运输时间和运输成本上有较大差异。虽然当前陆海新通道主推的是铁海联运模式,但是沿线省市由于交通基础设施不一样,各省市的主要运输工

---

① 资料来源:《我区大口岸大通道模式已具雏形》,《广西日报》2019年10月15日。

具也存在差异。

一 物流运输方式

当前陆海新通道的物流运输方式主要有铁海联运、国际公路联运、铁路联运三种组织模式。

1. 铁海联运通道

铁海联运是南向通道的一大特色，也是南向通道践行多式联运的有效实践。陆海新通道已开通重庆团结村铁路集装箱中心站到钦州港东站的国际铁海联运班列以及成都国际铁路港"蓉欧+东盟"国际铁海联运班列等。其中，"渝黔桂新"南向通道铁海联运班列自2017年4月在重庆团结村中心站实现首发后，于当年9月正式进入常态化运行，货物一路向南出发，经由贵州抵达广西北部湾或云南，再运至新加坡，比传统"重庆—上海—新加坡"线路运输时间节约20天左右，成为中西部地区最便捷的一条出海大通道。到现在为止，陆海新通道铁海联运班列已运行近3年，开行以来，效果明显，如今已实现每周固定4班双向对开，目的地已覆盖全球六大洲84个国家和地区的200个港口。而成都到东盟的班列每周开行2—5列，到钦州港也仅需55小时。截至2020年3月8日，北部湾港铁海联运班列到发481列，同比增长49%；累计完成铁海联运集装箱24149标箱，同比增长53%。[①]

2. 公路联运通道

陆海新通道跨境公路联运主要是从重庆经贵州贵阳到广西凭祥、东兴，云南瑞丽、磨憨等陆路口岸，再经由越南、老挝、缅甸等国到达东盟其他国家。2016年4月28日，南向跨境公路通道由重庆公运东盟国际物流有限公司以"五定"班车模式运营。截至2019年5月，

---

① 资料来源："北部湾港海铁联运班列到发481列 同比增长49%"，中国日报网，2020年3月10日，http://gx.chinadaily.com.cn/a/202003/10/WS5e672584a3107bb6b57a5935.html。

第一部分 "一带一路"南向出海大通道研究

重庆—东盟跨境公路班车形成了东线（重庆南彭—广西凭祥—越南河内）、东复线（重庆南彭—广西钦州港—东盟各国）、中线（重庆南彭—泰国曼谷）、西线（重庆南彭—云南瑞丽—缅甸仰光）、欧亚线（越南—重庆南彭—重庆团结村—德国杜伊斯堡）及重庆—新加坡线等6条常态化运营线路，累计开行950余班次，总重超8000吨，总货值近9亿元人民币。① 2020年1—2月，跨境公路班车（重庆—东盟）重庆开行153班，同比增长34.2%。②

3. 铁路联运通道

陆海新通道国际铁路联运线路主要为中欧班列的向南延伸，自成都、重庆通过我国西部地区铁路网络抵达广西凭祥或云南瑞丽、磨憨、河口等沿边口岸，再通过泛亚铁路与东盟国家相连。2018年1月，中欧班列（钦州—波兰马拉舍维奇）开通，这是首条从东盟国家途经广西，连接中国西南、中南地区，直至中亚、欧洲的运输通道；同年3月，首趟中欧班列（重庆）越南国际班列由重庆团结村发出，途经广西南宁，由凭祥口岸出境，直达越南河内，该趟班列主要运输机械设备、仪器及工业原材料，回程的货物也主要是越南的电子产品和金属矿等货物。现在，以南宁南站为中越跨境班列的集散节点，接续中国各地发到越南的班列或零散集装箱，再编成"南宁—河内"跨境集装箱班列的"中越+"班列。2020年1—2月，国际铁路联运班列（重庆—河内）重庆开行10班，同比增长150%。③

从陆海新通道沿线各省市的主要运输方式来看，由于各省市本身

---

① 资料来源："跨境公路班车助跑'陆海新通道'"，新华网，2019年5月28日，http://m.xinhuanet.com/cq/2019-05/28/c_1124546839.htm。
② 资料来源："中新互联互通项目陆海新通道运行顺畅"，中华人民共和国驻新加坡共和国大使馆经济商务处，2020年3月16日，http://sg.mofcom.gov.cn/article/sxtz/202003/20200302945256.shtml。
③ 资料来源："中新互联互通项目陆海新通道运行顺畅"，中华人民共和国驻新加坡共和国大使馆经济商务处，2020年3月16日，http://sg.mofcom.gov.cn/article/sxtz/202003/20200302945256.shtml。

的交通基础设施差异较大,因此各省市的主要运输方式存在差异。就通道上各区域经南宁海关与东南亚国家进出口贸易的运输方式而言,陕西全部为公路运输;重庆以公路运输为主,铁路、水路运输为辅;广西、四川、甘肃公路运输量与水路运输量相差较小;贵州、云南以水路运输为主,公路运输为辅。具体而言,水路运输通道上,经南宁海关进出口东南亚的货物,主要来自广西,占比达81%,其次为云南、贵州和四川,占比分别为13%、4%、2%。公路运输通道上,经南宁海关进出口东南亚的货物,79%来源于广西,其次为重庆(12%)、四川(7%)和云南(2%),甘肃、陕西、贵州占比较少。铁路运输通道上,92%的货物来自广西,重庆、陕西、四川分别占比3%、3%、2%。[①]

二 物流运输成本

物流运输成本主要由运输、中转、通关等物流环节所产生的各类费用和时间构成。当前陆海新通道的主要运输方式铁海联运在运输距离上比以前江海联运的时间要大幅缩短,但对比江海联运的运输成本来看,也要高出不少。因此,总的来看,物流时间和物流成本是呈反向关系的。接下来,通过比较铁海联运、江海联运以及跨境公路联运的运输距离、运输费用和运输时间,来看南向物流通道的运输成本情况(见表3-9)。根据表3-9可知,江海联运的成本最低,但所需时间最长;公路运输的成本最高,但所需时间最短;铁海联运的成本处在中间,运输时间也较公路运输的时间长,较江海联运的时间短。因此,对于一些比较注重运输时效又兼顾运输成本的货物和企业而言,选择经北部湾港的铁海联运路线是比较划算的。

---

① 赵光辉、朱谷生、王厅:《"一带一路"背景下国际陆海贸易新通道发展现状评价》,《物流技术》2019年第7期。

第一部分 "一带一路"南向出海大通道研究

表 3-9 南向物流通道各运输方式的运输距离、运输成本、运输时间表

线路		线路1:公路 重庆南彭—贵阳—南宁—广西凭祥—越南河内			线路2:公路 重庆南彭—云南磨憨—老挝万象—泰国曼谷			线路3:公路 重庆南彭—云南瑞丽—缅甸仰光			线路4:铁海 重庆—广西钦州港—新加坡			线路5:铁海 重庆—深圳—新加坡			线路6:江海 重庆—上海—新加坡		
通道	指标	里程(km)	费用(元/标箱)	时间(天)	里程(km)	费用(元/标箱)	时间(天)	里程(km)	费用(元/标箱)	时间(天)	里程(km)	费用(元/标箱)	时间(天)	里程(km)	费用(元/标箱)	时间(天)	里程(km)	费用(元/标箱)	时间(天)
境内段	公路	1200	7200	0.75—1.25	1600	9600	1.25—1.75	1600	9600	1.25—1.75	—	—	—	—	—	—	—	—	—
	内河	—	—	—	—	—	—	—	—	—	—	—	—	—	—	—	2400	1500	5—8
	铁路	200	3000	—	—	—	—	—	—	—	1400	5200	1.5—2	1900	6300	3.5—4	—	—	—
境外段	公路	—	—	0.5—0.75	1200	18000	2.5—3.0	1100	16500	1.2—1.5	—	—	—	—	—	—	—	—	—
	海运	—	—	—	—	—	—	—	—	—	2600	1300	3—4	3000	1350	4—5	4000	2200	6—8
合计		1400	10200	1.25<T<2.0	2800	27600	3.75<T<4.75	2700	26100	2.45<T<3.25	4000	6500	4.5<T<6	4900	7650	7.5<T<9	6400	2700	11<T<16

注:"—"表示无数据;表中境内段公路运费是指货物从出厂到港口或铁路车站集并拖车费(含过路费)。

资料来源:参见张泽丹、陈丹蕾、苏小军、唐秋生:《不确定环境下中新南向物流通道运输成本现状评价与发展对策研究》,《智能城市》2018年第4期。

62

三　运输货物及货源集聚

从现阶段陆海新通道运输的货物来看，去程主要货物为电子产品、汽车零配件、成品纸、玻璃纤维、摩配、汽油机、水电设备等，回程货物主要为电子产品、生活用品和水果蔬菜、海鲜等产品。比如重庆的汽车零配件、玻璃纤维、化工品，云南的化肥和咖啡豆，甘肃的矿产、化工产品及苹果、梨、马铃薯、洋葱等农副产品以及广西的农产品等都可通过铁海联运或跨境公路运输等方式到达北部湾港或凭祥和东兴口岸，再销往东盟等国家。同样，越南的电子产品也可以借助西部陆海贸易新通道和中欧班列，在重庆团结村铁路集装箱中心站完成中转后运往欧洲。此外，陆海新通道沿线各省市也通过通道加强了内贸的发展，如广西的农副产品可通过陆海新通道运抵重庆，再销往重庆及周边市场；甘肃的铝产品也可以和拥有较为完整的铝产业链条的广西，通过陆海新通道进行资源整合等。当前，陆海新通道的去程货源相对较多，但回程货源受市场影响较大，回程空箱率高的问题较为严重，而且由于缺乏统一的货源组织和规模化的物流市场，也使得物流成本偏高，物流效率有待提升。

四　物流信息化水平

物流信息化水平在很大程度上依赖于互联网的建设，得益于我国互联网、大数据、云计算等技术的快速发展，陆海新通道沿线主要省市的信息化水平得到了显著提升。重庆、广西、四川、贵州、云南等省市均已建成物流公共信息平台，也完成了"单一窗口"建设，对提升物流效率和通关效率发挥了促进作用。但是，区域之间的信息、数据交换平台还未有效建立，多式联运的贸易物流信息平台仍然缺乏，特别是陆海新通道沿线国家之间的国际物流信息资源的整合力度有待大幅提高，跨国家之间的物流信息互换机制亟待建立，以降低由于信息不对称带来的隐形成本增加的问题。

第三节 沿线经济发展情况

一 沿线国家及地区主要产业概况

一是沿线西部八省区市的产业概况。重庆是中国西南地区的重要交通要道，其农林牧副渔全面发展，种植业盛产水稻，养殖业和渔业发达。身为中国的老工业基地和重要现代制造业基地，重庆目前已形成全球最大电子信息产业集群和国内最大汽车产业集群，拥有装备制造、综合化工、材料、能源和消费品制造等千亿级产业集群，传统的租赁和商务服务业占比较大，交通运输、仓储和信息技术等新兴服务业处于快速发展时期。广西与越南接壤，主要以农业种植业为主，主要农作物是甘蔗，农副食品加工业、木材加工业、采矿业、钢铁和汽车产业等制造业较为发达，广西的制糖业产业规模大且技术先进。贵州的农业以种植业、畜牧业为主，酒、饮料和精制茶制造业是贵州的工业支柱产业，电力、热力生产和供应业与高新技术产业目前是贵州的主要发展产业。得益于其独特的自然环境，贵州成为中国首个国家大数据综合试验区，大数据产业突飞猛进。甘肃是国内重要的中药种植地，中医药产业是其重点发展产业，作为"丝绸之路经济带"的黄金通道，通道物流被列为重点发展的绿色生态产业。此外，甘肃的文化旅游、军民融合、清洁能源产业均有优势。宁夏的马铃薯产业为其优势特色产业，鲜薯种植和淀粉加工业发达，因煤炭资源储量多，能源产业为其支柱产业，此外清真食品和穆斯林用品、旅游业为优势产业。青海畜牧业发达，拥有矿产和能源优势，石油、电力、有色金属和盐化工为其支柱产业，目前光伏产业和锂电产业在全国排名靠前。新疆主要种植的农作物是棉花，其棉花相关产业发达，石油资源丰富，因此石油天然气开采、石油化工业发达。新疆的风景独特，旅游资源丰富，目前旅游业也处于快速发展期。云南水电资源丰富，能源产业目前是仅次于烟草的第二产业。党的十九大之后云南提出要大力发展绿色能源、绿色食品和健康生活目的地，目前生物医药和大健康产业、旅游文化产业、信息产业、物流产业、高原特色现代农业产业、新材料产业、先进装备制造业与食品与消费品加工制造业为其重点发展产业。

二是东盟七国的产业概况。越南是传统农业国,主要种植水稻、玉米、咖啡和橡胶等,主要工业产业包括能源、食品、纺织、化工、建筑、加工制造等。近年来,电子、纺织和鞋类已成为其最具优势的三大产业,占出口总额的60%以上。柬埔寨的第一产业为其主要产业,水稻种植和渔业养殖业发达,工业主要以食品加工业、制鞋业、成衣制造业为主,柬埔寨旅游资源丰富,旅游业在国民经济中占重要地位。缅甸也是以农业和旅游业为主,其玉石、宝石等在国际上享有盛名。老挝主要以农业为主,工业基础薄弱,主要农作物是水稻,工业主要以矿产业和电力业为主,服务业水平低。马来西亚是世界上第二大棕油及相关制品生产国、全球第三大天然橡胶生产国和出口国,石油、天然气、锡等自然资源储量丰富,采矿业发达,电子、石油、机械、钢铁、化工及汽车制造等行业技术先进,服务业主要以旅游业为主。泰国主要种植橡胶、甘蔗,工业基础好,是众多欧美公司的电子、汽车零部件加工地,旅游资源丰富。新加坡经济发达,是出口导向型经济体,产业以石油化工、电子、商业服务、航运、物流、金融、科研、旅游业为主,是世界第三大炼油中心,近年积极发展高科技和教育产业。

可以看出,陆海新通道沿线国家地区的产业分布各不相同,发展水平也不均衡。西部省份以畜牧业、水稻和棉花种植为主,而东盟国家以渔业、水稻、橡胶和棕榈等热带经济作物种植为主。大多数西部省份和东盟国家的工业都是主要产业,但是生产的工业产品不同,工业发展水平不一。目前,西部省份正在从劳动密集型产业向技术密集型产业转变,而东盟国家目前多是劳动密集型产业和初级产品加工业。就旅游业来说,中国的甘肃、新疆,以及泰国、缅甸都有丰富的旅游资源,但是旅游业仍有很多限制,还有很大的发展空间。而新加坡作为通道的终点，其产业结构较优、产业发展水平较高，国际服务贸易的自由化和开放程度高，是其余国家地区的发展样板。

二 沿线国家及地区三次产业构成

一国的产业结构体现了国民经济中各个产业间的关系，它反映了生产要素在各产业部门间的构成比例及其相互关系。产业结构是一国或地区经济长期发展的结果，也是一国或地区经济增长的基础。由于资源禀赋各不相同，不同国家和地区的产业结构也不尽相同。产业结构的差异性成为不同经济体之间开展产业合作的前提，而产业结构的互补性则为产业合作提供了更大的合作区间。陆海新通道的两端都是经济发达地区，中间途经的国家与地区的产业结构较为相似，可见表3-10。

比较东盟各国与我国部分省份的产业构成，可以将沿线国家与地区划分成三个层次，其中新加坡属第一层次，主要以服务业为主；马来西亚、泰国和重庆市属于第二层次，主要是以工业为主，正大力发展服务业；其余的国家/地区则属于第三层次，农业在GDP的比重中占比仍较高，工业处于发展阶段，服务业发展较落后。中国的三大产业占GDP比重为7.2∶40.7∶52.2，与马来西亚的三大产业占比结构非常相似。而陆海新通道途经的西部8省区市，仅有重庆的产业占比结构略优于全国平均水平，相较于同层次的泰国也更合理，而其余省份，尤其是广西、贵州、新疆和云南，第一产业比重接近15%，占比偏高，但是与同层次的柬埔寨、老挝、缅甸相比，产业结构更优。

从各国/地区的三次产业的年增长率来看，位于第一层次的新加坡第一产业占比接近0，增长率也是负数，这与其发达的经济水平相符合，但是第二产业和第三产业的增速仅分别为4.9%和3%。新加坡的经济有高度的外贸依赖性，当前其二、三产业的增速缓慢，需要寻找新的经济增长点，中国的"一带一路"无疑是大好机遇，所

第三章 "一带一路"南向出海大通道建设的现状

表3-10　2018年各国家/省区市GDP及三次产业构成表

国家/省区市	GDP 金额(亿美元)	GDP 年增长率(%)	第一产业 占GDP比重(%)	第一产业 年增长率(%)	第二产业 占GDP比重(%)	第二产业 年增长率(%)	第三产业 占GDP比重(%)	第三产业 年增长率(%)
柬埔寨	19.59	7.52	22.01	1.40	32.29	11.73	39.49	6.55
老挝	12.63	6.50	15.70	2.14	40.65	9.56	41.62	5.45
马来西亚	381.80	4.72	7.74	-0.44	39.00	3.49	52.04	6.90
缅甸	84.42	6.20	24.56	1.27	32.29	8.24	43.15	7.67
新加坡	328.44	3.14	0.02	-1.39	25.20	4.90	69.38	3.00
泰国	441.68	4.13	8.12	5.01	34.97	2.71	56.91	5.10
越南	187.69	7.08	14.57	3.76	44.28	8.85	41.17	7.03
中国	136080	6.60	7.2	3.50	40.7	5.80	52.2	7.60
广西	2361.85	6.80	14.84	5.60	39.67	4.30	45.50	9.40
重庆	2363.09	6.00	6.77	4.40	40.90	3.00	52.33	9.00
贵州	1718.24	9.10	14.59	6.90	38.87	9.50	46.54	9.50
宁夏	429.98	7.00	7.55	4.00	44.54	6.80	47.91	7.70
青海	332.50	7.20	9.36	4.50	43.52	7.80	47.12	6.90
新疆	1415.67	6.10	13.87	4.70	40.36	4.20	45.77	8.00
甘肃	956.93	6.30	11.17	5.00	33.89	3.80	54.94	8.40
云南	2075.05	8.90	13.97	6.30	38.91	11.30	47.12	7.60

资料来源：世界银行，各省统计年鉴。

67

第一部分 "一带一路"南向出海大通道研究

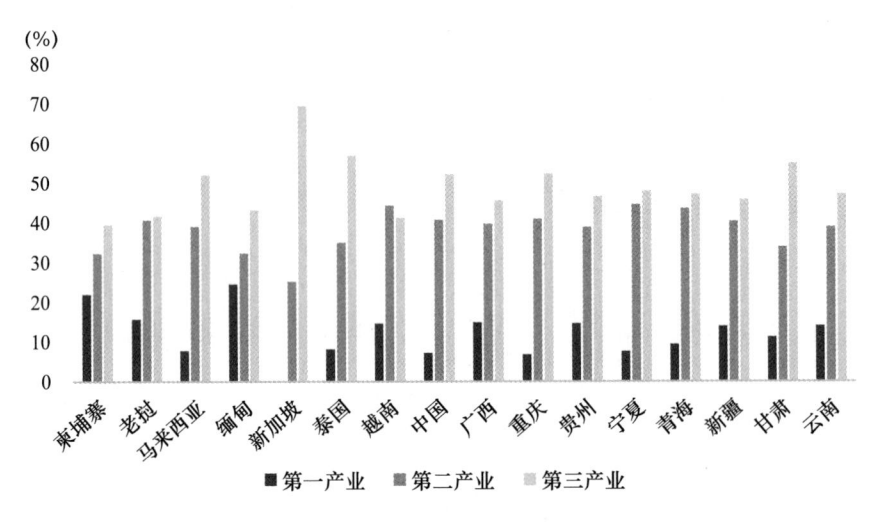

图3-1 2018年三大产业GDP占比

以其积极主动与中国共建"中新互联互通南向通道"。第二层次中的马来西亚、泰国和重庆市的第一产业增长率较低，其中马来西亚增长率为负，该层次的第三产业增速明显高于第二产业，基本上是第二产业增速的2—3倍。重庆市的二、三产业增长率虽稍逊色于马来西亚，但是优于泰国。第三层次中的国家/地区第一产业的增长率仍较高，第二产业增长率均高于第三产业，这是因为他们仍处于工业大力发展时期，其中中国西部省份的表现较同层次的东盟国家更好。

目前，陆海新通道沿线国家及地区的三次产业结构均呈现三、二、一序列。从占比来看，第三产业占比最高，但是这并不意味着产业水平高。从产业就业人员的占比可以看出产业结构的劳动力资源内在配置是否合理，由于2018年中国各省份尚未公布各产业就业人员情况，我们选用2017年数据，从图3-2可以看出，位于第一、二层次的国家/省区市的劳动力资源分配比较合理，而位于第三层次的东盟国家及中国省份，虽然其第三产业产值占比已接近50%，但是第一产业却集中了50%以上的劳动力，老挝甚至高达68%，说明这些国家/地区仍需进一步调整完善其产业结构，第三产业的发展空间仍很大。

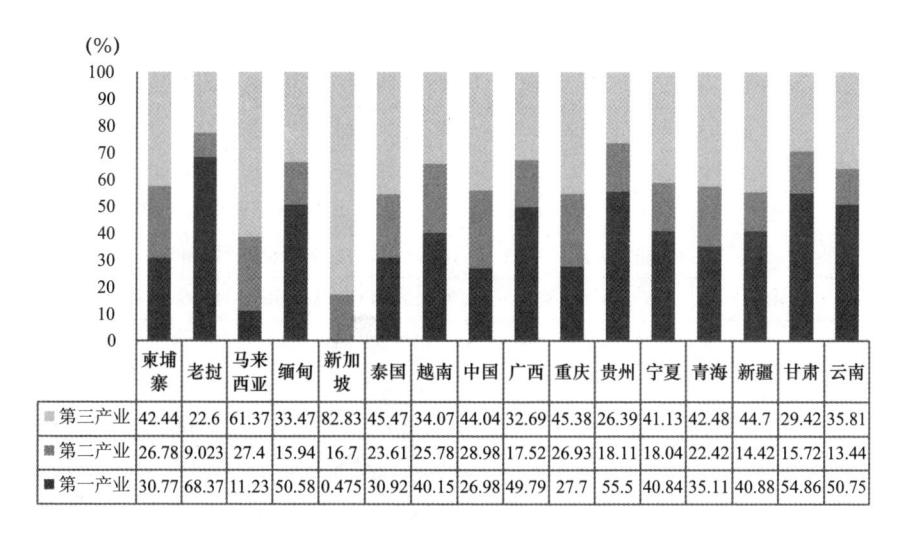

图3-2 2017年各国家/省区市三大产业就业人口占比

	柬埔寨	老挝	马来西亚	缅甸	新加坡	泰国	越南	中国	广西	重庆	贵州	宁夏	青海	新疆	甘肃	云南
第三产业	42.44	22.6	61.37	33.47	82.83	45.47	34.07	44.04	32.69	45.38	26.39	41.13	42.48	44.7	29.42	35.81
第二产业	26.78	9.023	27.4	15.94	16.7	23.61	25.78	28.98	17.52	26.93	18.11	18.04	22.42	14.42	15.72	13.44
第一产业	30.77	68.37	11.23	50.58	0.475	30.92	40.15	26.98	49.79	27.7	55.5	40.84	35.11	40.88	54.86	50.75

接下来进一步从三大产业的GDP占比变化情况来看陆海新通道沿线国家及地区的产业结构变化趋势。

表3-11　　2009—2018年西部陆海新通道沿线国家/省区市三大产业占比　　（%）

第一产业										
年份/国家/省区市	2009	2010	2011	2012	2013	2014	2015	2016	2017	2018
柬埔寨	33.49	33.88	34.56	33.52	31.60	28.87	26.58	24.74	23.36	22.01
老挝	24.21	22.60	20.79	18.55	17.93	17.85	17.59	17.23	16.20	15.70
马来西亚	9.22	10.09	11.45	9.79	9.11	8.87	8.47	8.65	8.78	7.74
缅甸	38.11	36.85	32.50	30.59	29.53	27.83	26.77	25.47	23.33	24.56
新加坡	0.04	0.04	0.03	0.03	0.03	0.03	0.03	0.03	0.03	0.02
泰国	9.79	10.53	11.59	11.51	11.32	10.09	8.88	8.45	8.33	8.12
越南	19.17	18.38	19.57	19.22	17.96	17.70	16.99	16.32	15.34	14.57

续表

第一产业

年份/国家/省区市	2009	2010	2011	2012	2013	2014	2015	2016	2017	2018
广西	18.80	17.50	17.47	16.67	15.85	15.40	15.27	15.27	15.54	14.84
重庆	9.29	8.65	8.44	8.24	7.84	7.44	7.32	7.35	6.57	6.77
贵州	14.06	13.58	12.74	13.02	12.35	13.82	15.62	15.68	15.01	14.59
宁夏	9.40	9.43	8.76	8.52	8.18	7.88	8.17	7.62	7.28	7.55
青海	9.93	9.99	9.28	9.34	9.65	9.37	8.64	8.60	9.08	9.36
新疆	17.76	19.84	17.23	17.60	16.99	16.59	16.72	17.09	14.26	13.87
甘肃	14.67	14.54	13.52	13.81	13.34	13.18	14.05	13.66	11.52	11.17
云南	17.30	15.34	15.87	16.05	15.73	15.53	15.09	14.84	14.28	13.97

第二产业

年份/国家/省区市	2009	2010	2011	2012	2013	2014	2015	2016	2017	2018
柬埔寨	21.66	21.87	22.14	22.98	24.07	25.61	27.68	29.45	30.85	32.29
老挝	45.96	46.50	46.53	45.42	44.18	43.28	41.11	40.07	40.54	40.65
马来西亚	38.46	40.50	39.82	40.14	39.89	39.92	39.07	38.29	38.79	39.00
缅甸	24.53	26.47	31.29	32.37	32.36	34.49	34.47	35.03	36.29	32.29
新加坡	27.02	26.64	25.26	25.02	23.45	24.17	24.29	23.37	23.60	25.20
泰国	38.71	40.01	38.07	37.43	36.98	36.84	36.26	35.74	35.28	34.97
越南	37.39	32.13	32.24	33.56	33.19	33.21	33.25	32.72	33.40	34.28
广西	43.58	47.14	48.42	47.93	46.58	46.74	45.93	45.17	40.22	39.67
重庆	52.81	55.00	55.37	52.37	45.47	45.78	44.98	44.52	44.19	40.90
贵州	37.74	39.11	38.48	39.08	40.51	41.63	39.49	39.65	40.09	38.87
宁夏	48.94	49.00	50.24	49.52	48.87	48.74	47.38	46.97	45.90	44.54
青海	53.21	55.14	58.38	57.69	54.25	53.59	49.95	48.59	44.29	43.52
新疆	45.11	47.67	48.80	47.25	42.43	42.58	38.57	37.79	39.80	40.36
甘肃	45.08	48.17	47.36	46.02	43.37	42.80	36.74	34.94	34.34	33.89
云南	41.86	44.62	42.51	42.87	41.74	41.22	39.77	38.48	37.89	38.91

第三产业

年份/国家/省区市	2009	2010	2011	2012	2013	2014	2015	2016	2017	2018
柬埔寨	38.79	38.31	37.50	37.77	38.51	39.70	39.83	39.89	39.72	39.49
老挝	45.70	43.57	41.77	40.15	42.49	44.16	44.17	42.48	41.53	41.62

续表

	第三产业									
年份/国家/省区市	2009	2010	2011	2012	2013	2014	2015	2016	2017	2018
马来西亚	48.84	48.48	47.77	49.02	49.94	50.12	51.20	51.72	51.01	52.04
缅甸	—	36.68	36.21	37.04	38.10	37.68	38.76	39.50	40.37	43.15
新加坡	68.01	67.84	69.02	69.21	70.76	70.34	69.95	70.56	70.21	69.38
泰国	51.50	49.46	50.33	51.06	51.70	53.07	54.86	55.81	56.40	56.91
越南	43.44	36.94	36.73	37.27	38.74	39.04	39.73	40.92	41.26	41.17
广西	37.62	35.35	34.11	35.41	37.56	37.86	38.80	39.56	44.24	45.50
重庆	37.89	36.35	36.20	39.39	46.69	46.78	47.70	48.13	49.24	52.33
贵州	48.20	47.31	48.78	47.91	47.14	44.55	44.89	44.67	44.90	46.54
宁夏	41.66	41.57	41.00	41.96	42.95	43.38	44.45	45.40	46.82	47.91
青海	36.86	34.87	32.34	32.97	36.10	37.04	41.41	42.81	46.63	47.12
新疆	37.12	32.49	33.97	36.02	40.67	40.83	44.71	45.12	45.94	45.77
甘肃	40.24	37.29	39.12	40.17	43.29	44.02	49.21	51.41	54.13	54.94
云南	40.84	40.04	41.63	41.09	42.53	43.25	45.14	46.68	47.83	47.12

资料来源：世界银行、各省统计年鉴。

从三大产业的 GDP 占比变化可以看出，就第一产业而言，从2009年到2018年，缅甸、柬埔寨和老挝的第一产业比重下降十分明显，而且速度较快，十年间占比分别下降了 11.5%、13.5% 和 8.5%；新疆、越南、广西、甘肃、贵州的下降速度则较缓，降低了 4% 左右；新加坡、马来西亚、泰国、青海、宁夏和重庆的第一产业占比比重变化较小，而贵州的第一产业比重则先增后减，虽然相较于 2009 年上升了 0.52% 但是现也处于下降趋势。就第二产业而言，除了缅甸和柬埔寨的第二产业占比处于上升趋势，其余国家和地区均是先增后减的变化趋势，其中重庆、甘肃和青海的下降速度较为明显，相较于峰值降低了约 10%，其他国家及地区的第二产业占比多在 30%—40%。就第三产业而言，除新加坡和柬埔寨基本无变化，大部分国家/地区第三产业占比在 2009—2011 年是微降，2011—2018年处于上升趋势，其中重庆、甘肃和青海增速较快。

综上所述，陆海新通道沿线国家及地区的产业结构水平都趋于优化，西部八省和东盟七国的产业结构既有同质性也有差异性，借助通道建设可以加强合作力度、丰富合作内容、提升合作层次，共同实现结构调整和产业升级。

三 产业发展与西部陆海新通道建设

物质交换不断推动社会和经济的发展，而服务于物质和商品交换的通道也随着物质交换的数量增长、频率上升而逐渐畅通起来。经济全球化进程催生了跨国跨区域的国际通道建设，国际通道的质量则与在通道上流通的货物的品质和频次，以及其给通道沿线地区带来的经济效应相关。贸易需求推动通道建设，而产业是贸易的基础与支撑，只有沿线国家和地区的产业发展与通道建设相匹配，才能确保通道建设的货物来源，保证通道贸易的长期与稳定，进而建设出一条高质量的贸易大通道。

1. 产业发展支撑西部陆海新通道的建设与发展

"一带一路"倡议使得世界各国建立起了更为密切的产业联系，是全球范围内通道经济的发展探索。周边环境和资源的互补性使得发展通道经济存在可能，区域间的各种生产要素的互补性推动着通道建设。区域间互补性越大，通道建设的功能就越明显，通道经济就越繁荣。通道经济的发展建立在"点轴理论"基础之上，既需要"点"的支撑也需要"线"的贯通。[①] 陆海新通道连接了"一带"与"一路"，中国西部八省以及东盟国家是该通道上的"点"，连接国家地区之间的公路、铁路、航线等交通干线则组成了该通道的"轴线"。

---

① 张磊：《中新互联互通南向通道驱动因素分析与对策》，《学术论坛》2018年第5期。

第三章 "一带一路"南向出海大通道建设的现状

通道建设不仅需要沿线区域有基本的公路、铁路等硬件交通设施的支撑,更需要沿线区域提供经济层面的软支撑,即地区整体的经济实力和产业竞争力。区域的经济实力和产业竞争力与该地区的产业发展、产业布局和结构息息相关,合理的产业布局和结构可以产生良好的经济综合效益,有利于通道沿线地区围绕其经济发展所需要的资源进行合理的产业分工与合作,从而推动区域国际物流大通道建设。

中国西部地区寻求对外开放和新加坡寻找经济增长点的共同需求让双方找到了利益契合点。沿线各省(区)市根据要素禀赋及资源优势,积极与东盟国家开展经贸合作。从自然资源上看,广西有稀土资源和铝矿,云南和贵州有丰富的水力、风力资源,宁夏、青海和新疆有丰富的煤炭和石油资源,马来西亚有石油和锡矿,老挝有丰富的铁矿,缅甸有玉石矿;从产业结构上看,西部各省都是以第二产业为主,第三产业处于快速发展时期,重庆的电子装备制造业、汽车产业发达,广西和宁夏农副产品加工业发达,云南、贵州的水电清洁能源行业先进,甘肃、青海、宁夏和新疆的传统能源行业发达,而东盟各国产业发展水平不一,除新加坡是典型的服务业发达国家,其余东盟国家多以农业为主,工业发展水平较低,马来西亚和泰国的工业制造业水平稍高些,马来西亚的电子制造业和汽车产业发达,橡胶、棕榈加工业是泰国、马来西亚的优势产业,越南、缅甸、老挝、柬埔寨则以食品、制鞋和纺织业为主。可以看出,中国西部地区和东盟国家的产业布局和产业结构存在一定的互补性,优势产业各不相同,在产业链上处于不同的加工位置。陆海新通道的建设能够有力促进我国西部省市与东盟国家之间产品的流动,加强双方产能合作。陆海新通道为我国西部省市的发展提供了安全稳定的资源渠道,尤其是能源资源和矿产资源,也为东盟国家提供了经济发展所需的工业产品以及我国的先进技术。陆海新通道沿线国家和地区间相互开放、生产要素流通便利,产业发展相互匹配有效支撑了该通道的建设与发展。

2. 产业互补支撑西部陆海新通道贸易的长期稳定

产业是贸易的基础，贸易反映着产业结构。国际贸易是建立在比较优势基础之上的，要素禀赋、供给需求、技术水平等产业因素影响贸易水平，而各经济在进行贸易时也会自发调整产业结构，使产业结构水平朝着有利于贸易的方向改进。如劳动密集型产业会向资本密集型或者技术密集型产业转变，因为劳动密集型产业经济效益更低；劳动力等生产资源要素也会自发流向竞争力更强、更具发展前景的优势产业，这些都有利于促进产业结构的调整，而产业结构的调整又进一步促进贸易往来，支撑贸易的长期稳定。

经前文的分析可以看出，虽然参与建设陆海新通道的西部八省的产业占比结构与东盟国家有一定的相似性，但是它们的发展速度、产业结构配置以及在各大产业内的优势产业还是不尽相同的，中国西部省份多以资源密集型和技术密集型产业为主，而东盟国家多为劳动密集型产业。就第一产业而言，西部省份的优势产业是种植业（如广西的甘蔗、宁夏的马铃薯等）和畜牧业（以青海、新疆为代表），而东盟国家的则是水稻种植和渔业；第二产业工业的优势产业差别就更加明显了，西部省份的工业门类较之东盟国家（除发达国家新加坡）更加齐全，重庆目前几乎涵盖所有工业门类。此外，中国西部省份的制造水平和技术水平较之于东盟国家也更加先进，西部省份大多在发展新兴产业，如人工智能、清洁能源、大数据等，而越南、泰国等东盟国家仍是以基础的代加工工业为主；第三大产业的差别也十分明显，新加坡是典型的服务业为主的国家，中国西部省份相较于东部发达省份，第三产业发展水平较低，目前正在积极提升第三产业发展水平，如开发旅游资源等。而东盟的泰国、马来西亚、柬埔寨等旅游相对开放，但是基于本身的经济发展水平其服务水平并不理想。因此，中国西部省份和东盟可以借助陆海新通道开展多个经济领域的合作，在资本、技术和资源上实现优势互补，产业结构的互补性使得中国西部省份通过该通道往东盟输出工业制成品和高科技产品，而东盟国家则通过该通道往中国以及向更远的欧洲国家输出生产资源和初级产品。

中国已连续10年保持为东盟第一大贸易伙伴，东盟已成为中国第一大贸易伙伴，而中国与东盟的贸易往来大多集中于广西、云南等西部省份。地理位置相邻的天然优势加之产业互补的内在因素，使得中国西部地区和东盟国家的贸易往来频繁，也催生了往来通道的建设需求。目前陆海新通道建设使得双方贸易往来更加便利，得益于产业结构的互补以及政策支持，目前该通道的经济潜力正在逐步显现。

第四节 沿线贸易发展现状

一 重庆与沿线国家贸易发展现状

"一带一路"倡议提出以来，重庆与东盟国家经济联系越来越密切，双边贸易不断扩大。

从表3-12中可以看出，重庆与陆海新通道国家贸易除少部分年份存在负增长，其余年份都保持着较高的增长率。其中2011年的增长幅度最大，进出口额由2010年的111198万美元增加到373562万美元，增长率达到235.94%。其后三年仍然保持增长的趋势，只是增长速度有所放缓。2009年、2015年和2016年重庆与陆海新通道国家的进出口贸易为负增长。2017年和2018年，根据重庆海关数据，重庆对陆海新通道国家的贸易进出口额达到951022万美元和933943万美元。

出口方面，重庆对陆海新通道国家的出口大部分年份处于增长趋势，除了2009年、2016年和2017年的增长率为负数，其他年份的增长率均为正数，其中2011年的增长率达到最高，为139.48%。2015年，重庆对陆海新通道国家出口额达到615667万美元，其后两年均

表3-12 重庆与陆海新通道沿线国家贸易规模

(单位：%，万美元)

年份	进出口	增长率	占全省比例	出口	增长率	占全省比例	进口	增长率	占全省比例	顺差
2008	68939	—	7.24	53664	—	9.38	15275	—	4.02	38389
2009	67299	-2.38	8.73	44446	-17.18	10.38	22853	49.61	6.67	21593
2010	111198	65.23	8.95	77448	74.25	10.34	33747	47.67	6.83	43701
2011	373562	235.94	12.79	185474	139.48	9.35	188087	457.34	20.05	-2613
2012	779716	108.72	14.66	361833	95.09	9.38	417883	122.18	28.56	-56050
2013	944331	21.11	13.74	436592	20.66	9.33	507739	21.50	23.18	-71147
2014	1561849	65.39	16.36	574092	31.49	9.05	987757	94.54	30.83	-413665
2015	1049567	-32.80	14.09	615667	7.24	11.16	433899	-56.07	22.50	181768
2016	906355	-13.64	14.44	348472	-43.40	8.56	557883	28.57	25.27	-209411
2017	951022	4.93	14.28	341879	-1.89	8.03	609143	9.19	25.38	-267264
2018	933943	-1.79	11.62	359941	5.28	6.89	574002	-5.76	20.42	-214061

资料来源：根据重庆统计年鉴（2009—2018）和海关数据整理计算得出。

有所下降。2018年,根据重庆海关数据,重庆对陆海新通道国家的出口额达到359941万美元。

进口方面,除了2015年重庆对陆海新通道国家进口负增长,其他年份均为正增长。增长率最高的年份仍然是在2011年,为457.34%,这一年重庆向陆海新通道国家的进口呈现爆发式的增长,此后大部分年份保持稳定增长的趋势,进口额占重庆总进口的比例也在五分之一以上。

值得关注的是,2010年,中国—东盟自由贸易区贸易效应开始显现,重庆对陆海新通道国家的贸易额占重庆市对外贸易总额的比重不断增加。根据数据显示,2010年以后,重庆与陆海新通道国家的进出口额占重庆总进出口的比例保持在10%以上,进口额占重庆总进口的比例更上升到20%以上。对陆海新通道国家进口额占重庆总进口的比例变化比较平稳,保持在9%左右,不过2018年降低到6.89%。总体来说,中国—东盟自由贸易区的建立,一定程度上促进了重庆与陆海新通道国家贸易特别是进口贸易的发展。

同时可以看出,重庆对陆海新通道国家贸易大部分年份处于逆差状态。2008—2010年,重庆对陆海新通道国家贸易处于顺差状态,但是2010之后,除了2015年重庆对陆海新通道国家贸易顺差为181768万美元,其他年份一直保持较大的逆差,陆海新通道国家是重庆对外贸易中重要的进口市场。

表3-13　　　　重庆对陆海新通道沿线各国出口金额　　　　(单位:万美元)

年份 国家	2008	2009	2010	2011	2012	2013	2014	2015	2016	2017	2018
缅甸	11165	13247	23122	31964	33914	43921	45987	39092	42947	24989	26224
柬埔寨	1197	887	1934	16485	4387	7650	6828	9151	3787	4671	6908
老挝	2900	2009	3590	3695	5385	5189	6654	4483	2622	2409	3117
马来西亚	5619	5141	9608	38213	124123	140308	176235	193233	70264	114673	93670
新加坡	5773	3495	5701	34424	96264	114902	135867	181822	114339	87375	99064

续表

年份 国家	2008	2009	2010	2011	2012	2013	2014	2015	2016	2017	2018
泰国	10120	7152	12240	27734	58814	66719	68296	89674	54224	55393	60513
越南	16890	12515	21253	32959	38946	57903	134225	98212	60289	52369	70445
合计	53664	44446	77448	185474	361833	436592	574092	615667	348472	341879	359941

资料来源：根据重庆统计年鉴（2009—2018）和海关数据整理计算得出。

从表3-13中可以看出，重庆对陆海新通道沿线各国的出口额不断增加，重庆在陆海新通道沿线国家具有很大的出口市场。其中主要集中于越南、缅甸、马来西亚、新加坡和泰国五个国家，对柬埔寨和老挝的出口则比较少。2011年以前，越南是重庆在陆海新通道沿线国家中主要的出口国家，重庆的贸易商品在越南的需求极大。中国—东盟自由贸易区成立之后，重庆对东盟各成员国的出口规模有所调整，马来西亚成为重庆的主要出口市场，2011年重庆对马来西亚出口额达38213万美元，其次是对新加坡的出口，贸易额为34424万美元，均超过越南。此后对马来西亚和新加坡两国的出口增长迅速，远超过其他五个国家，2018年重庆对马来西亚和新加坡的出口额更占了对陆海新通道沿线国家出口额的一半以上。

表3-14　　　重庆向陆海新通道沿线各国进口金额　　　（单位：万美元）

年份 国家	2008	2009	2010	2011	2012	2013	2014	2015	2016	2017	2018 （万元）
缅甸	—	—	—	—	2	—	378495	706	6	323	6893
柬埔寨	—	—	2	—	8	148	13	61	23	82	1839
老挝	—	—	—	—	73	1	1	9	1	1	255
马来西亚	5468	4983	17544	137256	301468	389374	378103	271483	241604	236374	1452407
新加坡	7646	12477	5120	8169	26042	51019	38582	31735	33394	35663	319757
泰国	1949	4825	9836	28291	72133	46311	75797	43942	114127	206765	1138951

续表

年份 国家	2008	2009	2010	2011	2012	2013	2014	2015	2016	2017	2018（万元）
越南	212	568	1245	14371	18157	20886	116766	85963	168728	129935	810907
合计	15275	22853	33747	188087	417883	507739	987757	433899	557883	609143	3731011

资料来源：根据重庆统计年鉴（2009—2018）和海关数据整理计算得出。

从表3-14可知，重庆向陆海新通道沿线各国进口商品的来源国主要是马来西亚、新加坡、泰国和越南，从这四个国家的进口额占对整个陆海新通道进口额的99.9%。其中，进口最多的国家是马来西亚，2018年，重庆从马来西亚进口占从陆海新通道进口比例将近40%。重庆从缅甸、柬埔寨和老挝进口的商品很少，2008—2011年，重庆从这三个国家进口额为零。2012年之后，重庆开始从这三个国家进口商品，但数额仍然很少，所占比例微乎其微。

二 广西与沿线国家贸易发展现状

近年来，广西充分抓住中央赋予广西"三大定位"的机遇，主动融入"一带一路"建设，加快打造连接"一带一路"的重要枢纽国际陆海贸易新通道，贸易规模不断扩大。

表3-15　　　　广西对陆海新通道沿线各国进出口情况

国家	2012（亿美元）	2013（亿美元）	2014（亿美元）	2015（亿美元）	2016（亿元）	2017（亿元）	2018（亿元）
越南	97.27	126.97	163.38	246.40	1589.24	1626.26	1749.37
新加坡	2.42	6.60	8.61	8.23	32.21	51.06	43.99
马来西亚	3.72	7.65	5.20	6.72	31.28	48.60	70.20
泰国	3.05	4.91	5.79	5.15	30.25	46.53	91.37
柬埔寨	0.21	0.30	0.44	0.44	5.20	4.35	3.82
老挝	0.10	0.15	0.64	0.14	2.63	3.26	6.17

续表

国家	2012（亿美元）	2013（亿美元）	2014（亿美元）	2015（亿美元）	2016（亿元）	2017（亿元）	2018（亿元）
缅甸	0.63	0.37	0.37	1.32	2.22	2.73	3.35
合计	107.39	146.95	184.43	268.40	1693.03	1782.79	1968.27

资料来源：根据广西统计年鉴（2013—2019）和南宁海关整理计算得出。

根据表3-15可知，越南是广西最主要的贸易伙伴，贸易额占广西对陆海新通道沿线国家贸易的90%以上，2018年，广西与越南进出口额达到1749.37亿元。其次是马来西亚、新加坡和泰国，贸易额占比基本在2%—5%。广西与泰国的双边进出口贸易呈现出一个向上的良好发展态势，与马来西亚、新加坡的进出口贸易增长也较多，但与越南相比仍相距甚远。广西对柬埔寨、老挝和缅甸的贸易较少，所占比例不到1%，但是呈现较为稳定的增长态势，2018年广西与老挝的贸易量达到了6.17亿元。从总体上看，广西与陆海新通道沿线各国的贸易额基本上都在逐年增长，对陆海新通道沿线国家的总进出口额由2012年的107.39亿美元增长到2018年的1968.26亿元。

表3-16　　广西对陆海新通道沿线各国出口情况

国家	2012（亿美元）	2013（亿美元）	2014（亿美元）	2015（亿美元）	2016（亿元）	2017（亿元）	2018（亿元）
越南	82.71	114.34	152.99	179.20	916.16	930.09	1142.13
新加坡	0.79	4.32	7.04	7.09	24.50	40.37	34.27
马来西亚	1.38	1.88	2.09	1.39	11.52	17.87	25.91
泰国	2.26	2.06	1.53	1.48	10.84	21.48	18.45
柬埔寨	0.20	0.14	0.13	0.22	1.52	2.32	2.95
老挝	0.09	0.09	0.07	0.13	0.97	1.35	1.07
缅甸	0.62	0.36	0.36	0.35	2.14	2.44	2.77

第三章 "一带一路"南向出海大通道建设的现状

续表

国家	2012（亿美元）	2013（亿美元）	2014（亿美元）	2015（亿美元）	2016（亿元）	2017（亿元）	2018（亿元）
合计	88.05	123.19	164.21	189.86	967.65	1015.92	1227.55

资料来源：根据广西统计年鉴（2013—2018）和南宁海关整理计算得出。

越南是广西主要的出口国，到2018年，出口额已经达到1142.13亿元，占广西总出口的90%以上。其次是新加坡、马来西亚和泰国，对柬埔寨、老挝和缅甸出口较少。从趋势上看，2012—2018年，广西对越南、新加坡的出口额不断增长。对马来西亚的出口除了2015年有所下降，其他年份都处于上升趋势。2012—2015年，广西对泰国、老挝和缅甸出口数额不断减少，但是2016年开始又有了大幅度上升，对柬埔寨的出口波动则比较频繁。

表3-17　　　　广西对陆海新通道沿线各国进口情况

国家	2012（亿美元）	2013（亿美元）	2014（亿美元）	2015（亿美元）	2016（亿元）	2017（亿元）	2018（亿元）
越南	14.56	12.63	10.39	67.20	673.08	696.17	607.23
新加坡	1.63	2.29	1.57	1.14	7.71	10.68	9.72
马来西亚	2.34	5.77	3.11	5.33	19.75	30.73	44.29
泰国	0.79	2.85	4.25	3.68	19.42	25.05	72.92
柬埔寨	0.01	0.16	0.30	0.22	3.68	2.03	0.87
老挝	0.002	0.07	0.58	0.01	1.66	1.91	5.10
缅甸	0.003	0.004	0.008	0.96	0.08	0.30	0.58
合计	19.33	23.77	20.21	78.54	725.38	766.87	740.71

资料来源：根据广西统计年鉴（2013—2018）和南宁海关整理计算得出。

可以看出，越南仍然是广西进口商品的主要国家，其次是新加坡和马来西亚。2012—2014年，广西对越南进口额不断减少，但是2015年大幅度上升，进口额翻了好几倍，由2014年的10.39亿美元增加到67.20亿美元。广西对泰国、老挝和缅甸的进口呈现"U"形变化,其中对泰国和老挝进口的波谷出现在2015年,进口额分别为3.68亿美元和0.01亿美元,对缅甸进口的最低点出现在2016年,进口额为0.08亿元。广西对新加坡和柬埔寨进口波动比较频繁。

综上所述,广西与越南建立了紧密的对外贸易关系,对越南市场的依存度较强,而与其他东盟成员国中的贸易大国如马来西亚、新加坡、泰国的贸易规模仍不高。作为直接面向东盟的省区,广西与东盟的贸易有着广阔的空间,可以在与东盟的贸易往来中发挥更大的作用。因此,广西未来应进一步调整贸易结构及贸易发展战略,以加强同东盟其他成员国的贸易联系和贸易往来,激发贸易潜力。

三 云南与沿线国家贸易发展现状

改革开放以后,东盟各国成为了云南省首要的贸易合作伙伴,云南省与陆海新通道沿线国家的双边贸易总额也在持续增长。

表3-18　　云南对陆海新通道沿线国家贸易规模　　（单位:亿美元）

年份	进出口	增长率(%)	占全省比例(%)	出口	增长率(%)	占全省比例(%)	进口	增长率(%)	占全省比例(%)
2008	24.97	—	26.02	17.56	—	35.22	7.42	—	16.09
2009	27.47	9.98	34.13	19.11	8.84	42.34	8.36	12.67	23.65
2010	40.95	49.08	30.49	26.92	40.88	35.39	14.03	67.81	24.09
2011	53.66	31.05	33.48	32.53	20.84	34.34	21.13	50.63	32.23
2012	54.98	2.46	26.16	32.71	0.55	32.65	22.27	5.40	20.25
2013	95.3	73.34	37.66	59.88	83.06	38.21	35.42	59.05	36.77
2014	128.66	35.01	43.46	78.67	31.38	41.87	49.99	41.13	46.20
2015	122.06	-5.13	49.84	72.93	-7.30	43.89	49.13	-1.72	62.38
2016	112.93	-7.48	56.74	55.91	-23.34	48.66	57.02	16.06	67.78
2017	124.39	10.15	53.04	61.21	9.48	53.38	63.18	10.80	52.72

资料来源:根据云南统计年鉴(2009—2018)整理计算得出。

从表中可以看出，除了2015年和2016年云南对陆海新通道沿线国家的进出口贸易总额出现了负增长，其他大部分年份都在增长。特别是随着中国—东盟自贸区的建立，双边贸易发展迅速，进口和出口都有了较大幅度增长。而且云南对陆海新通道沿线国家进出口总额占云南全省总进出口额的比例不断上升，2016年对陆海新通道国家的进出口额占全省的进出口比例达到最大值56.74%，进口额所占比例为67.78%，对陆海新通道国家出口额所占比例从2008年的35.22%增长到2017年的53.38%，说明陆海新通道沿线国家在云南的对外贸易中扮演着越来越重要的角色。

表3-19　　　云南对陆海新通道沿线各国进出口　　（单位：亿美元）

年份 国家	2008	2009	2010	2011	2012	2013	2014	2015	2016	2017
缅甸	11.93	12.27	17.60	20.72	22.72	41.73	70.47	58.41	60.65	63.10
柬埔寨	0.17	0.03	0.04	0.07	0.07	0.14	0.14	0.75	0.50	0.61
老挝	1.10	1.55	2.04	2.66	3.47	10.49	13.72	8.82	8.69	10.10
马来西亚	1.15	2.21	5.58	9.21	10.23	15.26	12.48	8.36	3.79	2.69
新加坡	1.68	1.15	1.57	1.48	1.02	3.84	5.50	5.58	1.04	1.60
泰国	2.50	2.36	4.63	7.38	7.01	10.51	10.73	16.88	11.44	9.82
越南	6.45	7.90	9.49	12.14	10.46	13.33	15.62	23.26	26.82	36.47
合计	24.97	27.47	40.95	53.66	54.98	95.3	128.66	122.06	112.93	124.39

资料来源：云南统计年鉴（2009—2018）。

在陆海新通道沿线国家中，缅甸和越南是云南主要的贸易伙伴，其中缅甸进出口额平均占到50%左右。这得益于云南和缅甸、越南接壤，边境贸易发展比较快。其次是泰国、老挝和马来西亚。云南对新加坡和柬埔寨贸易额比较少，2017年云南对柬埔寨的贸易额只有0.61亿美元。从趋势上看，2008—2014年，云南对马来西亚贸易额不断上升，但是之后又逐年下降，对老挝贸易在2015年有所回落之后又开始

第一部分 "一带一路"南向出海大通道研究

稳步上升,对缅甸贸易的回落点发生在2014年。对新加坡和越南贸易呈现"U"形变化,且都在2012年达到最低点。云南对新加坡贸易波动比较频繁,贸易额变动不大,对泰国贸易则在波动中有所上升。

表3-20　　　　云南对陆海新通道沿线各国出口　　　　（单位:亿美元）

年份 国家	2008	2009	2010	2011	2012	2013	2014	2015	2016	2017
缅甸	7.28	7.75	11.10	14.00	15.29	24.35	34.68	25.02	24.89	27.01
柬埔寨	0.17	0.03	0.04	0.07	0.07	0.14	0.14	0.75	0.50	0.61
老挝	0.57	0.74	1.03	1.04	1.52	7.27	9.06	3.18	2.10	2.44
马来西亚	0.82	1.15	2.11	2.48	2.31	7.24	7.24	8.14	3.67	2.15
新加坡	1.50	0.79	1.43	1.20	0.84	3.47	5.11	5.24	0.76	1.33
泰国	2.29	2.03	3.33	4.01	4.39	6.64	8.26	14.99	10.09	8.10
越南	4.93	6.61	7.89	9.73	8.29	10.77	14.18	15.61	13.90	19.57
合计	17.56	19.10	26.93	32.53	32.71	59.88	78.67	72.93	55.91	61.21

资料来源:云南统计年鉴(2009—2018)。

缅甸、越南和泰国是云南主要的出口国,而且对缅甸出口增长较快,2014年出口额达到了34.68亿美元,占云南对陆海新通道沿线国家出口额的44%。其次是马来西亚、老挝和新加坡,2008—2014年,云南对这三个国家出口额整体上处于增长状态,但是2015年之后开始减少。云南对柬埔寨出口额最少,2018年的出口额只有0.61亿美元。

表3-21　　　　云南对陆海新通道沿线各国进口　　　　（单位:亿美元）

年份 国家	2008	2009	2010	2011	2012	2013	2014	2015	2016	2017
缅甸	4.65	4.52	6.49	6.72	7.43	17.38	35.79	33.39	35.76	36.09
柬埔寨	—	—	—	—	—	—	—	—	—	—

续表

年份 国家	2008	2009	2010	2011	2012	2013	2014	2015	2016	2017
老挝	0.53	0.81	1.01	1.62	1.95	3.22	4.66	5.64	6.59	7.66
马来西亚	0.33	1.06	3.47	6.73	7.92	8.02	5.24	0.22	0.12	0.54
新加坡	0.18	0.36	0.14	0.28	0.18	0.37	0.39	0.34	0.28	0.27
泰国	0.21	0.33	1.31	3.37	2.62	3.87	2.47	1.89	1.35	1.72
越南	1.52	1.29	1.61	2.41	2.17	2.56	1.44	7.65	12.92	16.90
合计	7.42	8.36	14.03	21.13	22.27	35.42	49.99	49.13	57.02	63.18

资料来源：云南统计年鉴（2009—2018）。

2008—2017 年，云南向缅甸进口的商品占对陆海新通道沿线国家进口总额的 50% 左右。其次是越南、老挝、马来西亚和泰国。但是 2015 年云南对马来西亚进口急剧下降。同时，对越南进口大幅上升。对老挝进口平稳上升，2017 年达到最大值 7.66 亿美元。云南对泰国进口变化不大，向新加坡和柬埔寨进口较少，其中对新加坡进口 0.3 亿美元左右，而对柬埔寨进口商品几乎为 0。

四 新疆与沿线国家贸易发展现状

从表 3-22 可以看出，2008—2014 年，新疆对陆海新通道沿线国家的贸易有较大幅度的增长，2012 年的时候增长最快，当年进出口总额为 64570 万美元，增长 134.65%，出口额为 61007 万美元，增长 135.38%，进口额为 3563 万美元，增长 122.83%。但是 2012 年之后，新疆对陆海新通道国家进口波动很频繁。2015—2017 年的进出口额和出口额均有所下降。从比例上来看，新疆对陆海新通道国家的贸易额占新疆全省贸易额的比例比较小，最高才达到 3.77%，陆海新通道沿线国家并不是新疆的主要贸易伙伴。

表 3-22　　　　　新疆对陆海新通道沿线贸易规模　　　（单位：万美元）

年份	进出口	增长率（%）	占全省比例（%）	出口	增长率（%）	占全省比例（%）	进口	增长率（%）	占全省比例（%）
2008	7837	—	0.35	6676	—	0.35	1161	—	0.40
2009	11493	46.65	0.82	10092	51.17	0.92	1401	20.67	0.46
2010	14130	22.94	0.82	12557	24.43	0.97	1573	12.28	0.38
2011	27517	94.74	1.21	25918	106.40	1.54	1599	1.65	0.27
2012	64570	134.65	2.57	61007	135.38	3.15	3563	122.83	0.61
2013	89825	39.11	3.26	87130	42.82	3.91	2695	-24.36	0.51
2014	104277	16.09	3.77	101072	16.00	4.30	3205	18.92	0.76
2015	59036	-43.39	3.00	55841	-44.75	3.19	3195	-0.31	1.47
2016	22131	-62.51	1.25	17465	-68.72	1.12	4667	46.07	2.27
2017	18727	-15.38	0.91	16646	-4.69	0.94	2081	-55.41	0.71

资料来源：根据新疆统计年鉴（2009—2018）整理计算得出。

从表 3-23 可知，在陆海新通道沿线国家中，马来西亚是新疆主要的贸易伙伴，其次是新加坡、泰国和越南。对柬埔寨、缅甸和老挝的贸易量比较少，而且变动不大。2008—2013 年，新疆对马来西亚贸易一直增长，2013 年贸易额达到最高值 44711 万美元，但是 2014—2017 年又大幅度下降。2008—2014 年，新疆对新加坡和越南贸易稳步上升，可是 2015 年也开始大幅下降。新疆对泰国贸易从 2008 年开始一直上升，下降的拐点出现在 2015 年。

表 3-23　　　　新疆与陆海新通道沿线各国贸易规模　　　（单位：万美元）

年份\国家	2008	2009	2010	2011	2012	2013	2014	2015	2016	2017
缅甸	399	713	194	150	374	1215	3049	913	1327	2013
柬埔寨	37	53	114	863	832	369	441	185	39	189
老挝	—	2	14	7	136	95	12	65	—	—
马来西亚	3382	5676	6894	12087	35437	44711	38399	16370	6726	2985

续表

年份 国家	2008	2009	2010	2011	2012	2013	2014	2015	2016	2017
新加坡	1809	1542	1339	4188	11429	25180	27403	20551	3981	2031
泰国	1388	1219	2614	4646	10249	10486	12199	13442	5326	4459
越南	822	2288	2961	5576	6113	7769	22774	7510	4732	7050

资料来源：根据新疆统计年鉴（2009—2018）整理计算得出。

从表 3-24 和表 3-25 可以明显看出，新疆向陆海新通道沿线国家的进口和出口主要集中在马来西亚、新加坡、越南和泰国四个国家。对缅甸、柬埔寨和老挝的出口很少，进口更是微乎其微，几乎为 0。出口方面，新疆对马来西亚、新加坡、越南和泰国的出口都呈现出了先上升后下降的趋势，对柬埔寨和缅甸的出口变化不大。2013 年，新疆对老挝的出口大幅上升，可是第二年又大幅下降。进口方面，2008—2016 年，新疆对马来西亚的进口一直上升，但是 2017 年突然大幅下降，与此同时，新疆对新加坡、泰国和越南的进口额都有所上升，特别是对泰国的进口额从 2016 年的 47 万美元上升到 2017 年的 330 万美元，增长了 6 倍。

表 3-24　　　　新疆对陆海新通道沿线国家出口规模　　（单位：万美元）

年份 国家	2008	2009	2010	2011	2012	2013	2014	2015	2016	2017
缅甸	399	713	194	150	374	1215	3049	911	1327	2013
柬埔寨	—	3	64	863	832	369	441	185	39	189
老挝	—	2	14	7	136	95	12	65	—	—
马来西亚	3304	5543	6767	11645	33847	43817	37082	14646	3432	2737
新加坡	891	439	308	3209	9675	23903	26477	19643	3397	1416
泰国	1326	1136	2372	4549	10094	10345	12053	13130	5279	4129
越南	756	2256	2838	5495	6049	7386	21958	7261	3991	6162

资料来源：根据新疆统计年鉴（2009—2018）整理计算得出。

表 3-25　　　新疆向陆海新通道沿线国家进口规模　　（单位：万美元）

国家＼年份	2008	2009	2010	2011	2012	2013	2014	2015	2016	2017
缅甸	—	—	—	—	—	—	—	2	—	—
柬埔寨	37	50	50	—	—	—	—	—	—	—
老挝	—	—	—	—	—	—	—	—	—	—
马来西亚	78	133	127	442	1590	894	1317	1724	3294	248
新加坡	918	1103	1031	979	1754	1277	926	908	584	615
泰国	62	83	242	97	155	141	146	312	47	330
越南	66	32	123	81	64	383	816	249	742	888

资料来源：根据新疆统计年鉴（2009—2018）整理计算得出。

五　其他西部省份与沿线国家贸易发展现状

2018 年，甘肃、贵州、宁夏和青海对陆海新通道沿线国家的贸易额占本省贸易额的比重比较小，说明陆海新通道目前并不是它们的主要贸易伙伴。其中甘肃对陆海新通道各国的贸易额占本省对外贸易额比例均未超过 0.12%。贵州和宁夏对泰国、越南、新加坡和马来西亚 4 个国家的进出口相对较多，贵州与泰国的进出口额达到 249938121 美元。青海与泰国和越南的贸易相对密切，对另外 5 个国家贸易额较少。

表 3-26　　2018 年其他四省区对陆海新通道沿线各国贸易额　（单位：万美元）

国家	甘肃	占省比例（%）	贵州	占全省比例（%）	宁夏	占全省比例（%）	青海	占全省比例（%）
缅甸	2133.48	0.03	2401.00	0.31	411.59	0.11	83.57	0.11
柬埔寨	190.01	—	520.69	0.07	898.99	0.24	17.09	0.02
老挝	—	—	3936.47	0.52	156.98	0.04	—	—
马来西亚	5864.40	0.09	6332.44	0.83	16893.18	4.47	584.16	0.80
新加坡	6977.74	0.11	11358.67	1.49	5730.27	1.52	62.99	0.09
泰国	4277.29	0.07	24993.81	3.28	5851.46	1.55	1459.72	2.01
越南	4481.85	0.07	14652.67	1.92	5836.51	1.55	947.30	1.30

资料来源：中国海关。

第三章 "一带一路"南向出海大通道建设的现状

中国西部省份对陆海新通道沿线国家的进出口贸易集中在马来西亚、新加坡、泰国和越南四个国家，对柬埔寨、老挝和缅甸整体上进出口比较少。除了甘肃和贵州对新加坡贸易、宁夏对柬埔寨贸易处于逆差状态，其他省份对陆海新通道国家均处于顺差，且对越南的顺差额较大，贵州对越南的顺差达到1210.12万美元。甘肃和青海两省和老挝几乎没有商品贸易，青海主要向陆海新通道沿线国家出口，进口微乎其微。

表3-27　2018年其他四省区对陆海新通道各国进出口情况　（单位：万美元）

国家	甘肃 出口	甘肃 进口	贵州 出口	贵州 进口	宁夏 出口	宁夏 进口	青海 出口	青海 进口
缅甸	2066.15	67.32	2401.00	—	411.59	—	83.57	—
柬埔寨	190.01	—	520.60	851	237.00	662.00	17.09	—
老挝	—	—	3881.47	55.00	156.98	—	—	—
马来西亚	5150.08	714.32	3714.01	2618.44	13306.13	3587.05	576.36	7.80
新加坡	1912.82	5064.92	5238.10	6120.56	5592.77	137.51	62.99	—
泰国	4153.96	123.33	12724.85	12268.96	5784.65	66.82	1459.72	—
越南	4474.84	7.01	13376.94	1275.72	5774.57	61.94	947.30	—

资料来源：中国海关。

第四章 "一带一路"南向出海大通道建设存在的问题

西部陆海新通道的建设是西部省区加快区域联动发展和战略对接，激发新潜能，共同推进西部大开发形成新格局的重大举措。虽然，实施多年的西部大开发战略已为出海大通道的建设奠定了一定的基础，但随着中国融入全球价值链，经济成本、制度成本以及其他各类成本的急剧攀升，大通道的建设正面临诸多困难。

第一节 陆海新通道建设要求高与经济发展水平低的矛盾突出

一 西部地区经济总量小，财政收入水平低

在西部大开发政策红利的加持下，西部地区经过20年的发展，实现了经济快速增长，产业结构不断优化，基础设施逐渐完善，人民生活水平显著提升的新局面。但是，通过更加严谨地审视这20年的发展历程，以及对比全国其他地区的情况可知，虽然西部大开发成效显著，但在全国经济普遍腾飞的背景下，西部地区的发展水平依然处于落后状态，并且在陆海新通道的建设过程中面临多方掣肘。

一是西部地区经济总量小，与其他地区差距显著。西部地区多为"老少边穷山"的地区，资源禀赋有限，经济总量普遍较小。本书通过将我国东中西部各省区的地区生产总值取平均值，并与东部地区和中部地区进行对比，可有效观测西部地区近20年来的经济发展情况

和变化趋势。2018年，我国东、中、西部地区GDP的平均值分别为46028.29亿元、28011.77亿元、15358.51亿元。计算可知，西部地区与中部地区的经济总量差距已接近1.3万亿元，与东部地区的差距更是极其显著，高达3万亿元左右。

二是西部地区的财政收入低，支付能力弱。同样地，通过对西部各省区的地方财政收入取平均值与东中部地区进行对比可知，其整体变化趋势与GDP的变化趋势相同。然而，地方财政收入的来源并不单一，既包括了地方本级收入，还包括了中央税收返还和转移支付。一直以来，为了促进区域协调发展，中央对西部地区财政转移支付的力度不断加大。数据显示，仅2018年，西部地区就获得了1.71万亿元的中央转移支付，在中央对地方转移支付预算6.22万亿元的占比就高达44.4%。[①] 但是，2018年西部地区的财政收入平均值仅为1585.19亿元，依然是收入最低的地区，且与东部地区高达5337.21亿元的财政收入有巨大的差距，在2010年后与中部地区的差距也逐渐扩大。（具体见图4-1）

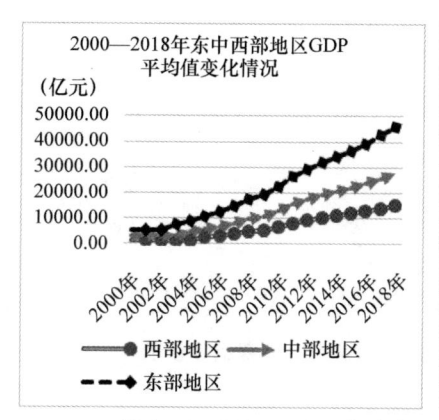

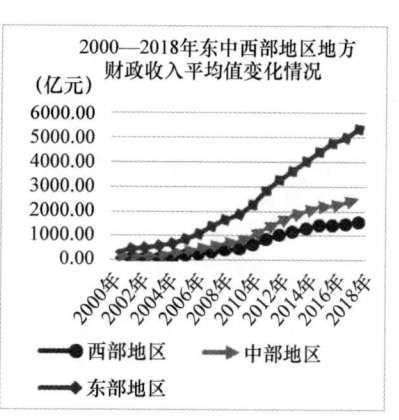

图4-1 2000—2018年东中西部地区经济数据变化趋势图

资料来源：国家统计局网站。

[①] "2018年中央财政加大对地方转移支付力度、促进区域协调发展情况"，中华人民共和国财政部，2019年1月3日，http://yss.mof.gov.cn/gongzuodongtai/201812/t20181229_3111366.htm。

二 西部地区的消费能力低，国内外市场需求有限

陆海新通道的建设是以对接东南亚、南亚这个拥有 20 多亿人口的大市场为目标，但由于生产力、人口等因素限制，西部各省区的社会消费水平相对较低，市场需求有限，难以充分发挥大市场的效用。

一是全社会消费品零售总额偏低，市场潜力不足。社会消费品零售总额可以反映社会商品购买力的实现程度、零售市场的规模状况以及国内贸易市场的繁荣程度。并且，社会消费品零售总额已经连续 5 年成为我国经济增长的第一引擎。[①] 但是，近五年来，西部十二省区的社会消费品零售总额虽有较大提升，总体水平却依旧偏低，除四川省外，其他各省区的社会消费品零售总额均低于一万亿元。而东中部地区则普遍高于一万亿元，部分沿海省区更是超过三万亿元。如此悬殊的差距足可见西部地区的市场消费能力以及对经济增长的拉动能力。（见图 4－2）

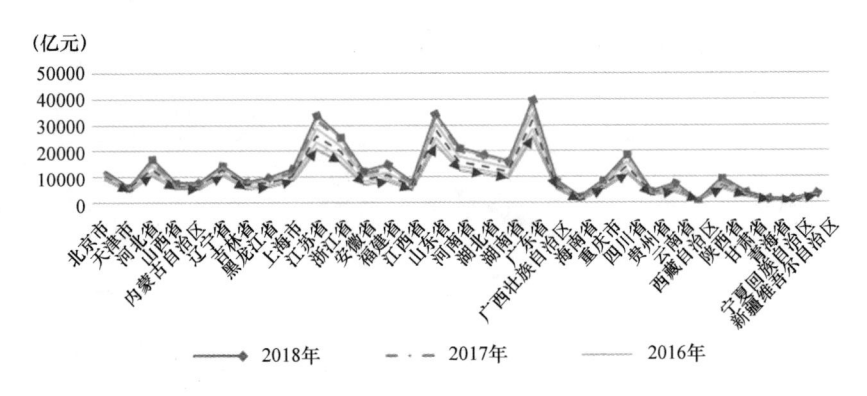

图 4－2　2016—2018 年全国各省区社会消费品零售额

资料来源：国家统计局网站。

二是居民人均可支配收入低，人民购买力有限。居民可支配收入

[①] "商务部：社会消费品零售总额连续 5 年成为经济增长第一引擎"，人民网，2019 年 1 月 31 日，http://finance.people.com.cn/n1/2019/0131/c1004-30603852.html。

是反映当地居民购买能力的重要指标,也是区域价值的体现。通过计算可知,2018年全国居民人均可支配收入为28228.05元,西部十二省区居民人均可支配收入的平均值为21598.5元,而中部各省区平均值为23574元,东部地区为38670元。[①] 不难发现,西部地区的居民购买力不仅低于中部和东部地区,还远低于全国的平均水平,这从另一角度也可说明,西部陆海新通道国内沿线省区的居民消费能力并不高,市场活力不足,对外进口货物的需求也有限,这也是蓉桂新、蓉桂港东盟铁海联运班列,以及洲际陆路班列在内陆地区空箱循环的重要影响因素。

三 新通道"龙头"经济实力不足,基础设施建设压力大

近年来,陆海新通道的建设取得了一定的成效,且基本形成重庆、成都分别经贵阳、怀化、百色至北部湾港(钦州港、北海港、防城港)的三条铁路运输线路,[②] 这三条运输线决定了广西在整个出海大通道中处于"龙头"的关键位置。因此,借助新通道的建设,广西迎来了由全国交通末梢向区域性交通枢纽的历史性转变。为抓住此次战略机遇,广西竭尽全力地做好基础设施的建设工作。2018年5月14日,广西人民政府办公厅名义印发《2018年度中新互联互通南向通道广西重点基础设施项目计划》。该计划涉及铁路、公路、港口、机场、多式联运基地、内陆无水港、其他物流基础设施等8大类项目共52项,总投资3382亿元。[③] 对于如此高额的投资,广西需要足够的经济实力去支撑。但是,广西2018年的地区生产总值为20352.51亿元,地方财政总收入为1681.45亿元,工业增加值为5822.93亿

---

① 资源来源:根据2018年中国及西部十二省区的统计年鉴数据整理计算而得。
② 资源来源:《重庆涪陵至广西钦州铁海联运班列开行》,《重庆日报》2020年3月7日。
③ "52项南向通道重点项目推进 构建广西开放发展新格局",广西壮族自治区人民政府门户网站,2018年8月23日,http://www.gxzf.gov.cn/xwfbhzt/gxtjzxhlhtnxtdjsxwfbh/mt-bd/20180823-709098.shtml。

元，全社会固定资产投资为22713亿元。① 对比之下，3382亿元的投资额约为当年广西GDP总额的16%，是地方财政收入的2.01倍，也是工业增加值的58%，以及占全社会固定资产投资的14.89%。再者，受中美经贸摩擦、世界贸易格局变化等各类因素影响，2019年广西全年生产总值21237.14亿元，按可比价计算，比上年增长6.0%，在全国31个内陆省区市中排名第19位，处于中下水平，人均GDP更是仅有42964元，在全国排名倒数第三，仅高于黑龙江和甘肃。② 而围绕新通道的建设，广西政府提出要加快建设南宁、钦州—北海—防城港、柳州、桂林、防城港（东兴）和崇左（凭祥）等国家物流枢纽，并计划从2020—2022年建设"物流网"项目324个，总投资约2265.08亿元。其中，2020年实施项目269个，计划投资295.22亿元；2021年实施项目219个，计划投资409.78亿元；2022年实施项目165个，计划投资361.5亿元。③ 在经济稳定增长的前提下，根据2018年广西全社会固定资产投资额10.8%的增长率进行计算，可预计2020—2022年广西的全社会固定资产投资额分别约为27883亿元、30894亿元、34230亿元左右，届时，仅"物流网"项目的投资就将分别占全区全年固定资产投资总额的1.05%、1.32%、1.06%。由此可见，在整个通道的建设过程中，基础设施建设是一项高成本、高投入的长期工程，而作为通道"龙头"的广西，仍是全国脱贫攻坚的主战场，其经济实力弱，长期的投入所带来的经济压力较高，且可持续性有限，需要国家给予高度的关注和支持。

---

① "2018年广西壮族自治区国民经济和社会发展统计公报"，广西壮族自治区人民政府门户网站，2019年4月10日，http：//www.gxzf.gov.cn/sytt/20190410-743047.shtml。
② 2019年广西及其他各省市经济和社会发展与统计公报。
③ "广西壮族自治区商务厅关于印发广西'物流网'基础设施建设三年大会战实施方案（2020—2022年）的通知"，中华人民共和国商务部官网，2020年3月1日，http：//www.mofcom.gov.cn/article/difang/202003/20200302944440.shtml。

四 新通道关键节点城市经济基础薄弱，支撑能力有限

虽然，在新通道经济发展初期，贸易和投资主体较倾向于被优惠政策所吸引，但随着市场逐渐规范，基础设施日益完善，经济主体将更关注通道的经济基础。因此，对通道的经济基础要求也不断提高，尤其是关键节点城市的资源整合能力，更是充分发挥通道优势、加快要素流通、形成高效通道经济的重要条件。但是，统计数据表明，当前西部陆海新通道三条主通道上的关键节点城市，经济基础还较为薄弱，对通道经济的支撑能力有限。

三条主通道即重庆—贵阳—南宁—北部湾港、重庆—怀化—柳州—北部湾港、成都—宜宾—百色—北部湾港线路上的关键节点城市在2018年的主要经济指标如表4-1所示。[①]

表4-1　　2018年西部陆海新通道关键节点城市经济概况

指标/城市	地方生产总值（亿元）	三产比重	财政收入（亿元）	社会消费品零售额（亿元）
钦州市	1388.40	17.9∶47.7∶34.4	148.01	443.34
北海市	1331.92	16.6∶48.1∶35.3	225.19	265.39
防城港市	793.53	13.9∶49.3∶36.8	82.76	134.94
重庆市	20363.19	6.8∶40.9∶52.3	2265.50	1734.72
贵阳市	3798.45	4.0∶37.2∶58.8	903.26	1299.47
南宁市	4341.25	10.5∶30.4∶59.1	753.20	2402.53
成都市	15342.77	3.4∶42.5∶54.1	1424.20	6801.8
怀化市	1513.27	12.5∶30.5∶57.0	150.39	665.19
柳州市	3053.65	6.39∶52.68∶40.9	436.22	1266.58
宜宾市	2026.37	12.2∶49.7∶38.1	324.80	930.67
百色市	1458.44	13∶60.9∶26.1	145.87	297.27

[①] 资料来源：各市2018年的国民经济和社会发展统计公报。

第一部分 "一带一路"南向出海大通道研究

续表

指标/城市	进出口总额（亿元）	常住人口（万人）	固定资产投资（亿元）	城镇居民可支配收入（元）
钦州市	227.31	330.44	1216.25	33488
北海市	320.75	168	1187.65	33954
防城港市	721.49	95.33	666.72	34325
重庆市	5222.62	3101.79	18661.4	34889
贵阳市	34.94	488.19	4428.19	35115
南宁市	738.79	725.41	4826.29	35276
成都市	4983.20	1633	8341.10	42128
怀化市	5.39	497.96	1376.61	26703
柳州市	173.09	404.17	3112.57	34849
宜宾市	96.86	455.6	1460.56	33465
百色市	217.97	366.94	1025.28	30611

从经济总量看，除了始发点重庆和成都的地区生产总值超过万亿以外，其他城市的 GDP 都远低于一万亿元，尽管南宁和贵阳是省会城市，也不足 5000 亿元。而通道门户北部湾港所在城市的生产总值却是 11 个节点城市中最低的，其中，防城港市的 GDP 仅有 793.53 亿元，北海市和钦州市差距不大，分别为 1331.92 亿元、1388.4 亿元。三市 GDP 总和不足广西全区的 18%，仅与广东的一个湛江市相当。并且，观察各市的固定资产投资与社会消费品零售总额可知，各城市之间差距较大，总体上整个通道的社会投资需求和消费需求也相对较低。

从产业结构看，在这些节点城市中，目前只有贵阳、南宁、怀化三个城市的第三产业占比超过 55%，而占比最低的值仅为 26.1%；有 7 个城市的第二产业所占比例超过 40%，最高值达 60.9%；并且，还有 6 个城市的第一产业所占比例高于 10%，最高值为 17.9%。通过对比 2018 年我国产业比重为 4.4∶38.9∶56.5 可知，总体上这些节点城市的第三产业发展还比较滞后，且第一产业占比过高。尤其是北部湾港所在三市,第三产业占比均低于40%,第一产业占比均高于13%。即在一定程度上表明,这些城市的农业大而不强,且资源型、高能耗、低附加值工业比重大,服务业发展动能不足等特征明显,产业结构亟须优化。

从其他要素看,首先,陆海新通道三条主通道上的关键节点城市总体外贸水平较低,仅有重庆和成都的进出口额达到千亿级别,其他城市均为百亿级,而贵阳、怀化、宜宾等城市全年的进出口总额更是远低于100亿元,钦州、柳州和百色等市的进出口总额也不足300亿元。其次,陆海新通道人口资源有限,劳动力资源和市场消费能力不足。计算表明,11个通道节点城市常住人口总和为8266.83万人,占全国常住人口的5.92%,比广东省的常住人口数还少3254.17万人。此外,人均收入偏低。2018年全国城镇居民人均可支配收入为39251元,但在这些节点城市中,只有成都市的这一指标超过了全国平均水平,部分城市更是远低于全国平均水平。而收入水平太低,与其他地区差距过大,容易导致劳动力流失,市场活力和吸引力逐渐降低。

第二节 陆海新通道建设成本高与投资回报周期长的矛盾突出

一 基础设施建设成本高,项目建设周期长

为破除新通道发展的瓶颈,推进基础设施的建设,从2018年开始,广西、重庆、四川等地就已陆续启动相关建设工程,投入巨额资金,并相继出台各类行动计划和实施方案。例如,广西出台《推进西部陆海新通道建设实施方案》,提出要投资数千亿元资金实施基础设施补短板"五网"建设三年大会战,强力推进交通网、能源网、信息网、物流网、地下管网建设,助力新通道的建设。而成都也出台相关方案,将实施国际航空枢纽建设、国际铁路枢纽建设、铁海联运通

第一部分 "一带一路"南向出海大通道研究

道建设、公路枢纽建设、信息枢纽建设等5项行动计划，计划利用此次契机形成新的战略布局，打造对外开放的新高地。重庆则紧抓机遇，重点聚焦以"渝黔桂新"铁海联运、"重庆—东盟"国际铁路联运、"重庆—河内"跨境公路运输等一批战略性、示范性项目，着力夯实重庆国际枢纽的功能作用。

但是，如表4-2所示（仅是部分投资项目），通道沿线省区市从2018年开始就从多方面、高投入的进行港口、交通网、集疏运分拨基地、物流中心等基础设施建设，这些项目都是耗资数以亿元计，甚至百亿和千亿元，投资成本极高，在促进内需的同时，也给地方政府带来较大的压力。

一是因为港口的建设资金来源渠道有限。目前港口的建设资金主要来源于港口管理局、海事局、省（区）政府给予的扶持经费，以及国家对重大项目建设的专项补贴，比如航道建设、码头建设等项目。然而，国家的扶持资金一般只针对主要港口的建设，如北部湾港的防城港，与之相比，钦州港和北海港所获得的支持力度就有较大差距。然而，钦州和北海在通道的基础设施建设中也要投入大量的资金。资料显示，广西北部湾办在2018年就已安排了3亿多元的专项资金重点推进一批深水航道和深水泊位建设，以及防城港40万吨级码头及航道工程、钦州港20万吨级集装箱码头及航道、钦州港东航道扩建二期等项目的前期工作，且在最新的规划中，在2020年更是要投入大量资金建设北海铁山港和防城港的30万吨级航道工程。此外，为支持北部湾港至重庆集装箱班列和北部湾港至新加坡、北部湾港至香港集装箱班轮等南向通道班轮班列运行，打造南向通道多式联运体系，还设置了1.85亿元的专项费用。[①] 可见，港口建设刻不容缓，且资金需求量巨大，但在修建过程中，资金来源相对较少，仅凭当地政府一己之力，压力较大。

[①] "广西安排专项资金支持南向通道建设"，广西壮族自治区人民政府门户网站，2018年3月28日，http://www.gxzf.gov.cn/sytt/20180328-686315.shtml。

第四章 "一带一路"南向出海大通道建设存在的问题

表4–2　　西部陆海新通道基础设施相关投资项目

序号	地区	时间	相关投资项目	投资目标	总投资额（亿元）
1	广西	2019—2020年	西部陆海新通道重大综合交通基础设施建设项目	—	968
2	广西	2020—2022年	324个"物流网"项目	构建面向东盟、对接粤港澳大湾区、联通南部地区的高效便捷物流网	1066.5
3	广西	2020—2022年	重点建设北部湾港高等级航道、锚地等重点配套项目	实现新开工重点项目26个，建成重点项目11个	约190
4	钦州港	2018年	建成11个码头泊位	形成航运物流、大宗商品贸易、国际商品直销等特色产业	190多
5	防城港	2019—2020年	重点推进港口、铁路、公路、口岸、物流园区等"陆海双通道"基础设施建设，涉及6大类、77个项目	—	2000多
6	防城港	2018年	南向通道投资项目	—	164.1
7	北海市	2020—2022年	在高铁、高速、水运、港口、航空等领域13个重大项目	—	597.97
8	四川	2018年	打造自贡传化公路港城市物流中心	—	5
9	四川	2019年	富顺县在南向开放合作对接会项目	—	94.3
10	重庆	2018年	江津综保区建成西南地区多式联运集并分拨基地	实现物流服务效率提升30%、综合物流成本降低10%	11

99

第一部分 "一带一路"南向出海大通道研究

续表

序号	地区	时间	相关投资项目	投资目标	总投资额（亿元）
11	重庆	2018年	珞璜长江枢纽港	建设4个5000吨级直立式泊位，1个下河公路泊位，全部建成后年吞吐能力为2000万吨	28
12	重庆	2019年	两江新区多式联运智慧物流项目	打造国际物流网络中心重要枢纽节点、西部区域多式联运网络中心节点	16.5

资料来源：根据网上新闻资料整理而得。

二是通道支线铁路的建设困难较大。要进一步强化通道沿线地区交通基础设施建设，扩大通道的辐射能力，就要大力建设铁路基础设施。对此，广西提出要在2019—2021年先后完成包括黄桶至百色铁路项目、南昆线百色至威舍段增建二线、湘桂线南宁至凭祥段扩能改造工程、沿海铁路钦州至防城港段扩能改造工程、黔桂铁路扩能改造工程、云桂沿边铁路、柳州经梧州至广州铁路等多项铁路项目的建设，而这些项目的总投资额就将近1870亿元。[①] 四川也规划在2020年实现南向进出川通道铁路由4条增至7条。但是，在经费有限的条件下，铁路的建设是基于政策优先等级进行安排，即通道的铁路干线资金可由铁路局出资修建，而其他相关支线的建设则需要当地政府自筹经费。并且，相对于长江沿线班列、中欧班列，国家对南向通道班列的资金支持力度还相对较小，需要加大。

三是交通建设项目多、周期长。广西在布局未来三年的"交通网"建设中明确提出，在铁路方面，要重点加快建设西部陆海新通道

[①] 《西部陆海新通道重点铁路项目建设实施方案（2019—2021年）》，广西壮族自治区商务厅，2019年5月31日，http://news.zgw.com/jijian/20190531/268085.html。

第四章 "一带一路"南向出海大通道建设存在的问题

干线铁路，着力解决疏港铁路"最后一公里"问题，计划新开工重点项目18个，建成重点项目7个，投资约848亿元。在公路方面，重点建设西部陆海新通道和对接粤港澳大湾区高速公路通道重点项目，计划新开工重点项目37个，建成重点项目22个，投资约3448亿元。在水运方面，重点建设北部湾港高等级航道、锚地等重点配套项目，着力打通内河"一干七支"航道及解决碍航船闸问题，计划新开工重点项目26个，建成重点项目11个，投资约190亿元。[①] 同时，四川也将全力打通高铁出川大通道，争取到2025年，南向出川大通道的铁路增至12条，高速公路增至17条。并加快建设350千米时速高铁，建成成都至贵阳铁路，打通成都经宜宾至贵阳连接贵广铁通往粤港澳大湾区、连接贵南高铁通往北部湾经济区的高速铁路大通道。[②] 成都市更是提出要在2021年实现境内铁路线网总里程达到850千米，南向班列年开行数量达到500列以上，建立3处以上海外分拨点，境内高速公路网总里程达到1300千米。[③]

诚然，这些项目的规划建设将有力助推通道的发展壮大。但交通基础设施建设项目普遍具有资金投入大、建设周期长、项目成长周期长的特征。[④][⑤] 虽然，此次陆海新通道的建设可获得中国人民银行、中国建设银行等多家银行的贷款支持，但项目的风险和投资回报率问题依然不能忽视。此前，英国交通与道路研究所曾对发展中国家和地区的13个城市的轨道交通系统进行过分析，研究发现，大部分交通

[①] "广西壮族自治区交通运输厅关于印发广西基础设施补短板'交通网'建设三年大会战实施方案（2020—2022年）的通知"，广西壮族自治区人民政府门户网站，2020年3月25日，http://www.gxzf.gov.cn/zfgb/2020nzfgb/d6q_84610/zzqrmzfbgtwj20200511/t5343178.shtml。

[②] "2020年四川南向通道计划出炉 铁路增至7高速增至12条"，天府早报，2018年10月11日，http://sc.sina.com.cn/news/m/2018-10-11/detail-ihmhafiq8145877.shtml。

[③] "推进西部陆海新通道建设 成都出台三年行动计划14项任务"，人民网，2019年10月25日，http://sc.people.com.cn/n2/2019/1025/c379471-33471127.html。

[④] 吴阳：《公路建设项目社会稳定风险评估方法研究》，长安大学硕士论文，2017年。

[⑤] 赵伊军：《铁路建设项目经济评价及其指标体系探析》，《科技传播》2011年第2期。

第一部分 "一带一路"南向出海大通道研究

项目并不能按时完成，研究样本中有13个项目的平均建设时间为7.8年，平均脱期为3.1年，并且大部分项目的最终造价均超出预算，有的甚至超出数倍。① 该研究在一定程度上也表明了陆海新通道的基础设施建设项目不可避免地也会具有较长的投资回报期。即便如今中国的基建能力举世闻名，这些项目的建设周期必然会大幅缩短，但总体上依然属于高投入、投资回报周期长，且存在一定经济风险的工程项目，需要仔细研判和科学管理。因此，通道基础设施的建设对相关省区市的政府而言，既是难得的机遇也是重大的挑战。

二 北部湾港竞争力不强，通道经济发展动力不足

近年来，北部湾港的发展虽取得积极成效，但港口的建设仍存在诸多问题，导致竞争力不强，不利于通道经济的发展，并且会拉长通道建设项目投资回报期。

一是港口的竞争力关键指标值低。根据中国港口网对2019年全球3000多个港口的综合竞争力评估结果，北部湾港的"通达性"②连续12个月都排在全球第17—20名。这说明该港口与全球其他港口的联通程度已经相对较高，陆海空间的通达程度具有一定的优势。但是，北部湾港的另一个重要指标"繁忙性"③却从未进入过全球前20名。而上海港和宁波—舟山港不仅通达性在全球排行榜中名列前茅，繁忙性更是稳居全球第一、第二名，超过了新加坡和中国香港。④ 这意味着，北部湾港的航班密度还比较低、被船舶挂靠的频次较少，与全球其他港口的海上运输往来次数也不够频繁。而"繁忙性"大小

---

① 柴适：《交通投资项目的风险分析与管理》，《交通与港航》2018年第3期。
② 通达性，用以描述该港口与全球其他港口间船舶运输往来的联通程度。该指标反映该港口与全球其他港口的航线直达数量。该值越大，说明该港口与全球其他港口有更多的直接连通航线。
③ 繁忙性，用以描述该港口与全球其他港口间船舶运输往来的频度。该值越大，说明该港口航班密度高、被挂靠的频次多，与全球其他港口的海上运输往来也更加频繁。
④ 资料来源：中国港口网，http://www.chinaports.com/portlspnews/4157。

第四章　"一带一路"南向出海大通道建设存在的问题

则是可以衡量港口经济是否繁荣的关键指标，也是事关通道经济能否真正发展起来的重要指标。因此，北部湾港要提升综合竞争力，提升航班密度、吸引船舶挂靠是重要的建设方向。

二是集装箱航线不足且中转成本高。理论上，成都的货物通过铁海联运经北部湾出海可比原江海联运经上海出海节约近一半时间，较公海联运节约30%以上运费；同样的，重庆的货物经钦州港至新加坡的铁海联运通道也比原江海联运通道的运输距离减少2100多千米，全程用时可缩短20天以上，新通道的优势确实凸显。但实际上，至今还是有不少成渝地区的货物不走北部湾港，究其原因，集装箱航线不足和中转成本高是重要的影响因素。当前，北部湾港集装箱航线比较缺乏，总共仅有46条航线，其中，外贸航线有26条，远洋航线有2条，分别通往南非、南美地区。新航线刚开通，知名度和影响力不足，远洋航线空载率较高，并且，进出口欧美、非洲、中东等地区的外贸航线基本上还需要从中国香港、新加坡等港口进行二次接驳，才能发往目的地。由于航线密度较低，部分船期的固定性不高，对货物的按期交货产生了较为严重的影响，尤其是增加了企业的时间成本和信用成本。同时，货物在北部湾港的中转费用也相对较高，譬如，每一柜集装箱就比湛江港的高50美元。此外，存放市场的规范性不足，货物上船的"最后一公里"乱收费等现象频出，各项收费都亟待规范。

三是受货源种类和品牌推广影响，新通道优势难凸显。一方面，2019年重庆—新加坡铁海联运班列开行923班，比去年增长51%[①]，而成都南向班列年开行量也增长了2.4倍，且综合重载率均在97%以上，经凭祥的洲际国际铁路联运也已累计开行30列[②]，陆海新通道的

[①] 资料来源："重庆推进全方位开放 中欧班列（重庆）2019年开行逾1500班"，中国新闻网，2020年1月11日，https://www.sohu.com/a/366243107_123753。

[②] 资料来源："成都中欧班列"年终考"：运营时效、成本进一步优化"，四川新闻网，2019年12月31日，http://scnews.newssc.org/system/20191231/001020901.html。

第一部分 "一带一路"南向出海大通道研究

效应已逐步显现。但是,重庆、四川等地进出口的货物主要是电子、汽车等产品,而贵州的是轮胎、化肥、辣酱、茶叶等产品,这些产品对时效性要求并不高,江海联运虽然耗时长,但总体物流成本较低,若新通道铁海联运的价格差距较大,则从北部湾港出海并不占优势。尽管北部湾港推出了铁海联运"一口价"项目,即3800元/标箱,比分段运输的成本下降了38%[①],大大降低了综合物流成本。但只要铁路价格高,总体运价依然相对较高。因此,在通道的货源种类一时难以改变的情况下,通道的时间优势难凸显。另一方面,目前在联合国的国际口岸标准代码中,还未统一将北部湾港编为一个代码,依然分别沿用钦州港、北海港、防城港的代码,因而降低了北部湾港在国外贸易中的知名度,未能有效扩大时间优势和品牌的影响力,在一定程度上降低了港口的竞争力。或许及时开辟冷链等对时间要求高的贸易市场,利用沿线各省区市和各国合作机制平台、各类媒体加强宣传推广,可有效缓解这一问题。

四是港口硬件设施还未跟上市场需求。一方面,钦州港目前最大的泊位码头是12万吨,20万吨泊位码头缺乏,大宗货物成本高,只能进10万吨船舶,吨矿运费较其他有20万吨泊位码头的大港高4美元左右,直接导致欧洲、地中海和远东的20万吨散货和集装箱船舶改走广州港等其他港口。不同的是,防城港虽然具有较多容量大的码头,但依然缺乏30万吨矿石专业码头和40万吨级散码头;此外,钦州和防城港的航道积淤严重,导致钦州港10万吨的航道只能走7万吨的货船,防城港20万吨的航道只能走16万吨的货船,无形中也增加了物流成本。[②]尽管当前钦州港欧美干线的船可以承载20万吨级的集装箱,但是钦州的航道和码头对20万吨级的集装箱通货能力欠缺,

---

[①] 资料来源:"西部陆海新通道海铁联运快速增长",人民网,2019年12月8日,https://www.sohu.com/a/359025795_114731。

[②] "一路向南一局新棋 西部陆海新通道通则不痛",成都商报,2019年10月29日,http://house.china.com.cn/chengdu/view/1606756.htm。

配套设施还未跟上。另一方面，北部湾港的基础设施建设一直处于追赶其他港口的状态，如钦州的第一个全自动化的铁海联运码头集装箱通运站于2019才建成，并且有2个20万吨的全自动码头还在建设当中，预计到2022年才建成，而厦门港、青岛港、上海港等港口的全自动码头早已建成并运行。而到2022年，预计其他港口又将建成更为先进的设施，如基于5G网络运营的更加智慧的港口支撑系统、作业系统、服务系统、业务管控系统和多式联运系统等，北部湾港届时又将落后一步。值得注意的是，关于倾倒区的选择问题，港口建设需要挖海、挖泥，但这些挖出来的泥沙不能填陆地，只能往外海丢，当前北部湾港仅在钦州有一个抛填区，相对于北海铁山港、防城港而言，不仅运距远，而且地方也有限，需要排队等候，而抛填区的规划建设由国家划定，当地并无权限。此外，国家在用海审批方面越来越严格的限制，导致新增码头需要填海建设，成本剧增，制约了港口的扩大建设。这些因素使港口发展的成本和效率受到较大的影响。因此，基础设施建设规划的前瞻性不足，自主权限不够，建设速度较慢，从而未能及时有效地跟上市场需求的不断变化，导致了北部湾港竞争力不足。

三　通关效率低，通关便利化水平不高

北部湾港的通关问题由来已久，并一直为外界所诟病，而通关效率低则是影响货物不走北部湾港，导致整个通道建设项目投资回报周期长的重要因素。究其原因，还是因为通关效率和便利性问题一直未能得到彻底解决，主要体现在以下三个方面。

一是货物查验率高，通关进度慢。虽然海关有统一的货物查验标准，但各地在实际操作中会存在差别。目前，广东港、上海港等国内大型港口的抽查率一般只是在5%—10%，而北部湾港由于货源较少，货物总体基数小，海关人力资源相对充足，查验率就相对较高。例如，钦州海关在有H986机检的辅助下，人工掏箱查验率仍然高达

70%，而同等条件下，宁波港掏箱查验率只有10%左右。由于机检只需30分钟，人工掏箱查验则需长达数小时，[①] 从而使物流成本增加，还额外产生车队运输压车费。加之查验平台数量不足，在水果进出口旺季时，查验设备的规模难以满足业务需求，货物报关后，常常需要排长队等候存储，以及缺乏固体废物属性鉴定实验室等设施的配套，海关对需要进行检验检疫需求的物品服务的便利性不足，从而导致通关效率较低。不仅如此，尽管已经推出24小时预约通关政策，但为避免海关人员人到了但货物还未卸下来的尴尬，企业大多不愿采用预约的方式，因而政策实施效果并不理想。相比之下，湛江港实行了24小时全天候服务货物进出口，通关效率远高于北部湾港。[②] 此外，有企业反映，集装箱在进入钦州港时还未能自动生成运抵报告，目前货物在离港前还需手动录入运抵报告后再申报预配舱单，海关等监管部门还无法同步接收到传输的信息，通关效率和成本难降低。

二是通关操作比较僵化，专业水平不够。由于海关出口模式较多，报关方式与查验方式相关，同一种商品也会因为报关方式不同而受查验方式不同，一般都要求企业明确报关方式。但是，在实际操作过程中，各港口都有解决意外情况的处理方式，尽量提高通关效率。然而，北部湾港的处理方式就比较僵化，会出现在未开通报关方式的情况下，企业的一万件货品需要填一万张单子等大量重复填单的现象，而这类情况在发达地区基本罕见。再者，国内大型港口货物数量庞大，种类繁多，当地海关处理各类货物的经验丰富、业务水平高，新品类基本两天就能通关。而北部湾港的海关工作人员处理新货物的经验相对欠缺，常常导致一些新的货物迟迟无法通关，或者转而运送到广东港口通关再运送到广西，增加了运费和时间成本。但即使在处

[①] 关注成都出海之路 探访西部陆海新通道新局：通则不痛"，四川广电，2019年10月29日，https：//www. sohu. com/a/350256150_161216。

[②] 成都商报："一路向南一局新棋 西部陆海新通道通则不痛"，http：//house. china. com. cn/chengdu/view/1606756. htm。

理货物的种类有限、经验不足的情况下，也是可以通过构建业务培训常态化、海关援助或远程处理等通关机制解决的。因此，上述严重影响通关效率现象的发生，既体现了北部湾港海关专业化能力的不足，也反映了其通关机制的僵化。

三是通关服务水平较低，对新客商吸引力不足。2019 年，钦州港全面推行"出口货物提前申报"新模式，助推通关便利化更上一个台阶，但在实际操作中却出现了由于货物未提前申报，而品类较为特殊，到港 20 天都难找到报关行接收业务的现象。这不仅反映了当地海关服务范围狭窄，也体现了其服务意识和水平的不足。其次，若企业的货物长期经北部湾港出海，有基础信用保障，则通关的速度就会相对较快。但一些新来的货品或者新企业，通关流程就会复杂且冗长。而对市场来说，通关速度不仅影响企业的投资回报率，还涉及与合作方的信用保障等问题。[①] 此外，当前北部湾港海关信息系统未与铁路、港口、运营部门等相关单位的信息系统互联互通，货物通关的智能化水平较低，通关的隐形成本较高。例如，但凡在外地的货物、车辆等备案信息有误，则需联系原有的备案企业和海关才能修改，若无法成功联系上，则十分耽误通关进度。因此，通关智能化水平低、服务水平欠佳容易成为在北部湾港通关的新客商留下的第一印象，十分不利于港口吸引货源。

第三节 集疏运体系建设需求高与各方协调不畅的矛盾突出

一 集疏运体系建设不完善，基础设施短板仍在

随着陆海新通道的建设发展，北部湾港的吞吐量及货运量增长迅猛。据统计，北部湾港 2019 年全年累计货物吞吐量 2.331 亿吨，同

---

① 关注成都出海之路 探访西部陆海新通道新局：通则不痛"，四川广电，2019 年 10 月 29 日，https://www.sohu.com/a/350256150_161216。

第一部分 "一带一路"南向出海大通道研究

比增长17.97%，且根据最新《广西北部湾港总体规划修编》可知，预计到2025年，北部湾港港口吞吐量突破5亿吨，集装箱吞吐量突破1000万标箱。①快速增长的趋势给港口基础设施的建设带来压力的同时，也对新通道的集疏运系统提出了更高的要求，但根据现有条件来看，还存在着诸多的掣肘。

一是公路铁路运输网络还未形成。首先，是高速公路网还未建成，目前通往北部湾港口、场站和主要物流园区的公路相对欠缺，如广西贸易重镇玉林松旺镇到北海铁山港、首府南宁经钦州到防城港、边境市崇左到水口等对陆海新通道有重要支撑作用的高速公路，以及南宁、崇左到硕龙口岸和峒中口岸等通往沿边口岸的高速公路都还未修建，在一定程度上制约了广西本地货物和口岸货物经北部湾港出海的便捷性。其次，连接港口的整体干线和局部支线铁路及场站都需加快建设。一方面，川黔铁路、黔桂铁路等干线铁路仍为单线，承担旅客运输时运能已接近饱和，货运功能相对较弱，且重庆与柳州之间还需绕行，缺乏直连铁路。另一方面，钦州铁路集装箱中心站虽已建成，突破了国际铁海联运班列的瓶颈，但北部湾港部分进港铁路还未建成，新通道整体的畅达性还不够。另外，随着新通道辐射腹地和影响范围的不断拓宽，铁路网的扩大刻不容缓，而连接新通道的其他铁路建设起步较晚，大多数还未开工，如南昆铁路百色—威舍段二线、黔桂铁路二线等线路，以及黄桶—百色铁路、贵阳至南宁、怀化至柳州等新线。

二是航运港口等基础设施亟须改造优化。随着货物贸易量的显著增加，航空网络的建设也将更为重要，而南宁吴圩机场和北海机场现有的货运设施、航站楼、航运口岸等基础设施将难以满足未来发展的需求，亟须升级改造，此外，北部湾港不仅国际国内班列航线少，还未实现东南亚主要港口全覆盖，而且专业化深水泊位缺乏，深水航道

---

① "壮丽70年 奋斗新时代——广西交通运输发展成就新闻发布会"，广西交通厅新闻中心，2019年9月12日，http：//jtt.gxzf.gov.cn/xwzx/xwfbh/t2148477.shtml。

不足，仓库、堆场、装卸设备等生产设施和生活配套设施数量少，设施智能化水平发展滞后、物流装卸速度低，仓储和码头建设分散零落等其他配套设施落后等一系列难题凸显。

三是多式联运体系建设还存在诸多不足。首先，新通道的专业码头、铁路专用线和专业场站等多式联运的重要节点数量不足，分布结构不够合理，且装备不足和操作能力有限等问题在运输方式转换时尤为突出。其次，整个通道的多式联运体系在管理与服务方面相对欠缺，一方面规章制度还未实现统一，目前铁路、公路、海运系统在货物承运人、托运人之间的责任边界、保险、理赔等方面的规定都不尽相同，多式联运的运输规则、货物品类界定、安全管理、保险理赔也还未能保持一致。另一方面，多式联运系统的信息接口和数据转化统一标准未建立，同时也还未实现对货源、运输、单据、金融等数据的共享和衔接。并且，与充分考虑运输成本和效率、仔细考量客户需求、尽量优化运输组织方式、实现全程"无缝衔接"的目标还存在较大差距。再次，多式联运模式和服务产品的创新性不足。当前新通道的多式联运体系还未能实现铁路、水运、公路、航空等物流体系的"零距离、零换乘"接力运输，且通道沿线各省区还未出台相关方案或激励政策，积极探索更为先进的多式联运服务产品，如更加安静、环保、高效、智能的多式联运系统，以及可实现驾驶、作业等全过程无人化、无拥堵、无干扰的远程智能化操控系统等产品。

二　海运和铁路系统差距大，铁海联运协调机制缺失

随着《西部陆海新通道总体规划》的推出，新通道沿线各省区都在极力推进集疏运体系的建设，并且都有明确的目标和可行的实施方案。不过，在实际操作层面上，依然存在诸多的困难。以广西为例，为充分发挥区位优势，北部湾港口的海运已基本实现市场化运营，达到与国际接轨的水平，但与铁路体系在接轨中还存在如下几个方面的问题：

一是对货物品名的认定不同。北部湾港海运系统和广西铁路运输系统对货物品名的认定具有一定的差别。例如，对危险品的认定有区别，大豆在海运中属于正常品类，在铁路运输中就是危险品。可是，货物认定的差别间接缩小了可运输货物的范围，在实际意义上减少了货源种类。

二是关于铁路运价下浮的差距。对比其他班列，如中欧班列、成都—宁波班列以及长江水道的沿江班列，其运价下浮的力度最大可到45%，而当前陆海新通道的班列最多可以下浮至30%而已，且仅有通往四川和贵州方向的班列可享受此运价浮动比例，其他班列大多仅能享受7%—10%的下浮比例，与湛江港相比就有巨大差距。

三是各类标准的不统一。一方面，是货物计价政策的不同。海运运输时，货物量越大，享受的价格越优惠，而铁路系统则刚好相反，即货物的价格与重量成正比。货物种类和运价是综合物流成本的关键，决定了运输的资金成本和时间成本。当运价问题不能解决时，综合物流成本依然较高，北部湾港的时间优势难以充分体现。另一方面，是其他标准的不统一。铁运和海运系统在业务操作模式、货物运输手续办理、货物装载要求等方面都存在较为显著的标准差。各类标准的不统一容易导致需要掏箱重装、铁路拒绝运输等情况的出现，铁海联运难以实现真正的一体化。此外，由于铁路系统的特殊性，尽管与企业有合同为证，也难以保证契约的实施，使货物运价的不确定性高。

三 新通道统筹协调机制缺乏，平台建设比较滞后

西部陆海新通道的建设涉及诸多国家和地区，因而在建设过程中必然会面临关于参与方协调合作的体制机制、产业分工与协调、基础设施建设、国际投资贸易规则等一系列宏观问题和较多实施层面上的微观问题。例如，新通道国内省区与沿线国家在国际运输规则、跨境运输标准与规范等方面尚未有效对接；港口集疏运网络覆盖范围广，

基础设施建设资金需求量大，相关政府财政压力大；由于冷链系统运力不足、装备短缺、价格较高或标准不配套等各种因素，而无法满足甘肃等地农副产品的运输需求；通关进度慢、效率低，重庆、四川等地依然有大量货物不走北部湾港；通道沿线产业园区、物流园区和港口的集疏运体系建设相对滞后，通道经济发展不起来等种种问题。然而，这些问题对沿线各省区而言，仅凭"一己之力"是难以解决的，既需要各省区的发改部门、商务部门、交通部门、港务集团、产业园区等相关部门齐心协力建设，也需要更多的合作平台和开放平台促进新通道的发展，但目前依然存在较多瓶颈。

一是新通道建设的统筹协调机制亟须构建。一方面，在国家层面上还未设有专门机构或领导协调小组来统筹陆海新通道建设。虽然新通道沿线省区已初步建立了政府间的沟通机制，但在通道的制度一体化建设、共建共商合作机制构建、各省相关政策及标准对接、基础设施项目建设的时序安排、集疏运体系合力建设等方面，还缺乏一个"总指挥"，以协调陆海新通道相关国家在道路、口岸、资源、信息方面的相通，以及促进国内沿线省区在物流、贸易、产业和利益方面的协同。尽管广西已经率先成立了"西部陆海新通道指挥部办公室"，但重庆、四川、贵州、甘肃等省市还未成立相关部门，且这些部门之间的协调沟通机制尚待构建。而且，首次陆海新通道建设的省部级联席联络员会议虽已召开，但会议机制还不成熟，会议辐射范围还有待扩大。另一方面，新通道国内沿线关检部门的合作还需加强，尤其是在共同推进通关效率的提高，以及与东盟国家的"两国一检"试点的推进方面。此外，集疏运网络的公路、铁路、水运、民航与海关等不同地区不同部门之间的协调机制也尚未建立。

二是港口之间的协调管理机制有待建立。海南洋浦港具有打通中国西部地区至新加坡的直航通道，是我国沿海港口货物运至东南亚市场的中转站，更是陆海新通道的新支点，而广西北部湾港则作为陆海新通道的关键"龙头"，与其既有竞争又有合作的关系。作为新通道的枢纽部分，两者都扮演着十分重要的角色。尤其是在疫情肆虐、贸易摩擦、经济下行等大环境的影响下，北部湾港要实现集装箱吞吐量在2020年达到500万标箱的压力很大，若能通过海南洋浦港中转站合作，增加铁海联运的运输量，可有效提高新通道的竞争力。尽管在《西部陆海新通道总体规划》中已经明确了海南洋浦港的中转作用，但关于两个港口竞合关系的具体协调管理体制机制还未建立，对港口资源的充分整合与分工优化还未能有效实现。

三是新通道的平台建设和平台对接相对滞后。目前还缺乏能够跨区域、跨产业进行资源整合的能力，支持多式联运发展的贸易物流信息平台、国际物流基地、分拨集散中心等平台。同时，也缺乏利用亚洲基础设施投资银行以及多元投资主体、多资本进入的能够解决基建资金问题的融资平台。此外，还缺乏与国际平台、电子口岸的有效对接，如与东盟的（ASW）单一窗口的对接，该窗口连接并整合了东盟成员国的国家单一窗口，可在成员国之间实现贸易文件的电子交换，有效促进了东盟经济一体化。然而，我国目前还未能成功对接该窗口，在一定程度上制约了新通道贸易便利化水平的提升。

第四节　陆海新通道发展合力需求与各方多元利益诉求不一致

作为中新合作的又一重大项目，西部陆海新通道是将物流、贸易流、信息流、资金流等要素引向西部地区的重要平台，涉及区域多、范围广。根据"事物之间普遍联系"的哲学原理，沿线省区即便在空间上相互独立，但作为整个平台系统的内部要素，则存在相互联系、影响和制约的关系，且这些关系会对整个系统的发展产生不可忽视的影响，这些影响导致了各类矛盾的相互交织。

一　区域利益诉求多元化

在陆海新通道沿线各省区中，出海口所在省区广西最为重视新通道整体的建设,并充分利用此次机遇,积极主动地投入大量资金、人力等要素进行基础设施建设,也极尽所能地寻找与其他省市的合作空间,但目前与沿线省市的合作项目还较少。而重庆作为通道中心,在国务院批复的《西部陆海新通道总体规划》中被提及 30 余次。作为西部地区的交通枢纽,重庆具有西部陆海新通道和中欧班列两条通向海外的大动脉,在新通道建设中更关注内陆口岸高地、内陆国际物流分拨中心、运营组织中心的建设,对通道其他方面的建设关注较少。云南则更关注陆地通道的建设,通过依托瑞丽、磨憨重点开发开放试验区、昆明综合保税区、跨境经济合作区等开放载体的建设,促进新通道成为内外联动的国际贸易走廊。四川则注重铁路运输系统的建设,着力打造国际性综合交通枢纽和国家级商贸物流中心,争取形成对通道发展的引领带动作用。由此可知,沿线省区的利益诉求多元化,发展目标也有较大差异。在当前区域经济发展不平衡、统筹协调机制相对缺乏的情况下,沿线省市受以区域利益为主的局限性思想引导,对新通道的重视程度和财政支持力度差异较大,道路规划和建设的次序不同步,基础设施建设和改良情况良莠不齐,与陆海新通道的建设需要沿线省市齐心协力、步调一致、共同推动的要求还有不小的距离。

二 各级政府关系之间的矛盾

首先,西部陆海新通道的建设目前已由中央出台总体规划,国内多个相关省区和地方政府相继参与,且参与主体正逐渐呈现扩大的趋势,必然存在中央在战略高度上的一体推进和地方政府在政策落实和建设进度方面参差不齐的矛盾。[1] 其次,是陆海新通道沿线省市政府间竞合关系的矛盾。各省市都以实现各自利益最大化为主要考虑因素,并想方设法平衡与其他地区在各自定位、产业布局、物流贸易方

---

[1] 杜朝新:《关于新海关助推"陆海新通道"建设的思考》,《海关与经贸研究》2019 年第 5 期。

第一部分 "一带一路"南向出海大通道研究

面的合作与竞争的关系。在合作方面，不同于企业间的合作，政府之间的合作不可避免地被赋予政治色彩，有些项目并不以经济效益为主要考量，而是以政治效益为追求目标。而在陆海新通道的建设中，很多项目具有一定的特殊性，难以兼具政治效益和经济效益。同时，许多项目虽具有长远的经济效益，但在项目初期难以显现，政治效益不足，也难以正常开展或持续进行，因此政府之间的合作项目常常难以推进。在竞争方面，沿线省区市的政府都紧抓新通道建设的机遇，都不愿只做"通道"，只起到辅助作用，而都希望能成为货运枢纽，争当新通道建设的引领，尤其体现在产业布局方面。在共建"西部陆海新通道"的物流系统中，产业布局雷同的趋势不减反增。根据相关省区的经济与社会发展统计公报显示，近3年来"西部陆海新通道"沿线省区主导产业仍主要集中于农林牧渔业、批发和零售业、矿产资源开采加工业等传统领域;[1] 而半导体、区块链、电子信息、大数据、跨境电子商务等新兴产业发展还较为滞后，各省区产业的差异化水平仍然较低，竞争性较强，从而难以形成发展的合力，在一定程度上会阻碍陆海新通道的建设。

---

[1] 王景敏：《"西部陆海新通道"物流系统建设面临的挑战与应对之策》，《对外经贸实务》2019年第5期。

第五章　推进"一带一路"南向出海大通道建设的对策

第一节　加强基础设施建设，增强互联互通能力

西部陆海新通道发展壮大的基础在于交通运输网络与布局的完善，一方面在于原有公路、铁路、港口等交通线路的增线、升级和强化，增强大能力主通道建设；另一方面在于增强新通道的新交通运输线路建设，衔接国际运输通道，提升省区、跨国互联互通水平。新通道互联互通水平的提高还在于口岸基础设施建设以及口岸服务水平的提高，在于物流设施建设以及物流经济发展水平的提高，在于多式联运方式的优势发挥以及发展多式联运体系必备的多种运输方式衔接、协调能力的提高。

一　推进成都经贵阳至北部湾交通基础设施建设

该线路主要满足西部内陆经新通道与新加坡等东南亚国家的互联互通，通过陆海联运打造西部地区南向大通道。着力建设隆黄铁路叙永至毕节段，加快建设黄桶至广西百色段、成都至贵阳高速铁路、贵阳至南宁高速铁路，尽快启动成渝铁路成都至隆昌段、隆昌至叙永铁路扩能改造工程，形成成都—贵州—广西一线的南向出海大通道。广西、贵州、四川等省市区在基础设施顶层设计上要加强沟通协调，避免投资时间、工期、建成时间有较大错位，导致线路无法"联"

起来。

西部陆海新通道建设的推进，对北部湾港港口基础设施升级的需求更高。应加快港口基础设施建设，加强海运和铁路衔接的便利性，避免"中间一公里"吞噬大量无用成本；提升港口服务能力，将推行"一口价""一单制"作为提质增效的实践路径，提升港口运营水平；另外，海南洋浦港作为西部陆海新通道另一个重点建设港口节点，其后续发展也必然将与海南自由贸易港形成联动，也应加快升级其基础设施建设的步伐。

二 加快与东南亚、南亚等地的陆路通道，打造面向印度洋的出海大通道

依托四川、重庆等地为综合交通枢纽，以云南为通道重要节点，形成泛亚铁路对外连接的陆路捷径，形成西部内陆地区经昆明至东南亚、南亚的陆路开放大通道。该部分的建设要着力加强成昆铁路扩能改造、加快推进攀枝花至大理段建设，力争与大瑞铁路（大理至瑞丽）[①]、玉磨铁路（玉溪—磨憨）[②]同期建成投运，打造西部省区快速到达瑞丽、磨憨口岸的捷径，形成连接泛亚铁路陆路货运大通道；加快建设成都至自贡、自贡至宜宾铁路、重庆至昆明铁路，形成成都经宜宾至昆明高速铁路客流通道，为实现客货分离，提升通道运输效率提供基础；加快建成成都至丽江段、攀枝花至大理段、宜宾至彝良段、西昌至巧家段、乐山至云南段等高速公路建设，形成四川经昆明至中南半岛各国的高速公路网络。

[①] 大理至瑞丽铁路，分大理至保山、保山至瑞丽两段实施；大保段2021年12月31日开通，保瑞段2023年12月31日开通。资料来源："云南省印发基础设施'双十'重大工程工作推进方案"，云南省人民政府，2020年6月1日，http://www.yn.gov.cn/ywdt/bmdt/202006/t20200619_205820.html。

[②] 玉磨铁路预计2021年通车。资料来源："云南省印发基础设施'双十'重大工程工作推进方案"，云南省人民政府，2020年6月1日，http://www.yn.gov.cn/ywdt/bmdt/202006/t20200619_205820.html。

大力促进西部地区航空集疏运体系建设，着力构建海、陆、空立体交通网络体系。以成都、重庆、昆明为空港枢纽，推进"航空＋铁路""航空＋公路"等多式联运新物流、客流模式，增强西部地区航空货运集散和辐射带动能力，积极拓展国内国际航线，织密现有的航线网络，积极开通重点城市、港口、旅游区的直飞线路，构建空港跨境航飞体系，着力打造经济走廊跨境航空运输网络。

第二节 加快物流设施建设，打造现代物流体系

立足于物流通道建设，面向沿线通道经济增长需求，以物流通道为引擎，优化供应链布局，形成新的区域经济合作，是西部陆海新通道建设的全部要义。目前，国际物流通道仍以早期的传统海运通道为主流模式，该模式下国际海运规则是主导；当欧亚大陆的陆上交通运输线路逐渐建立起来时，依托国际铁路联运和跨境公路运输的"大陆桥"国际物流通道在欧亚大陆川流不息；随着海运网络、铁路联运和跨境公路网络的发展，多式联运模式在国际贸易中的优势越发凸显，伴随着信息技术的发展，未来海陆交通运输网络所形成的优化运输方案将成为主流。国际物流通道不仅仅是"通道经济"的延伸，其发展壮大的模式必然是以物流产业的发展带动贸易集聚，以便利的交通运输带动通道线上经济枢纽的形成，以经济枢纽带动贸易中转和贸易集散，物流网络的形成伴随着境内外经贸网络和产业链的链接，服务于物流网络的金融服务也应运而生，同时，经济枢纽将以"点轴"模式形成区域经济的辐射带动效应，一系列专业化的物流产业园区也相继建立，保税港区、综合保税区等平台也将整合成区域开放合力；面向外界开放的口岸、经济枢纽城市和腹地经济将由物流通道"一线"而形成区域联动发展的"活跃经济面"，以此形成通道综合能力。西部陆海新通道未来的发展方向即是以通道联动枢纽，以枢纽带动贸易中转、集散，在扩大贸易量的同时与产业融合发展，成为区域

经济发展的主动能。

一　加强物流通道网络化建设

　　交通运输线路的建成不等同于物流体系的建成。多式联运体系并不是水、陆、空运输方式的简单组合,物流通道也并不是某地具备公路、铁路、水运、航空这些交通运输基础设施就等于具备了多式联运的能力,多种交通网络的建成是多式联运体系建设的基础,具备多式联运能力是成为物流通道枢纽的前提,物流大通道的"大"要依托多式联运枢纽发挥其强大的集散能力、高效的交通成本优势。当前,西部陆海新通道的建设不能走"多枢纽、多中心"的模式,物流通道建设中广西和重庆这两大枢纽尚不能形成高效的协作机制,试想更"多"的枢纽和中心只会形成"九龙治水"的乱象,各个枢纽资源由不同的投资主体分管经营,造成物流网络建设多头乱序、信息平台重复低效、规则标准不统一、运输资源在空间上分散而彼此低效竞争等问题,其结果是多式联运体系还没建成,劳民伤财、市场低效竞争乱象迭生。多式联运是一个系统工程,物流枢纽在进行基础设施建设时需做好顶层设计,不同区域加强沟通协作,加强不同运输方式的规则、标准对接,避免无效的基础设施工程,避免碎片化建设以至于"中间一公里"成为天堑吞噬大量成本(整改前的北部湾港就是一个很好的例证),避免物流枢纽相互泄力。目前在西部陆海新通道的建设中,广西、重庆、四川等省区市的积极性较高,物流网络的建设可以先由位于主要节点、交通枢纽的省区市协调推进,妥善处理竞合关系,明确定位与目标,形成基本的物流体系建设标准(注意与东盟国家的标准对接),然后再推广至整个西部陆海新通道覆盖区域,使得多式联运真正发挥"海陆联""区域联"和"国际联"的作用。

二　加强物流通道协同化建设

　　基础设施建设是物流通道建设的"硬件"基础,便利的多式联运

第五章 推进"一带一路"南向出海大通道建设的对策

体系是西部陆海新通道的"软件"基础,也是新通道的竞争力所在。但就目前西部陆海新通道的物流体系建设现状来看,基础设施建设还存在诸多的不确定性,多式联运体系还存在各环节衔接效率低和标准不统一等问题。西部陆海新通道是发展铁海联运、国际公路联运等多式联运优势的国际物流运输大通道,多式联运的整体畅通需要打通各环节、不同地区的基础设施,各个部分的合力形成整体的交通优势,但是各个环节的基础设施存在投资时间、技术难度、完成时间的不一致,甚至在海运港口建设完备、铁路建设完备的情况下,多式联运难以畅通的原因在于从港口到火车站"中间一公里"的公路地段。另外,各个联运环节衔接不畅也会导致运输成本攀高,据重庆铁路运营公司测算,西部陆海新通道的铁海联运费用约9300元/40尺柜,费用比江海联运要高70%以上,[①]这样一来,以多式联运来降低物流成本的优势也只是纸上谈兵。因此,将西部陆海新通道打造成多式联运的"标杆通道"就要发挥多式联运的效能,将各个分散的运输方式组合成"集体行动",避免"信息孤岛",加强各个运输环节的协同能力建设,加强规则统一、标准建设。具体措施如下:第一,国家发改委督促各个省区出台"西部陆海新通道共建细则"。日前,《西部陆海新通道总体规划》的出台从宏观上构建了新通道的基础设施建设。《总体规划》是长期任务,各个新通道参与共建省区市应当出台相配套的短期基础设施建设任务以及符合本省区市具体情况的交通运输网络建设规划,在规划正式出台前,临近省区也可增进沟通,力争参与省区相互了解交通网络建设布局,以便于交通线路的有效衔接,这也是省市区建立长期合作机制的基础之一。第二,加强多式联运标准化体系建设。多式联运的体系包括组织体系、价格体系、服务体系、信息体系和转运体系等方面。在组织体系方面,加强西部陆海新通道运营中心建设,避免多方"发号施令"、多个建设标准出现,形

---

① 张译丹、陈丹蕾、苏小军、唐秋生:《不确定环境下中新南向物流通道运输成本现状评价与发展对策研究》,《智能城市》2018年第21期。

成"一个中心,多方参与"的新通道共建格局,建立统一的多式联运规则,加强铁路、公路、水运运输过程中的货物交接、"一份合同"、信息共享等方面的有机衔接与合作;在服务和价格体系方面,探索高效多式联运模式,推行"一单制""一口价""一站式"的全程无缝运输和服务模式,配套促进口岸和通关便利化的提效降费;在信息体系建设方面,整合现有的信息平台(现在已有多省区市建立与新通道配套的信息平台),加强信息共享,整合货源、金融等信息,为企业提供贸易、运输线路等优化信息,提高西部陆海新通道的信息服务水平和高质量通道建设水平;在转运体系方面,加强智能转运体系和平台建设,综合运用大数据、区块链等新技术,提高多式联运中转运的智能化和便利化。

三 积极发展特色物流业

一是积极推进服务于离岸贸易的物流活动。西部陆海新通道的一大特征是物流通道以及在此基础上发展起来的物流经济,依托这一特征,西部地区长期以来承接东部沿海发达地区加工贸易产业转移的发展路径可以转变为借助物流通道的发展,形成贸易集散、中转和加工的物流经济体系。通过新通道的发展带动物流效率的提高,加强物流枢纽建设,以物流枢纽"增长极"的极化作用进而形成一定规模的物流经济带,推进"物流+产业"的模式发展,形成与东南亚联动的产业链条;整合现有的自由贸易试验区、自由贸易港、沿边重点开发开放试验区等平台,凭借政策机遇,通过离岸贸易、离岸金融等政策环境,推动离岸活动的发展,打造跨境金融、跨境贸易、跨境物流示范区。

二是大力促进冷链物流业发展。西部陆海新通道应充分依托多式联运运输特色,发挥运距短的优势,解决反季节食品、新鲜海产品的货源短缺问题。充分利用广西、云南和东南亚地区的热带水果、鲜花、反季节蔬菜和海产品等农副产品丰富的优势,加快冷链物流体系建设；加强铁路冷藏运输、跨境公路冷链运输和冷藏集装箱等冷链运输多式联运模式，提高冷链物流运输效能，建立产品产地信息、温度等重要指标的全程可追溯平台系统，以满足市场多样化和高质量的产品需求。鼓励企业开展冷链生产配送新模式，鼓励企业投资于面向城市消费、冷链物流相关的低温加工处理中心，加强冷链物流与成熟的生鲜电商平台合作，开展冷链宅配、冷链共同配送等新模式。

三是打造"物流+产业"新模式。"物流+产业"模式即依托通道物流带来的运输便利化和物流服务，带动相关产业、产业链的形成与发展。以"物流+现代制造业"为例，我国西部地区与东南亚等地在机电产品、客货车、摩托车等制造业领域具有互补优势，西部和东南亚制造业产业链的融合应首要打造桂、渝、蜀为制造业生产基地，结合市场消费需求面向中国国内、东南亚等市场，提供覆盖制造业全产业链的生产物流组织和服务。

第三节 加强协调机制建设，提升通道可持续发展能力

一 建立新通道沿线跨国、跨省区联席会议机制

目前，参与共建西部陆海新通道的省区市中，重庆和广西较为积极，也都提出了建立西部陆海新通道运营中心的构想与方案，重庆和广西虽都为新通道的两大枢纽，但为了形成西部陆海新通道体系化、标准化的运作方式，两大枢纽应加强协同建设，要么只定一个新通道运营中心，其他西部省区和海南、广东作为协同建设的参与者，要么建设"双运营中心"，广西和重庆各自分管不同的重点任务；其次，西部12省区的积极性不同，也在于各自经济基础能否负担起交通通道建设、在于是否能从新通道运行中获得收益，从长远来看，《西部陆海新通道总体规划》已明确新通道对于西部大开发形成新格局的重要意义，因此，需要西部各省市政府发挥主观能动性，抓住政策利好机遇，加强与西部省区的联动合作建设，以连通"一带"和"一路"

第一部分 "一带一路"南向出海大通道研究

的新通道建设为契机,加强与东南亚、中亚、欧洲等地的经贸往来,积极建立国际沟通交流平台,建设跨省区、跨国的联席会议机制,共同建立新通道的共商共建共享机制,定期研讨涉及新通道经贸物流便利化、基础设施互联互通、通关中的"三互"等问题,发挥联席会议的约束机制和合作机制,推动长效合作机制的建立,促进西部省区、东南亚国家及中亚等国家的广泛参与,提高新通道的区域影响力、国际经贸互利合作的引领力,以促进西部陆海新通道的高质量高水平建设。跨省区、跨国的联席会议机制需要有运转的核心,而建设这个核心在于西部省区首先拧成一股绳,形成合力,"人心齐,泰山移",西部地区的合力形成后才能以核心凝聚力将更大范围的区域纳入合作机制中,西部省区的共商共建才能使相对闭塞的西部地区通天堑、达江海,至五湖四海。除此之外,西部各省区市应尽快找准定位与建设目标,从"整盘棋"上考虑基础设施建设问题、多式联运标准统一和规则统一的问题,将"一单制、一口价、一站式"服务模式、"一份合同、一个承运人、一种费率、一单结算"全程认可等运输体系、价格体系和服务体系标准化贯穿始终,[①] 完善信息系统建设,强化地区之间的交流和联动。最后,联席会议也应当鼓励企业代表参与,公共事业单位、民营企业等要比例均衡,一方面有利于提高企业的投资建设积极性,促进不同产业之间的交流与合作,提高企业的参与感、获得感;另一方面也有利于利好政策的及时传达,有利于企业和政府之间建立良好的信息反馈机制,形成良好、灵活的市场氛围。

二 推进西部陆海新通道一体化制度建设

一是建设西部陆海新通道物流一体化体系。在加强西部陆海新通

[①] "广西壮族自治区人民政府办公厅关于印发广西加快推进中新互联互通南向通道建设工作方案(2018—2020 年)(桂政办发〔2017〕197 号)",广西壮族自治区人民政府门户网站,2018 年 1 月 11 日,http://www.gxzf.gov.cn/zwgk/zfwj/zzqrmzfbgtwj_25543/2017ngzbwj/t953121.shtml。

道沿线基础设施建设的基础上,优化不同交通运输方式的高效衔接网络,创新商贸物流流通模式,构建跨国供应链链条,加速信息技术在贸易通关、贸易流通等领域的应用,构建组织牢靠的跨区、跨国共商共建体制机制,将更多有潜力的地区纳入其中,形成西部大开发新局面。二是探索建立西部陆海新通道物流标准化联盟。推动各省区共商共建的高效协调机制和议事平台,加强西部各省市的政策沟通、标准对接、联动发展,提高区域物流运作效率,鼓励跨省区物流园区建设,形成西部陆海新通道的物流标准体系。三是创新多式联运模式。依托现有的公路、港口、铁路、空港等和规划中的基础设施项目,聚合海关、检验检疫、金融、信息等服务功能,形成空铁公水无缝衔接、线上线下有机结合的新型多式联运模式,构建西部陆海新通道多式联运体系。四是构建西部陆海新通道信息一体化服务体系。整合广西、重庆、云南、四川等现有的信息服务平台,加强跨省区、跨国信息共享,推进西部陆海新通道大数据和信息服务平台建设,构建西部陆海新通道信息联通和服务中心,促进跨境电子商务、数字经济贸易、物联网、卫星导航等领域合作,共筑西部陆海新通道信息丝绸之路。

第四节　扩大区域协同合作,优化南向开放布局

一　加强西部省区与粤港澳大湾区产业对接

西部陆海新通道覆盖的一些与粤港澳大湾区毗邻的西部省区(如广西、云南等),可积极借助其自身地理区位优势,主动与粤港澳大湾区的产业转移、招商引资和交通物流网络联结等方面进行对接。在产业转移方面,西部省区可主动承接粤港澳地区的劳动密集型产业和新兴产业的转移,积极利用自身充足的土地资源优势吸引更多优质产业向本地转移,以共同构建产业链的方式与粤港澳地区形成紧密的产业及经济联系;在招商引资方面,出台多重优惠政策以吸引企业落户并引导企业投资,改善和提升整体营商环境。开展定向招商,可明确

招商市场，采取科学的招商战略，并选择恰当的引资渠道，在特定形势下采用特定手段面向特定区域实施导向性招商，比如对临港工业、加工贸易产业、先进装备制造业、现代物流业等产业采取针对性强的招商战略。同时，积极引进粤港澳地区的知名国内外企业和重大产业项目，促进园区、港航、石化、旅游等产业合作；在交通物流网络连接方面，加强公路、铁路、海运交通基础设施建设，提升道路等级和运输能力，织密西部省市区的公路、铁路、航空运输线路，为西部陆海新通道与粤港澳大湾区的经济活动和联动发展提供通道保障，推动西部省区参与并融入到粤港澳大湾区的建设和发展当中。

二 深化中西部地区合作

中西部省区市在共同推进基础设施建设和升级的基础上，为打造好西部陆海新通道物流体系、产业链、供应链而积极深化合作。2019年，川桂两省区签署的《深化川桂合作共同推进西部陆海新通道建设行动计划（2019—2021年）》，该计划涉及两省共同合作推进省际基础设施互联互通项目的构建和完善，推动川桂两地重点港口的联动发展，推进西部陆海新通道贸易便利化，加强重大产业分工协作，建设高水平川桂产业合作园区，加强特色优势产业合作等多方面内容。推进西部省区与中部省份合作，鼓励各省区参与共建西部陆海新通道项目，投资建设临海、沿边产业园，加快发展"飞地经济"。参与西部陆海新通道合作共建的14个省区市应当加强产业优势互补，加强传统产业提质升级，引导主导产业和新兴产业落地生根，加强省际产业链和国际产业链构建，这也有利于西部陆海新通道发挥物流通道经济的转口、加工、枢纽培育作用，提升通道的腹地经济支撑能力。

三 巩固提升渝桂川等省区对东盟的合作优势

在西部省区对东盟经贸合作的基础上，优化发展货物贸易，积极拓展服务贸易。扩大上下游对高新技术产品的进出口，比如电子芯片、高端机械设备等。对于医药、机械制造、通信设备等自身特色优势产业，可通过多种渠道和多种形式拓展其出口。同时兼顾与其他国家的贸易平衡和互利互惠，对新通道沿线的东南亚国家采取差异化的进口政策，鼓励进口农产品、一般消费品和短缺资源。扩大对东盟国家的农牧及资源性产品、医药及特色产品进口。积极拓展服务贸易，推动商贸流通业服务体系和标准的对外输出，可针对性地面向东南亚地区，同时加快与该地区国家在文化旅游、健康养老、体育运动等产业上的融合发展。推动中国—东盟经贸合作提质升级，并努力将中国—东盟博览会升格为21世纪海上丝绸之路博览会，吸引更多东盟国家加入和共同参与到陆海新通道的建设中。强化区域内航线和港口的协同发展，通过中国—东盟港口城市合作网络共建国际陆海贸易新通道，加强回程货源组织力度，加快国际物流业务发展，支持并鼓励物流企业在东南亚建设国际物流基地、分拨集散中心、海外仓等。

第五节 优化财税金融支持政策，保障通道资金供给

建设西部陆海新通道的进程虽持续推进，但通道位于西部地区腹地，客观来说沿线大部分地区经济较不发达，发展水平有待提高，地方债务压力巨大，财政收入较为有限，而通道建设需要大量资金，这两者矛盾仍有待解决。新通道建设虽取得一定成就，但仍面临许多现实问题，如财税支持方面，激励机制不健全、融资渠道未拓宽、政策法律层次低、措施指向不明确等问题尤为突出。故在顶层设计方面，需强化财税政策的支持力度，确保总体方案切实可行、符合实际，政策方面要根据建设需要做出调整，疏通融资渠道，确保通道建设资金来源安全稳定。

一 优化财政和税收激励政策

一是扩大财政补贴范围。对于通道沿线的相关企业要给予一定的

政策支持,如加强该类企业的财政贴息支持力度;创新企业组织形式,特事特办,允许创立可申请财政补贴、贴息或者延长贴息时间的新型企业;精准定位,定向支持,对于"引进来"和"走出去"的企业可适当放宽政策约束,提供更优惠的政策支持。同时要增加市场主体的积极性,对民营企业要出台优惠政策,降低其获取补贴的门槛。

二是改革税收激励机制。西部陆海新通道不仅是国际贸易通道,同时也是促进陆海内外联动的开放通道,它立足于物流通道的建设,带动形成新的供应链、产业链、价值链。在这一过程当中,国内企业进行国际经济合作、国际产能合作的积极性必然会突飞猛进,而当前的税收激励政策不能适应当下和未来企业的发展需求。改革当前的分国限额抵免法迫在眉睫。为此,要借鉴国际经验,推行综合限额抵免法与分国限额抵免法并存的方式,让纳税人结合自身实际,自行选择,这将对企业税收减免起到积极作用。

三是提高企业税收抵免效率。为确保企业能够切实享受到税收抵免的好处,可以适当放宽证明材料的限定范围,这对于某些难以获得境外相关资料的企业来说无疑是重大利好。此外,随着我国对外开放进程的持续推进,现有的三级抵免法已经无法适应当前我国企业境外投资多样化、深层次化的现实需要,税收抵免改革迫在眉睫,短期内可以适当延长税收抵免的级数,如从三级税收抵免延长到六级或更高;长期内可按实际需要解除抵免级数的限制。

二 加强金融对陆海新通道基础设施建设融资服务

一是放宽西部陆海新通道沿线基建的信贷限制。基础设施建设是通道建设的根基,完善的基础设施是打造国际陆海联运基地以及物流中心站的前提,重点应放在公路、铁路、港口、航道等基建项目上,要放开这些重点建设项目的信贷限制,提供更为安全可靠实惠的资金支持,确保"西部地区联通'一带一路'的大能力陆路货运通道、中国—中南半岛国际运输道路"等项目能够顺利开展。此外，要大力发展物流产业，积极推进物联网建设，推动实现智慧物流，建成智慧高效的物流信息平台，为推动这些项目开展，信贷政策应予以一定程度的倾斜。

二是放大西部陆海新通道基础设施建设资金吸纳范围。对于相关企业要鼓励直接融资与间接融资双向推动，一方面，鼓励企业进行债券融资，即通过发行债券产品来实现资金融入，发行对象可不必局限于境内投资者，鼓励项目主体发放境外债券，另一方面鼓励符合条件的企业进行IPO，即通过发行股票来实现资金融入。积极引导国际资本参与建设通道配套设施，并通过PPP模式，鼓励企业资本与政府部门合作，为保障铁路公路等项目正常开展注入充足资金。在市场化原则指导下，丝路基金等投资主体应充分发挥自身作用，为"中南半岛泛亚东线跨境公路、铁路网等重大项目建设"提供帮助。

三是鼓励设立物流产业发展基金。在市场化原则指导下，扩大发展基金发行主体范围，达到投资者适当性要求的合格投资者，如物流公司或金融机构等可发起设立物流产业发展基金，同时鼓励保险资金参与基金投资。

三 推动金融支持陆海新通道的产品和服务创新

随着多式联运一单制改革持续推进，多式联运的服务功能也理应随之提升，具体来说，应在实践中寻找多式联运物流贸易的新路径，制定更符合发展要求的规则体系，开展赋予多式联运单据物权凭证权利的可行路径研究，保证企业经营负担不加重，而且要发展供应链金融，充分发挥现代金融的服务功能，助力推动多式联运一单制改革顺利完成。

在此基础上，积极引导金融服务与运输服务相互融合，鼓励相关企业进行更深层次的合作。在多式联运单据有权作为物权凭证后，依托多式联运单据与多方协议研究设计铁海联运、海江河联运融资产品，为企业进行铁海联运提供一站式融资服务，覆盖贸易、结算、融资全过程。

在面向东盟国家的金融合作方面，应建立双边金融交流机制，对接双边金融标准，为我国企业与东盟国家金融机构开展进一步的深化合作提供便利。此外，可参考我国先进金融标准，为东盟国家金融领域提供具有针对性的宣传咨询服务，可再进一步归纳总结为实践案例，为其他国家提供可参考的标准。

第六节　提升营商环境和运营水平，打造陆海贸易通道典范

一　优化营商环境

西部陆海新通道沿线重要节点城市、港口、通关口岸等应重点推进、持续和深化"放管服"改革，重点关注交通、物流、贸易、产业等领域，提升企业开办便利化程度，减环节、优流程、缩时间、提效率，降低因政府制度法规而产生的成本。建立标准化区域间协作机制和统一的市场准入标准，推动质量、资质互认，减少不必要的地方性法规、消费市场壁垒，促使劳动、资本等资源要素随市场自由流动，强化市场监管合作，营造良好市场环境。严格规范执法，防止交叉执法，禁止选择性执法，加强收费清理，有效解决乱设卡、乱收费、乱罚款等顽症，在西部陆海新通道沿线推进"一种费率""一口价"等创新运营服务模式，推动交通物流环节降本增效。

二　推进物流标准化

在西部陆海新通道沿线积极推进"多式联运一单制集成创新协同试验区"建设，加强沿线城市协同作用，在符合基本标准的运输路线进行"一单制"探索。依托信息技术手段启用货运电子单和共享互认，实现通道内全程可追溯。推广运输技术标准，制定提单互认规

范，在中国到东南亚地区国际铁路联运中应用统一标准的集装箱；发挥企业主体带动作用，鼓励龙头企业跨区域跨运输方式组建运营平台，积极参与多式联运集装箱交接检查作业要求、货物交付单证等标准制定；推行利用条形码和射频识别等标准化技术，简化集装箱装卸流程、提高通行效率。推动物流服务模式创新，支持运营平台企业推行铁海联运全程"一站式""一口价""一单制"国际物流服务模式，实现便利化改革。

三 推动通关便利化

在西部陆海新通道全线大力推动通关一体化建设，推动西部地区国际贸易"单一窗口"服务，实现联动发展，争取在西部地区率先实现"一点接入、共享共用、免费申报"；试行相邻两国口岸联合执法查验，对进出口货物一次放行通关模式，促进双边贸易发展；推动经认证的经营者（AEO）国际互认合作，享受通关便利；在部分跨境经济合作区设立特定区域，区域与境外间口岸实行"一线"放宽管理，在境内区外通道实现"二线"安全高效管住模式，对货物进行分类查验管理。创新新型监管模式，在试点港口探索实施部分大宗资源型商品"先放后检"，通关放行与实验室检测同步进行；在口岸运用智能化设备对集装箱进行自动识别，重点查验，加快通关物流速度；探索安全智能锁在国际班列和跨境铁路、公路等物流运输中的运用，实现跨国间海关数据共享，整合监管资源，合作区域内联动执法。促进跨境道路运输便利化，开通中老磨憨—磨丁口岸货运通道，并后移货场收费点、错开出入境通道等解决拥堵问题；强化与周边国家间国际航空、铁路、公路、海运等线路及运输规则的协调对接，促使与东盟国家国际货物"一站式"运输的实现。

第二部分 "一带一路"与南向开放"软件"建设研究

第一章 "一带一路"与南向开放"软件"建设重要意义

"一带一路"倡议是我国实现更高水平对外开放的重要平台。从世界经济地理格局来看，南向开放不仅能全面对接环北部湾、粤港澳大湾区等国家重点战略区域，而且是与东南亚、南亚、澳大利亚、新西兰等南向国际市场的关键纽带，是"一带一路"建设的重中之重。我国将基础设施互联互通作为共建"一带一路"的主线和优先发展领域，但硬件建设方面取得诸多进展的同时，规章制度、文化融合、政策沟通、民心相通等"软件"建设方面却显得较为滞后，极大制约"一带一路"南向开放的进一步发展和更高层次的对外开放。

目前中国已经进入"推动形成全面开发格局"的新阶段，"一带一路"正从谋篇布局的"大写意"转入精耕细作的"工笔画"阶段，下一步如何通过"一带一路"与南向开放的"软件"建设，在南向通道上更深层面扩大开放、搭建国际贸易和投资的新平台、完善全球经济治理是摆在我们面前的现实机遇和挑战。

第一节 推进深化对外开放的关键路径

"一带一路"倡议是一个宏大经济愿景，但其建设内容不只是设施联通、贸易畅通和资金融通，还有政策沟通和民心相通，以便让"一带一路"沿线的"不同文明互鉴共荣，各国人民相知相交、和平

第二部分 "一带一路"与南向开放"软件"建设研究

友好"。也就是说,"经济联系"要"更加紧密",还要靠"政治互信更加深入,人文交流更加广泛深入"。"一带一路"的建设内容分为硬件和软件两部分。硬件建设是指跨国间基础设施的建设与维护、经济贸易的合作与发展;软件建设是指对跨国间语言、文化、宗教、教育、制度、法律等的相互了解、理解、遵守与应用。[①] 由于南向开放涉及国家数量众多,沿线国家的国情千差万别,涉及的内容包括贸易壁垒、运输设施、产业规划等方方面面,各方要想达成一致意见非常困难。如果想要进一步扩大开放,还要面临很多问题,比如:"一带一路"倡议南向通道沿线国家尚未建立健全合作机制和相应的制度。南向通道建设项目目前主要是由我国西部各省市地方政府来推动,但是南向通道在国家层面的合作平台与协调机制尚未建立导致总体进程缓慢,从而影响南向通道国际合作项目的进程。再者,物流体系缺乏顶层设计,沿线国家在港口和铁路等运输方式也缺乏总体规划。如未形成高效衔接的格局,即便大型港口、铁路站点和机场建成使用,也无法充分发挥南向通道有效整合资源、降低物流成本、联通区域发展的战略作用。

文化交流有待推动加深。文化是人类社会不断走向文明的标志,古丝绸之路因文化交流而增进了我国与世界各国人民的情谊。我国古代先贤曾言"国之交在于民相亲,民相亲在于心相通"。"一带一路"是国与国之间的交往,更是各国人民与人民之间的交流。发展"一带一路"不仅需要国内人民群众的拥护和努力,更需要沿线各国人民的帮助和信任,积极发展文化交流。但是由于西方某些国家歪曲事实,"一带一路"沿线各国人民没有感受到中国的发展诚意,没有感受到中华民族经典文化的博爱宽广。文化交流是"一带一路"发展的润滑剂和助力剂,可以吸引各国人民增强对于"一带一路"的认识和兴趣,使"一带一路"的发展能够跨越民族、语言、制度及文化的

---

① 张治国:《"一带一路"建设中的语言问题》,《语言文字应用》2016年第4期。

障碍，增进各国人民之间的情感维系。对文化交流的不够重视，让沿途各个国家的老百姓没有真切感受到中国的诚意。

中国与南向通道沿线国家之间的互信需要加强。在国内，各地方政府在大力推进南向通道相关基础性建设，但是南向通道沿线国家缺乏实质性的投入。除了领土争端之外，部分国家担心中国崛起之后有可能对外扩张影响本国利益，因此存在顾虑而不愿意把相关基础设施项目交给中方来建设，严重阻滞了南向通道的建设进程。因此，必须改善我国与南向通道沿线国家的政治互信进而消除这些阻碍因素。正是上述这些问题阻碍了进一步的深化开放，使得"一带一路"软件建设显得尤为重要。只有加强"一带一路"软件建设，才能进一步推进深化对外开放。

在新阶段：写意画，小工笔的发展阶段，首先需要一套包容类似上合组织和欧亚经济联盟等地区机制框架下的某些惯例、规范的综合性的制度体系，这些制度体系既有需要参与者严格遵从的协定和安排，也有一般性的不具约束力的意向或声明等，构成南向通道的顶层设计，对"一带一路"南向通道目标进行解构。其次，"一带一路"是我国进一步扩大开放的重要选择。"一带一路"既是古老中华民族对外经济交往之路，也是古老中华民族与沿线国家的文化交流之路。新时代，我们需要以"一带一路"为载体开展与沿线各民族的交流，建设人类命运共同体。最后，通过加强南向开放软件建设解决当前"联而不通，通而不畅"等问题，实现沿线各国各民族"心相通"。

一 "一带一路"建设助力改革和开放互动发展

改革和开放是中国特色社会主义建设和经济社会发展的两大动力，二者相辅相成，互动发展，就像一个硬币的两个方面，缺一不可。对外开放为我国的经济改革提供了可供参考借鉴的经验和大量鲜活的案例，对外开放也使得我国企业在国外市场竞争中发展壮大，对

第二部分 "一带一路"与南向开放"软件"建设研究

外开放更是推动我国市场体制不断完善的外部动力①。可以说没有对外开放,中国的市场经济建设就可能走更多的弯路,不可能取得今天的成绩。另一方面,随着改革的不断深化,又为更宽领域和更大范围内的对外开放打开了空间。站在新的历史时期,更需要全面和高水平的对外开放,围绕供给侧结构性改革这条主线,倒逼国内改革深水区的攻坚克难,更好地引领把握新常态。"一带一路"建设助力改革和开放进入新时代。

二 "一带一路"使我国由重点开放转向全面开放

随着改革开放的不断深化,中国对外开放不仅由点到面有序推进,而且也由重点领域开放向全方位开放展开。推动形成全面开放新格局,发展更高层次的开放型经济,构建人类命运共同体已成为时代要求。相对于我国制造领域的对外开放水平,服务业的对外开放还有较大空间。制造业对外开放帮助我国成为制造大国,服务业的对外开放也会帮助我国提高服务业的综合竞争能力。在市场准入负面清单试点试验基础上,我国经济全面开放的条件已经成熟。"一带一路"框架下的政策沟通、设施联通、贸易畅通、资金融通、民心相通和国际产能合作的不断深入将会有力促进我国经济的全面开放。②

三 新时代改革和开放需要"一带一路"建设引领

中国对外开放经历了由被动适应全球经济贸易投资金融规则,到主动参与全球和区域规则的转变,需要"一带一路"来引领。加入WTO前,中国参与全球经贸投资合作,主要是被动地适应全球经贸投资规则,通过贸易投资自由化来助力国内市场化改革。加入WTO

---

① 王海峰:《新时期对外开放需要"一带一路"引领》,《一带一路报道(中英文)》,2019年第1期。
② 王海峰:《新时期对外开放需要"一带一路"引领》,《一带一路报道(中英文)》2019年第1期。

后，中国开始主动参与全球经贸投资规则的制定，在继续扩大开放的同时，与东盟等十几个经济体开始自由贸易协定谈判，综合国力不断增强，成为制造业、出口和利用外资大国，在国际货币基金组织和世界银行的话语权和投票权明显上升。2008年金融危机以来，中国不仅为全球经济稳定作出贡献，也成为拉动全球经济复苏的重要力量。2013年，中国提出"一带一路"倡议、大力推动RCEP和FTAAP建设，开启中欧投资协定谈判等，成为全球合作的推动者、规则的建设者和维护者。

第二节 加强沿线国家深度对接的重要纽带

南向开放可以对接东南亚、南亚的庞大新兴市场以及新西兰、澳大利亚等发达经济体，拓宽我国国际贸易和投资空间，促进与"一带一路"沿线国家的深度对接。

在世界多极化、经济全球化、社会信息化、文化多样化深入发展的进程中，和平发展的趋势依旧强劲，创新的步伐继续向前。全国人大代表、中国科学院院士焦念志在分组讨论政府工作报告发言时表示，扎实推进"一带一路"建设还要加强软件建设，特别是科技、教育、文化的支持和保护。习近平总书记倡议建设"一带一路"，就是要为经济全球化开辟新格局，展现了中国负责任的大国形象，推动全球治理体系的完善。"一带一路"强调共建，致力于亚欧非大陆及附近海洋的互联互通，加强沿线各国互联互通伙伴关系，构建全方位、多层次、复合型的互联互通网络，实现沿线各国多元、自主、平衡、可持续的发展。[①] 中国提出"五通"的基本考量就在于如何实现中国与"一带一路"国家的深度合作，如何获得各国民众在文化、民族、宗教、社会等领域的多重认同。从这个意义上讲，要实现"一

[①] 乔榛：《"一带一路"建设的政策沟通功能》，《学术交流》2018年第2期。

第二部分 "一带一路"与南向开放"软件"建设研究

带一路"需要国与国之间最高层次的政策协调。由于沿线国家政治制度各异、民族复杂多样、文化差异较大,尤其是南亚地区,阿富汗数十年来政局持续动荡,巴基斯坦也出现了诸多安全问题,沟通的有效作用还存在着较大障碍,严重阻碍了国家之间合作与发展政策,因此加强"一带一路"软件建设就十分重要。为了加强国家之间的建设,构建国家自由贸易网络体系,消除投资和贸易壁垒,促进贸易和投资便利化,构建区域内和各国的良好的营商环境,激发释放合作潜力,共同拓宽贸易领域,加强国家之间的深度对接,形成一个互利共赢、多元平衡、安全高效的开放型经济体系,通过加强"软件"建设,加强沿线国家深度对接,进一步提高沿线国家人民的福祉,让各国在更大的贸易中获得好处。

一 民心相通是"一带一路"建设最基础的环节

软件建设包括制度规章、文化融合、政策沟通和民心相通等方面,民心相通是"一带一路"建设最基础的互联互通。在"一带一路"建设规划中,民心相通是"一带一路"建设的社会根基。民心相通需要相互信任,需要利益共享,需要构建一个命运共同体,这必须做许多细致的工作。[①] 政策沟通是更具操作性的切入点。政府主导下各国民众参与,人民就可能对"一带一路"建设有着更多的认同,民心相通就有了更广泛的基础。[②]

二 政策沟通是"一带一路"建设的关键一环

"政策沟通"是"一带一路"倡议的"五通"之一,是建设"一带一路"的关键环节,同时也是加强"一带一路"沿线国家进行务实合作的重要基础。对政策沟通的进一步阐释使得沿线各国可以就经济发展战略和对外充分交流对接,共同制定推进区域合作的规划和措

[①] 乔榛:《"一带一路"建设的政策沟通功能》,《学术交流》2018年第2期。
[②] 乔榛:《"一带一路"建设的政策沟通功能》,《学术交流》2018年第2期。

施,加强各国贸易发展和扩大投资空间,为务实合作提供政策支持,进而形成牢固的"命运共同体"。由于沿线各国大多都是经济发展水平较低的发展中国家,对外贸易政策都不太健全,也缺乏建立贸易和投资便利化政策的经验,受资金短缺的困扰更为严重。在经济全球化进程中,国际金融体系的建立并发挥作用是推动全球化的一个重要因素,而国际金融体系就是建立在世界各国进行的深度政策沟通的基础上。例如瓜达尔港的建设。瓜达尔港是"一带一路"建设中的一个非常重要的项目,该港是巴基斯坦的重要港口,具有十分重要的战略地位。中国企业经营和开发瓜达尔港,不只是建设一个港口,而是把它作为中巴经济走廊的核心支点。2016年,巴基斯坦政府通过并颁布《2016年财务法案》,使投资商23年免税优惠得到了法律保障。随着优惠政策逐步落地,无论是招商,还是基础设施建设都全面展开。2016年9月,瓜达尔港举办了自由区启动仪式,这标志着瓜达尔港走上了全面发展的轨道。瓜达尔港是中巴合作的典范,也是中巴经济走廊建设的典范,还是"一带一路"建设的典范,其成功进一步证明,中巴两国做好政策上的沟通是十分重要的前提。通过瓜达尔港的建设,中巴两国的经济利益关系得到加深,两国的交往更加密切。

三　文化交融是"一带一路"建设中必不可少的一步

一定的文化由一定的经济、政治决定,又反作用于一定的经济和政治,给予经济、政治以重大影响。在经济发展中,发展科技、发展教育事业、促进文化交融显得越来越重要,文化交融在加强各国联系中的作用也越来越突出。各国、各民族和各种文化之间的文化冲突持续不断,跨文化治理体系调整和变革有待推进。"一带一路"也是沿线各国各地区的"自我"与"他者"应对文化冲突进行跨文化治理的过程。我国在推进"一带一路"建设中,始终强调民心相通和文化包容的重要性,试图通过构建跨文化治理的制度化机制,寻求与沿线国家打造经济融合、文化包容的利益共同体、责任共同体等。尊重世界文化的多样性，以文明交流超越文明隔阂，文化互鉴超越文化冲突。为保证"一带一路"建设行稳致远和走深走实，必须在尊重文化多样性与差异化的基础上，通过文化认同，以文明对话促成文明交融与融合，加强文化的交流和融合，为民心相通提供持续的内生动力，有利于世界各种文化相互借鉴，取长补短，加强各国之间的交流，维护世界文化多样性。文化包容度越高，对于进入该国市场越具有优势，在一定程度上能够拓宽我国国际贸易和投资空间。

第三节 推动中国形成全面开放新格局重要平台

伴随着我国经济实力的提高，中国在全球的经济地位不断攀升。现在，国际形势变幻莫测，中国站在一个新的历史节点上，面对着全新的世界格局，对于中国新的历史方位，习近平总书记在党的十九大报告中深刻指出："中国开放的大门不会关闭，只会越开越大。要以'一带一路'建设为重点，坚持引进来和走出去并重，遵循共商共建共享原则，加强创新能力开放合作，形成陆海内外联动、东西双向互济的开放格局。"2018年中央经济工作会议指出，中国进一步拓宽开放的范围和层次，这就要求在思想观念、结构布局、体制机制等方面做进一步的探究。以上是在国内外形势发生深刻复杂变化、机遇挑战前所未有的背景下所做出的重大决定部署，准确把握了历史发展脉络和世界发展大势，这必将推动全面开放格局的形成，以此引领我国形成更高层次的开放体系。

"一带一路"建设自推出便是我国扩大对外开放的重大举措，也是今后一段时期我国对外开放的工作重点，而"一带一路"的建设更是在推动形成全面开放新格局的过程中具有无可替代的作用。"一带一路"的相关工作取得了突破性的进展，并在不断完善顶层设计，得到了国际社会的热烈响应。

第一章 "一带一路"与南向开放"软件"建设重要意义

在开放初期，主要指的是贸易往来、人员往来、资金往来等，是以货物贸易、技术贸易、服务贸易为主体内容的开放，这个时候的开放往往以"引进来"为主要内容。随着以"一带一路"为重点的新的全面开放的大力推进，我国的发展模式正在逐步从以往资金技术单向输入模式转变为双向发展、互利互惠的双赢模式，我国的开放层次由浅入深，开放的内容更丰富。

推动全面开放新格局，不仅是指开放范围的扩大以及相关领域的拓宽，更需要的是开放方式的创新和开放层次的加深。中国需要形成全面对外开放的新格局，那开放发展就不应仅限于在"门口"拓宽开放的大门，更需要重视在"门外"与"门内"多做文章。现今，"一带一路"倡议已经进入了全面落实阶段，其承载的精神和理念更是深入人心。中国在这条发展道路上不仅仅需要推动硬件基础设施建设，更必要的是立足于自身优势，发挥自身具有的软实力，从而最大限度地凝聚人心、凝聚共识，深化与其他国家发展战略联动发展，从而形成扩大全面对外开放合力。

中国拥有着独特的优势，想要在世界舞台上演好中国剧本，讲好中国故事，传播好中国的声音，更要求把软实力建设贯穿于"一带一路"建设的全过程中。软实力指的是人跟人之间的交流，也就是了解文化，了解不同的语言，建立友谊，通过"软件"工程的建设可以将世界各地连接起来。"一带一路"建设，在很大程度上是民心的相通，人与人之间的交流。"人同此心，心同此理"，以人为本、凝聚共识往往可以打破地理的界限，因此，"一带一路"应建立在人的需求和人的尊严的基础上，建立在合作共赢、互助互学的基础上，并以此为起点，着力于文化沟通交流。文化差异是"一带一路"沿线国家的最大差异，文化融合是最重要的融合，文化交流与合作是建设"一带一路"的题中应有之义。以文化为桥梁，可以更好引领沿线各国、各领域、各阶层、各宗教信仰的交流合作。

软环境的对接过程更需要注重以人为本。这既包括规则对接，也包括技术标准的对接。截至2016年6月，我国已与"一带一路"沿线11个国家签署了自贸区协定，与56个沿线国家签署了双边投资协定。未来，有必要在此基础上进一步加强软环境对接：在规则对接方面，通过谈判和协商，与沿线各国的发展战略实现对接，使各个分散运行的区域经济合作框架和规则能够相互适配；在技术标准方面，以贸易和投资便利化为目标，减少贸易壁垒，消除各种要素在不同经济体之间自由流动的障碍，采取便利通关的措施，简化海关、卫生检验检疫，推广电子化报关等手段，优化市场软环境。

习近平总书记在党的十九大报告中指出，我国坚持打开国门搞建设，积极促进"一带一路"国际合作，努力实现政策沟通、设施联通、贸易畅通、资金融通、民心相通。通过与沿线国家的深入交流与沟通，准确把握双方合作需求，设计出一系列"软实力"类的对外合作项目，实施符合合作国国情的经验、模式、理念等"软实力"的输出，从而提高"一带一路"合作效率，推动合作共赢。以这"五通"为中心的内容构成了新对外开放格局的基本特征，这也是我国遵循共商共建共享原则构建出的一种全新开放系统，势必会极大地推动开放型世界经济体系的建设。

一 "一带一路"南向通道的软件建设为沿线国家搭建了文化交融的平台

文化对于一个国家来说，是血脉，是一个国家核心价值观的集中体现，而且一个国家的文化软实力能够充分体现一个国家的综合素质。在国家的发展过程中，要重视培育和弘扬正确的核心价值观，由此形成的价值观的生命力、凝聚力和感召力可以保障社会系统的正常运行，从而使国家可以得到更好的发展。民族文化是我国立足于世界文化之林的根本，具体到"一带一路"中文化软实力的建设来说，需要在我国五千年历史的文明的文化基础上明确我国价值观的文化定位，更要秉承中华文化的本质，延续传统，提炼出特有的核心价值观，让文化软实力引领"一带一路"的建设。

二 "一带一路"南向通道的软件建设是人类命运共同体的价值观念由理念转变为具体行动的重要平台

"一带一路"倡议以人类命运共同体为最终的奋斗目标,而人类命运共同体的内涵是要建立平等相待、互商互谅的伙伴关系,营造公道正义、共建共享的安全格局,谋求开放创新、包容互惠的发展前景,促进和而不同、兼收并蓄的文明交流,构筑尊崇自然、绿色发展的生态体系。人类命运共同体的价值观念由理念转变为具体行动则是通过"一带一路"来实现的,"五通"将中国与沿线国家紧密地联系在一起,真正体现了"共建共商共享"原则,在这一过程中,各国逐渐形成利益攸关的命运共同体。

三 "一带一路"南向通道的软件建设是资源共享平台

2015年3月23日,中国外交部部长王毅在中国发展高层论坛上明确指出,"一带一路"构想是"中国向世界提供的公共产品,欢迎各国、国际组织、跨国公司、金融机构和非政府组织都能参与到具体的合作中来"。制度的规范与公正有利于解决国家之间在交流过程的中的合作与冲突的问题。而目前"一带一路"倡议所形成的协议以双边协定为主,因为没有系统的成文的制度规定,所以需要在遵守现有国际惯例的背景下去积极探索有利于合作与解决冲突、更加公正合理的国际制度。我国倡议的"一带一路"目标是贸易自由化与全球化,在地缘方面将周边的资源整合,既为周边国家提供了经济发展的机会,又将零散的资源整合起来,增加竞争力,方便在外部找寻合适的市场。

第二章 "一带一路"与南向开放研究动态

第一节 "一带一路"南向通道研究动态

"南向通道"是中国西部联通东盟地区的国家陆海贸易通道，是"一带一路"的合龙工程。南向通道起源于中国—新加坡（重庆）战略性互联互通示范项目，[①] 以重庆为运营中心，以广西、贵州和甘肃为重要节点，中国西部相关省份与新加坡等东盟国家通过区域联动、国际合作共同打造，是有机衔接"一带一路"的国际陆海贸易新通道。[②] 南向通道的提出与发展，离不开中新（重庆）战略性合作，依赖多式联运规范发展，同时以中欧班列规模化运营的时代背景支撑。推动南向通道建设，在衔接一带一路廊道、推动周边互联互通、构建"南北向"新亚欧大陆桥、带动西部经济开放发展等方面都具有极其重要的战略意义。[③]

马乐[④]认为中新互联互通南向通道对中国经济的影响可分为三个方面：（1）为中国—东盟自贸区"升级版"的发展提供动力。中

[①] 熊灵、徐俊俊：《南向通道建设的"一带一路"联动效应：影响与挑战》，《边界与海洋研究》2019年第1期。
[②] 张磊：《中新互联互通南向通道驱动因素分析与对策》，《学术论坛》2018年第5期。
[③] 张磊：《中新互联互通南向通道驱动因素分析与对策》，《学术论坛》2018年第5期。
[④] 马乐：《论中新互联互通南向通道对我国经济发展的价值》，《经贸实践》2018年第13期。

国—东盟自贸区自 2010 年建立以来，出现投资方式灵活性跟不上双边贸易快速发展的需要，制约了双边贸易的发展。2013 年李克强总理提出打造中国—东盟自贸区的"升级版"，意在为自贸区提供新动力。而中新互联互通自南向通道由重庆向南经过贵州、广西等地后继续南下，在海上与 9 个东盟国家相邻，与中国—东盟自贸区"升级版"建设有重叠。南向通道建设形成的物流节点，同样可以服务于中国—东盟自贸区建设的需要，同时中新双方建立起了高效的项目实施机制和类型丰富的金融服务平台，为中国—东盟自贸区的建设扫除了通道上的障碍，降低了双边贸易的成本，促进了中国—东盟自贸区"升级版"的全面升级。（2）实现"一带"和"一路"的巧妙互通。铁路运输实现重庆、贵州、广西三地的互联，以及甘肃和重庆的互通；海运则连接北部湾与新加坡，陆路海路与"一带"和"一路"形成完整闭环，在环线上任何一点都能与另一点相连，大大地提高了要素流动的便利性。（3）为西部大开发注入新的活力。我国西部地区离沿海较远且经济基础薄弱，各领域发展较东部落后，2000 年，西部大开发正式开始。中新南向通道连接陆路与海路，形成便利的交通网络，为西部各省的发展提供了又一个契机。杨祥章、郑永年[1]和熊灵、徐俊俊[2]的研究得到相似的结论，前者认为国际陆海贸易新通道对于连接"一带"和"一路"、促进中国—东盟互联互通、发展中新关系、构建中国对外开放新格局和带动相关省区的发展均具有重要意义；后者认为南向通道衔接"一带一路"形成环线；助推中国和东盟的互联互通；构建"南北向"新亚欧大陆桥；形成西部地区南北开放大走廊；带动"长江经济带"上游地区的发展。

---

[1] 杨祥章、郑永年：《"一带一路"框架下的国际陆海贸易新通道建设初探》，《南洋问题研究》2019 年第 1 期。
[2] 熊灵、徐俊俊：《南向通道建设的"一带一路"联动效应：影响与挑战》，《边界与海洋研究》2019 年第 1 期。

第二部分 "一带一路"与南向开放"软件"建设研究

南向通道极大地缩短中国通往东南亚国家的物流时间[1]，促进生产要素更加便捷地流通[2]，促进了中国对东南亚地区物流水平的提升。南向通道北接渝新欧国际通道，南经贵州至广西北部湾港转海运到中国香港地区、新加坡及整个东南亚，是纵贯中国西部的南北货运大通道和完整的国际海陆贸易环线。马黎明[3]以"一带一路"南线的物流通道为研究背景，发现南线有菲律宾、马来西亚、印度尼西亚等发展中国家，也有澳大利亚、新西兰等发达国家，还有包括巴布新亚几内亚在内的27个欠发达岛屿国家。外贸潜力大，物流的发展与双边贸易的发展息息相关，并提出要增加中国与南线沿线国的物流基础设施建设[4]。李力的研究则立足于甘肃的实际情况，建议全力推进管内铁路基础设施建设，努力开辟国际物流通道，积极参与南向通道建设，加大中欧班列等国际班列开行力度。[5] 兰州局集团公司凭借其得天独厚的区位优势，通过"一日一图""环西部火车游""重走丝绸之路"等方式创新高铁产品市场化开行机制，进一步优化运力资源配置，提升铁路服务质量，为"一带一路"建设和经济社会发展提供基础性保障。孙瑞者等以重庆市对外贸易三个方向的物流大通道（即北向之"渝新欧"铁路联运、东向之江海联运、南向之东盟国际公路或"渝桂新"铁海联运）为延伸，以重庆市对内贸易的物流网络支撑为出发点，分析了重庆市物流大通道的发展现状，在此基础上分析了重庆市物流业发展当前面临的主要挑战，提出了促进重庆市物流业发展的一些建议。重庆物流的发展主要依托渝新欧铁路联运物流大通道、东

---

[1] 韩惠民：《中远海运：乘"南向通道"之机 打造"一带一路"陆海新干线》，《中国远洋海运》2018年第5期。

[2] 陈文玲、梅冠群：《"一带一路"物流体系的整体架构与建设方案》，《经济纵横》2016年第10期。

[3] 马黎明：《打造"一带一路南线"的LNG通道》，《中国油气（英文版）》2019年第2期。

[4] 马黎明：《打造"一带一路南线"的LNG通道》，《中国油气（英文版）》2019年第2期。

[5] 李力：《中国铁路兰州局集团公司服务"一带一路"倡议的基础性保障实践》，《兰州交通大学学报》2020年第2期。

第二章 "一带一路"与南向开放研究动态

盟国际大公路通道、渝桂新铁海联运大通道和传统的江海联运进行发展，其中出现的问题包括：（1）返程空载率高；（2）东盟公路仍处于初期阶段；（3）渝桂新铁海联运通道必经新加坡的可替代性较弱。对此孙瑞者等建议坚持促进贸易量持续增长；增加进口产品种类，降低物流运营的成本；并进一步开发东盟市场。[①] 李文健的研究以"三大定位"为背景，支持中新互联互通，大力支持开放合作平台建设；促进区域物流一体化；大力开展区域海关、检验检疫一体化；大力加强与东盟国家海关通关便利化合作；大力推动区域优势产业联动发展。然而在中新互联互通的建设中存在一些亟待解决的问题：（1）口岸物流基础建设水平较为薄弱；（2）口岸贸易、物流单据信息化程度低，通关效率不高；产业投资业态发展迅猛，但相关的管理部门的监管模式和创新还相对滞后。李文健建议进一步加强口岸科学规划和建设；进一步推进与东盟国家的互联互通；提升与东盟的贸易合作水平。[②]

然而在"一带一路"南向通道的建设中依然存在一些问题和障碍，针对这些问题，学者们提出了不同的建议。张磊认为中新南向通道建设存在的制约因素有：（1）合作机制制约，南向通道目前只打通了与新加坡的通道，与东南亚其他国家的通道并不健全，使其他国家不能完全参与到中新互联互通的项目中，制约了整个片区的发展。（2）现代物流基础设施制约。主要从三个方面出现基础设施的制约，一是冷链物流基础设施匮乏，二是西部铁路存在运力的瓶颈，三是航道、港口、口岸、多式联运物流基地等基础设施比较匮乏。（3）运行平台的建设相对滞后。多主体运营和多式联运与现有的平台建设不匹配，存在滞后问题。（4）双向货源不平衡，回程空车率较高。在

[①] 孙瑞者等：《一带一路对重庆市物流业的影响分析》，《物流工程与管理》2017 年第 12 期。

[②] 李文健：《落实"三大定位"全力支持服务中新互联互通南向通道建设》，《广西经济》2017 年第 9 期。

第二部分 "一带一路"与南向开放"软件"建设研究

中国呈现出口稳定,进口短缺的局面。2018年广西北部湾—新加坡航线平均舱位利用率仅为1.48%,回程货源不足导致企业压力增加。(5)通关服务效率仍不高。南向通道尚未实现"单一窗口",货源报检通关烦琐,时间长。[①] 为了解决这些问题或障碍,陈文玲、梅冠群建议要建设更加自由开放的自贸区体系;参与国家物流大通道建设:重点港口、机场等,形成物流运输网络;创新现代金融供给方式;建立沿线国家的大通关机制,推进跨境物流;提升物流业发展层次,深度参与物流体系建设。[②] 李牧原等建议:(1) 培育新的货源市场难度较大,分流货源,以存量换增量。(2) 内陆地区的空箱循环,内陆的箱点和南向通道的匹配度不高。(3) 运营平台间存在竞争和挤出,同时也能互相促进,所以要使平台数量保持在合理区间。(4) 双向不平衡,双边贸易出口多,进口少。(5) 基础设施存在发展瓶颈,难以突破。(6) 通过服务效率还不能满足发展需求。[③] 张磊则认为要着力建设更加开放的合作机制;建设现代物流基础设施;建立多元运营平台,提高市场化水平,着力加强沿线合作,实现货源的双向平衡;加强口岸建设,提升通关的便利化水平;着力线路培育,构建多式联运总体格局。[④]

南向通道建设对中国西部地区的发展而言是重大的机遇,有助于西部地区弥补开放短板,促进西部地区经济发展[⑤]。2017年8月,贵州、重庆、广西和甘肃四省市区签署了《关于合作共建中新互联互通项目南向通道的框架协议》。由北部湾海港和南宁向北经贵阳、重庆、

[①] 张磊:《中新互联互通南向通道驱动因素分析与对策》,《学术论坛》2018年第5期。

[②] 陈文玲、梅冠群:《"一带一路"物流体系的整体架构与建设方案》,《经济纵横》2016年第10期。

[③] 李牧原、郝攀峰、许伟:《试看"南向通道"的战略布局(三)》,《中国远洋海运》2018年第8期。

[④] 张磊:《中新互联互通南向通道驱动因素分析与对策》,《学术论坛》2018年第5期。

[⑤] 袁波:《关于"南向通道"合作与中国西部开放发展的思考》,《东南亚纵横》2018年第2期。

成都，联通兰州和西安，形成我国西部地区的第一条南北纵横的大通道，即南向通道。该通道通过铁路、公路等交通网络将西部的陆运和海运连接起来，新增一条西部的纵横大通道，对西部地区产生点效应和轴效应。形成多个物流节点，并形成以重庆为轴的南北发展格局。① 具体来说，南向通道提升了西部地区交通基础设施建设和物流管理水平，改变西部地区由于自然地理条件长期形成的交通不畅、经济闭塞的局面，促进西部地区的开发开放。② 其中，重庆作为"一带一路"南向通道的轴点城市，自从中欧班列（重庆）的开出，重庆打通了一条直达欧洲的国际铁路联运大通道，与欧洲的联通直接影响了重庆的产业格局，重塑了重庆经济发展模式。自 2014 年以来，重庆的加工贸易占进出口比重的六成以上，东盟逐渐替代欧盟成为重庆第一大贸易伙伴。③ 自 2014 年以来，重庆的加工贸易占进出口比重的六成以上，东盟逐渐替代欧盟成为重庆第一大贸易伙伴。重庆在南向通道的建设中得到了快速的成长，但是依然存在一些问题，姚树洁等指出重庆面对的诸如返程货源问题、运输能力与效率问题和统筹协调问题等挑战，并提出如下战略对策：统筹修订重庆始发的铁路货运网络规划，基于中新合作框架与东盟地区建立更紧密的经贸关系，从而充分发挥重庆市物流中心的作用，将重庆打造为国内最大的内陆自由港。④

对于新加坡等东南亚国家，"一带一路"南向通道对其经济的影响不可忽视。韩惠民认为南向通道的建设将改写传统物流格局，极大地缩短中国通往东南亚国家的物流时间。对于亚太地区而言，为亚太

---

① 潘欣：《以"一带一路"南向通道建设推动西部开发新格局》，《中国经贸导刊》2018 年第 16 期。
② 庄堇洁：《西部地区开发开放的新机遇——陆海贸易新通道》，《中国外资》2019 年第 1 期。
③ 王海波：《借力大通道"东风"打造物流枢纽——走访南向通道系列报道之重庆篇》，《当代广西》2018 年第 11 期。
④ 姚树洁、欧璟华、房景：《"一带一路"框架下国际陆海贸易新通道与中蒙俄经济走廊建设——基于打造重庆内陆开放高地视角的研究》，《渭南师范学院学报》2018 年第 24 期。

地区经济发展带来发展动力、资金支持和实质增长；也为在亚太政治秩序的变革提供中国方案并塑造新型的亚太政治格局；有利于以对话和协商解决亚太安全难题，并为亚太地区安全提供公共产品。"一带一路"倡议为中国台湾经济发展提供机遇，有利于两岸经济合作，为构建"两岸命运共同体"提供契机。[①]

总的来说，"一带一路"南向通道依托中国西部四省区市、新加坡、东南亚等地区的优势条件，不断发展与进步，并在建设不断推进的过程中，主动发现问题解决问题。现有学者针对"一带一路"南向通道本身的研究主要集中在南向通道建设科学性、意义、影响、未来发展等方面。从"一带一路"南向通道建设出发，以基础设施建设、设施的互联互通、多式联运等角度的研究也是层出不穷，极大地丰富了关于南向通道的文献。同时学者们还将研究的重点放在南向通道建设对不同地区的影响上，如重庆作为南向通道的轴点城市，拥有较为完善的交通设施，是南向通道建设的强大助力，除此之外重庆市特有的连接南北的地理优势同样有利于其发展轴点作用。当然重庆市在融入"一带一路"南向通道建设的过程中出现一些问题和障碍，包括回程空车率高、通关效率不高等问题，针对这些问题，重庆市应进一步加强基础设施建设，采取提高管理的信息化程度、提高通关效率等措施。

第二节 中国—中南半岛经济走廊研究动态

中国—中南半岛经济走廊是中国与"一带一路"沿线国家规划建设的六大经济走廊之一。该走廊以中国广西南宁和云南昆明为起点，以新加坡为终点，纵贯中南半岛的越南、老挝、柬埔寨、泰国、缅甸、马来西亚等国家，是中国连接中南半岛的大陆桥，也是中国与东

---

① 韩惠民：《中远海运：乘"南向通道"之机 打造"一带一路"陆海新干线》，《中国远洋海运》2018 年第 5 期。

盟合作的跨国经济走廊。近几年，随着中国—中南半岛经济走廊建设的加速推进，我国学者开始将关注焦点移到了中国—中南半岛经济走廊。

中国—中南半岛经济走廊的建设为中国和中南半岛沿线的国家带来了巨大的发展机遇，为经济发展和人文交流做出了卓越的贡献。王琳华的研究剖析了中国对中南半岛经济走廊国家的 OFDI 和 FDI 对中国技术创新水平的影响，使用"OLS + 面板校正标准误差"方法对 2003—2016 年中国对中南半岛经济走廊国家 OFDI 和 FDI 的面板数据进行了回归分析，结果发现中国—中南半岛经济走廊建设对中国对中南半岛经济走廊国家的 OFDI 和 FDI 的技术溢出存在着显著的正向促进作用。[1] 卢伟等学者认为中南半岛地理位置条件特殊，与我国有着悠久的历史和文化渊源以及强大的经济互补性，所以这条走廊的国家与我国进行经贸合作的潜力巨大。当前，中国—中南半岛经济走廊的主要任务包括：在中国，缅甸，老挝和柬埔寨之间建立长期稳定的区域伙伴关系，探索建立以中国为首的跨国生产网络和差别化的国际产能合作路径，提高人民币的国际化程度，全面推动技术的融合和政策的对接。[2]

与此同时，中国—中南半岛经济走廊的建设对于提高我国的分工地位，促进价值链升级都有显著的作用。熊彬、范亚亚基于最新发展的生产分解模型，计算了中国—中南半岛经济走廊国家的国际分工状况指数，研究了全球价值链嵌入形式和制度质量对国际分工状况的影响，探讨了全球价值链嵌入形式与国际分工之间关系的制度质量机制。研究表明，全球价值链的嵌入形式并不一定会改善一个国家价值链中劳动分工的地位，甚至对其产生负面影响，但是制度质量对价值

---

[1] 王琳华：《中国对中南半岛的 FDI 和 OFDI 对中国技术创新的影响》，《经济动态与评论》2019 年第 1 期。

[2] 卢伟、公丕萍、李大伟：《中国—中南半岛经济走廊建设的主要任务及推进策略》，《经济纵横》2017 年第 2 期。

第二部分 "一带一路"与南向开放"软件"建设研究

链的嵌入形式的调节作用分工的地位至关重要。通过加强上下游产业的关联效应，形成促进技术创新的制度环境，可以促进分工向高端环节的晋升。[①] 屠年松、薛丹青利用经合组织和世贸组织共同发布的2015年TIVA数据，计算了在附加值贸易框架下中国与中南半岛国家在全球价值链中的分工并分析了影响国家全球价值链中升级的因素。研究结果表明，更深入地参与全球价值链分工，失业率的短期上升和高水平基础设施可以显著改善中国—中南半岛经济走廊国家在全球价值链中的分工地位；过多的物质资本形成和过多的政府支出将阻碍中国—中南半岛经济走廊沿线国家攀升价值链。[②]

然而，中国—中南半岛经济走廊的建设过程中也面临着诸多的风险和挑战。盛叶、魏明忠认为由于参与中国—中南半岛经济走廊的国家数量多，经济水平各不相同，宗教和文化问题复杂，涉及域外大国干涉或域内国家自身政局动荡，中国—中南半岛经济走廊的建设一直处于起步阶段且发展缓慢。针对中南半岛特殊的发展情况，该研究提出要提升中国—中南半岛经济走廊的水平，借助现有的经济合作平台来促进交通通道的建设，并充分利用水文地理的优势，加快海上交通通道的建设，从而形成陆海运输网络的混合，制定适用于走廊建设项目制度和项目风险评估制度的统一法律法规，降低走廊建设的风险，避免工程搁置。[③] 朱翠萍、陈富豪则认为中国与中南半岛的国家在政治、经济和文化领域都有着深厚的合作基础。但是受"中国威胁论"的影响，以及以美国、日本和印度为代表的大国之间的激烈竞争与博弈，中南半岛国家仍然对中国提出的"一带一路"倡议的意图存有疑问，并且持有防范心态。在反全球化和贸易保护主义的冲击下，中

[①] 熊彬、范亚亚：《价值链嵌入形式、制度质量与国际分工地位——基于中国—中南半岛经济走廊国家的面板数据分析》，《哈尔滨商业大学学报》（社会科学版）2019年第5期。

[②] 屠年松、薛丹青：《中国—中南半岛经济走廊国家全球价值链升级研究》，《经济问题》2018年第2期。

[③] 盛叶、魏明忠：《中国—中南半岛经济走廊通道建设探究》，《当代经济》2017年第2期。

国应在双边层面上完善对中南半岛国家国情的研究，并根据当地情况积极促进双方发展战略的有效对接。同时，我们应该加强中美之间的安全对话，消除中南半岛国家在选择一方上的顾虑，稳步推进中国—中南半岛经济走廊建设。[①]

针对中国—中南半岛经济走廊建设出现的问题，学者们提出了不同的解决方案。文淑惠、胡琼基于2003—2017年中国对中南半岛国家的直接投资数据，介绍了中国对外直接投资的政策效果，采用了两阶段工具变量法，研究了制度距离、相邻效应和两者交互项对其直接投资的影响，同时采用固定效应回归检验四种不同类型的制度距离对投资的正反作用。结果表明，制度距离具有不同的功能，文化制度距离和微观经济制度距离阻碍了中国对中南半岛的直接投资，而法律制度距离和宏观经济制度距离则产生了积极的影响。但总体而言，体制差异阻碍了中国对中南半岛的直接投资。在考虑了相邻效应后，各国投资的相邻效应表现为"互利共赢"。根据研究结果提出了在推进中国—中南半岛经济走廊建设，落实"一带一路"倡议过程中的一些建议，中国需要充分发挥相邻效应，动态考虑制定相关扶持政策平衡中南半岛国家之间的投资利益关系，实现东道国最大化的直接投资效应，促进中国与各国经济贸易合作的良性发展。[②]屠年松结合中国—中南半岛经济走廊建设的现状，基于扩展引力模型，结合2000—2015年中国和中南半岛七个国家的数据进行了实证研究。研究发现：经济规模、人口规模和城市化率在整体和区域层面都对贸易合作有着积极的影响，而陆地接壤则会抑制贸易合作。地理距离对中低收入国家的贸易合作具有重大的负面影响，而对整体水平和高中收入国家的贸易合作则具有积极的影响。因此，中国应与中南半岛国家共同发展

[①] 朱翠萍、陈富豪：《中国—中南半岛经济走廊建设：潜力、挑战与对策》，《东南亚纵横》2019年第2期。

[②] 文淑惠、胡琼：《制度距离、相邻效应与中国对中南半岛国家的直接投资》，《国际商务》（对外经济贸易大学学报）2019年第3期。

第二部分 "一带一路"与南向开放"软件"建设研究

经济,加强跨境运输网络建设,大力培育新型对外贸易,促进贸易合作的顺利发展。① 盛玉雪、王玉主认为促进中国和中南半岛区域合作符合双方的发展利益,但面临合作机制供给过剩和不足并存的问题。广阔的合作领域、丰富的合作内容以及当前合作遇到的瓶颈,使中国—中南半岛经济走廊的建设需要建立一个全面、突破、创新、平等、务实、高效的促进机制。在考虑到中南半岛区域合作机制的供需现状,并结合中国—中南半岛经济走廊建设的实际制约因素,对接澜沧江—湄公河合作机制成为中国—中南半岛经济走廊建设取得先期突破的必要选择。② 方志斌从基础设施、能源项目、产业园区和信息港等方面分析了中国—中南半岛经济走廊所取得的成就和面临的挑战,并从顶层设计、华人华侨纽带作用、政治互信、大国关系等方面提出促进中国—中南半岛经济走廊发展的建议。③ 乐国友、唐慧通过调查和梳理中国—中南半岛国际经济走廊陆路互联互通的建设现状,分析中国—中南半岛国际经济走廊陆路互联互通建设过程中出现的民心不够相通、债务问题、各国发展不平衡、日本高铁的恶性竞争、各国交通标准和等级不统一、通关不够便利等问题,提出加强人员交往和债务管理、因地制宜调整措施,统一干线交通标准,深化便捷的通关措施,为进一步推动中国—中南半岛国际经济走廊陆路互联互通建设提供参考。④

中国—中南半岛经济走廊沿线的国家在经济建设中取得了瞩目的成就,但由于要素禀赋差异、经济基础等条件的不同,沿线国家在空间溢出效应上也不尽相同。梁双陆、申涛根据空间经济理论,对

---

① 屠年松:《中国—中南半岛经济走廊建设下的贸易合作研究》,《企业经济》2018年第4期。
② 盛玉雪、王玉主:《中国—中南半岛经济走廊推进机制:需求、供给及选择》,《学术探索》2018年第3期。
③ 方志斌:《中国—中南半岛经济走廊建设的发展现状、挑战与路径选择》,《亚太经济》2019年第6期。
④ 乐国友、唐慧:《"一带一路"背景下中国—中南半岛国际经济走廊陆路互联互通建设探讨》,《物流技术》2019年第6期。

1995年至2017年中国—中南半岛经济走廊沿线国家的全域和局域相关特征进行实证分析，并使用可以反映区域相关性的新经济地理变量"市场潜力"对其经济相关性和增长的空间溢出效应进行了分析。经济走廊沿线国家具有全域范围的空间自相关，并且这种相关波动总体上是稳定的；局部相关性表明，沿线国家空间集聚特征明显。空间溢出效应是影响经济走廊沿线国家增长的重要因素，市场潜力每增加1%，人均GDP增长率将增加0.374%，超过资本的弹性值和经济增长的弹性值，经济发展水平较高的国家之间的增长溢出效应比经济发展水平较低的国家更大。[1]

综上所述，随着"一带一路"倡议的全面实施，中国—中南半岛经济走廊建设取得了重大突破，但制约因素仍然有很多，需要积极推动双边和多边经济合作机制的建立和开展，积极开展以经贸合作为主题的外交活动，加强交通基础设施建设，深化通关便利化合作，营造更加合理的经济走廊发展格局。[2]

第三节　孟中印缅经济走廊研究动态

孟中印缅地区的经济合作早在20世纪90年代末期由中国云南学术界提出，不仅得到印缅孟的响应，而且在国际社会上引起了广泛关注。其目的是通过孟中印缅经济走廊辐射作用带动南亚、东南亚、东亚三大经济板块联合发展。发展至今，经济走廊建设不断推进，四国贸易在贸易合作方面取得诸多进展。目前，学术界与之相关和直接的研究成果，主要集中在国际经济走廊理论、孟中印缅经济走廊等研究领域。

---

[1] 梁双陆、申涛：《中国—中南半岛经济走廊沿线国家经济关联与增长的空间溢出效应》，《亚太经济》2019年第5期。
[2] 刘鑫、黄旭文：《中国—中南半岛经济走廊建设的几个要点》，《人民论坛》2018年第36期。

第二部分 "一带一路"与南向开放"软件"建设研究

国际经济走廊是一个次区域经济合作概念,最早是在1998年举行的湄公河次区域经济合作论坛上所提出,含义是"在一个特殊地理区域内,联系生产、贸易和基础设置的机制"。王国平分析了泛珠三角区域和大湄公河次区域合作的介绍以及合作机制,并阐述了次区域合作发展的理论。① 吴世韶分析了地缘政治在次区域经济合作中的重要性,并认为地缘因素是解释该概念的核心要素,通过利用地缘因素来构建文化合作,推动次区域地区在不同层次和不同领域来开展合作。② 卢光盛通过引用国内外学者的理论阐述了经济走廊的出现与发展、区域经济非均衡发展以及传统的区位理论和区域分工理论密切相关,通过莱茵河经济走廊、大湄公河次区域(GMS)经济走廊和南宁—新加坡经济走廊的建设经验来强调要素流动、制度建设在经济走廊建设中的重要性。③ 屠年松、王浩通过边界效应,将政府力、市场力和社会力共同推动屏蔽效应向中介效应转化,提出为加快 GMS 经济一体化进程,应推动建立跨境经济合作区。④ 正美和井云深入探讨了 GMS 经济走廊的发展潜力。⑤

孟中印缅经济走廊是"一带一路"沿线六大经济走廊之一,随着"一带一路"的不断推进,以中国为主导的新型区域合作也在不断加深,对"孟中印缅经济走廊"的建设与发展的研究成为学术界的热点话题。

关于孟中印缅经济走廊建立潜力与意义方面的研究,国内学者在孟中印缅经济走廊合作机制建立后,也开始关注与发展。李书瑶、刘

---

① 王国平:《泛珠三角区域合作与大湄公河次区域经济合作》,《云南社会科学》2007年第2期。
② 吴世韶:《地缘政治经济学:次区域经济合作理论辨析》,《广西师范大学学报》(哲学社会科学版)2016年第3期。
③ 卢光盛、邓涵:《经济走廊的理论溯源及其对孟中印缅经济走廊建设的启示》,《南亚研究》2015年第2期。
④ 屠年松、王浩:《大湄公河次区域经济一体化策略研究——基于边界效应视角》,《未来与发展》2017年第11期。
⑤ Masami I. and Ikumo I., 2012: *Old, New and Potential Economic Corridors in the Mekong Region*, BRC Research report, Bangkok research center, No. 8.

佳俊采用出口相似度指数、显性比较优势指数、贸易互补指数等标准量化了孟中印缅经济走廊的贸易概况，并使用引力模型测算了孟中印缅经济走廊的贸易潜力。[1] 王领、陈珊也以 2007—2017 年面板数据，采用引力模型估计其贸易潜力，并用一步法对影响贸易效率的主要因素进行了分析，结果表明中国和孟印缅三国的贸易效率总体偏低，并且随着时间的推移在不断下降，而其影响因素就在于海上运输的便利性、进出口便利性以及区域一体化，并提出要推进经济走廊的进一步发展，中国应该同孟印缅三国一起加快自贸区战略的实施，加强海运网络构建，减少贸易壁垒。[2] 陈鸿磊阐释了建设"孟中印缅经济走廊"的意义，认为打造"孟中印缅经济走廊"能够通过四国延伸带动亚洲经济中最重要的三块区域的联动发展，对于加快中国西南地区及周边国家经济发展和地区稳定有重大战略意义，有利于完善中国对外开放格局，同时也能推动国际分工的合理布局。[3]

关于孟中印缅经济走廊建设风险和挑战方面的研究，霍强等分析了孟中印缅经济走廊建设存在的诸多制约因素，国家战略定位是孟中印缅经济走廊建设最关键、最易变的影响因素，由于孟中印缅区域内复杂的政治、领土、民族和宗教关系问题，该区域具有潜在的政治风险。并且虽然四国在产业结构上具有一定的互补性，但是产业相似度仍高于互补性从而容易引发贸易争端。基础设置建设滞后也成为该区域经济发展与对外贸易的最大瓶颈之一。[4] 黄德凯认为孟中印缅经济走廊经过的地区是世界上最为复杂的地区环境之一，

---

[1] 李书瑶：《孟中印缅经济走廊贸易关系和发展潜力研究》，云南财经大学硕士论文，2015 年；刘佳俊：《孟中印缅经济走廊贸易发展潜力分析》，云南财经大学硕士论文，2018 年。
[2] 王领、陈珊：《孟中印缅经济走廊的贸易效率及潜力研究——基于随机前沿引力模型分析》，《亚太经济》2019 年第 4 期。
[3] 陈鸿磊：《浅析中印缅孟经济走廊建设的意义及对策》，《经济研究导刊》2013 年第 36 期。
[4] 霍强、储星星、李芹：《中印缅孟经济走廊建设的重点、难点及对策》，《东南亚纵横》2014 年第 5 期。

第二部分 "一带一路"与南向开放"软件"建设研究

不仅仅是恐怖主义、宗教极端主义、民族分裂主义、跨国犯罪、人口走私、跨境贩毒、军火交易等非传统安全问题常发生的地区,也是大国博弈、小国周旋较为严重的地区。非传统安全形势的严峻,增加了解决的难度,严重阻碍了孟中印缅经济走廊的发展。① 刘稚、黄德凯则认为由于四国之间缺乏政治互信,所以"关键性大国"的作用并没有发挥出来,导致经济走廊建设没有取得实质性进展,提出政治互信在经济走廊建设中的重要性,增强政治互信,共同提供公共产品或者主导分权分割,加强与周边经济走廊的经济合作,构建各方共同利益。②

关于如何推动孟中印缅经济走廊建设方面的研究,现有文献主要从能源、基础设施和绿色发展等领域进行研究。陈利君指出随着孟中印缅经济的快速发展,对能源的需求不断增加,特别是中国和印度都是能源需求大国,而孟加拉国和缅甸资源充足但是缺乏技术和资金,并且能源安全体系十分脆弱,由于四国能源都有自己的短处,因此,孟中印缅可以加强能源领域内资金、技术、人才等的整合,充分发挥各自的比较优势,大力推进节能、环保、新能源开发领域的合作。③ 尹响、易鑫认为缅甸、孟加拉国和印度三国的基础设施建设能力弱,国内资本不充裕等诸多问题存在,在一定程度上阻碍了四国经济一体化的发展,也无法形成连接我国西南地区,并绕过马六甲海峡直达印度洋的经济大通道。因此提出中国应发挥在孟中印缅经济走廊基础设施建设中的主导作用,加强各国政府间合作与安全合作,推进陆海基础设施互联互通格局建设,实现各国的互利共赢。④ 李丽平等提出将

---

① 黄德凯:《孟中印缅经济走廊的非传统安全合作研究》,云南大学硕士论文,2015年。
② 刘稚、黄德凯:《地缘政治权力结构冲突下的孟中印缅经济走廊建设》,《南亚研究》2018年第1期。
③ 陈利君:《孟中印缅能源合作问题探讨》,《云南大学学报》(社会科学版)2005年第4期。
④ 尹响、易鑫:《孟中印缅经济走廊陆海交通基础设施联通研究》,《南亚研究季刊》2018年第4期。

可持续发展纳入优先合作领域,以环保产业合作推动绿色发展,构建总体目标为绿色的孟中印缅经济走廊。①

综上,现有文献对孟中印缅经济走廊的研究主要集中在基础设施、能源、旅游等领域,并对区域合作机制以及孟中印缅经济走廊的构建方面进行了研究,这些研究成果对孟中印缅经济走廊科学建设具有重要的指导意义。但是由于目前对孟中印缅经济走廊的相关研究仍处于初级阶段,在最重要的区域经济贸易合作方面,现有的文献大部分都聚焦于中印经贸关系,对于其他双边、多边经贸关系发展的研究还较为缺乏。在研究方法方面,现有研究多为对现状的简单描述,还缺乏对孟中印缅的详细分析。

随着"一带一路"的建设与发展,孟中印缅经济走廊建设虽然在发展上遇到了诸多障碍,制约因素较多,但是仍取得了重大突破,仍需要积极推动双边和多边经济合作机制的建设。孟中印缅经济走廊(BCIM)要顺利进行,面临着在资金筹集、政治稳定、提高政治互信度以及排除外来势力干扰等多方面难题,加上地区互联互通设施的客观上的落后因素。因此在推进孟中印缅经济走廊(BCIM)建设方面绝不能急功近利,也不能盲目乐观。在建设中,加强交通基础设施建设,建立投资信息网络,营造更加合理的经济走廊发展格局。

第四节　中巴经济走廊研究动态

"中巴经济走廊"这一概念,最早来源于2013年李克强总理访问巴基斯坦时提出的中巴经济走廊远景规划,以及2015年习近平主席访问巴基斯坦时提出的"1+4"的中巴经济走廊战略建设布局。2013年5月,李克强总理访问巴基斯坦期间,与巴方领导人就进一

---

① 李丽平等:《孟中印缅经济走廊下以环保产业合作推动绿色发展的总体思路》,《环境与可持续发展》2018年第6期。

步加强中巴全天候战略合作伙伴关系深入交换了意见。中方强调,中方始终将中巴关系置于中国外交优先方向,愿与巴方一道,维护传统友谊,推进全面合作,实现共同发展。李克强总理提出要打造一条北起喀什、南至巴基斯坦瓜达尔港的经济大动脉,推进互联互通。表示要加强战略和长远规划,开拓互联互通、海洋等新领域合作。要着手制定中巴经济走廊远景规划,稳步推进中巴经济走廊建设。这条经济走廊的建设宗旨在于进一步加强中巴互联互通,促进两国共同发展。2019年1月,两国政府确定2019年为"巴中产业合作年",强调加快经济特区建设。

对于中巴经济走廊相关成果方面,陈雨羲从经济贸易、能源项目发展方面、交通基础设施方面以及产业合作分析了近些年来中巴经济走廊所带来的便利,这不仅改善了人民生活水平,也促进了当地经济的迅速发展。[1] 张耀铭也提到瓜达尔港成为带动巴基斯坦发展的引擎,中巴经济走廊是两国领导人着眼双边关系长远发展作出的战略选择,目标是实现中巴在更高层次上的互联互通与发展对接,以实现和平合作、开放包容、互学互鉴、互利共赢。[2] 陶季邑剖析了中巴经济走廊建设为巴基斯坦创造大量就业机会和推动经济增长为今后中巴经济走廊建设奠定良好基础,同时也有益于"一带一路",乃至人类命运共同体建设。[3] 陈平也提出了良好的中巴关系可以确保"中巴经济走廊"成为"一带一路"的示范区,同时能够进一步推动南亚区域合作,为深化南亚区域合作提供新的强大动力。[4]

---

[1] 陈雨羲、岳中心:《中巴经济走廊早期收获阶段的进展、挑战与对策》,《对外经贸实务》2020年第4期。

[2] 张耀铭:《中巴经济走廊建设:成果、风险与对策》,《西北大学学报》(哲学社会科学版)2019年第4期。

[3] 陶季邑、谷合强:《中巴经济走廊"早期收获"阶段建设成效探析》,《国际论坛》2019年第3期。

[4] 陈平、陈卫恒:《"中巴经济走廊"作为"一带一路"倡议的示范区:现状、可行性及面临的风险》,《国别和区域研究》2019年第3期。

中巴经济走廊在建设过程中有着诸多的风险与挑战。王羿然简述了巴基斯坦的经济特征，阐述了中巴两地在政策方面有着政策目标，具体措施和不同的配套措施方面的差异，认为巴基斯坦在政策措施方面应该加大力度整改。程云洁分析了"中巴经济走廊"视角下中国新疆与巴基斯坦贸易发展特征，指出了目前贸易顺差较大，进出口商品结构单一，出口商品结构有所改善，但仍比较单一等诸多问题。如何解决贸易过程中的商品结构问题是目前中巴经济走廊的难题之一。[①] 尤宏兵提到了中巴经济走廊建设面临恐怖主义威胁、地区国家争端及大国干扰等国际安全及关系问题。第一，印巴关系由于历史遗留的克什米尔问题一直处于摩擦状态，中国投资瓜达尔港口的建设势必导致巴基斯坦与印度的关系更加紧张。中巴经济走廊建设虽本着相互尊重的基础，但遭到域外大国地区博弈因素的阻碍，这是中巴经济走廊建设需要克服的问题。第二，要平衡中国入驻企业与巴方本土企业共同发展面临的多方面因素影响，中国企业入驻巴基斯坦在一定程度上不可避免会给巴方带来一定的冲击。由于巴方制造技术水平较低，企业生产出口的产品也均为附加值较低的农产品，进口以机电、电器、电子等产品为主。与巴基斯坦接壤的中国新疆与巴方的产业结构同质化程度很高，如何平衡中国新疆与巴方邻近区域的异质化发展也是共同发展两地经济的重点问题。第三，平衡巴方国家利益与人民群众利益。中巴经济走廊建设前期投入均为大型的基础设施，虽为交通、通信提供了方便，但实际上这些项目均需要技术水平较高的员工来实现。随着基础设施的完善，中巴双方也就新的合作领域达成共识，未来的合作将更倾向于教育、文化、服务等民生领域，这也将吸引中方私企加入经济建设。因此，如何结合巴方具体国情，在遵守巴方法律及政策的前提

---

① 程云洁、蒋舜：《中国新疆与巴基斯坦贸易发展特征和发展对策分析——基于"中巴经济走廊"建设视角》，《乌鲁木齐职业大学学报》2019年第4期。

第二部分 "一带一路"与南向开放"软件"建设研究

下，充分保障巴方人民利益将是中巴经济走廊得到长久发展的重要问题。① 古俊伟通过数据分析与对比，认为巴基斯坦的债务问题也有着一定的影响。巴基斯坦的债务问题是由于外汇储备较低，同时需要购买进口设备，偿还外国贷款所致。他认为最突出的问题有三个：中巴经济走廊建设对当地人生活的影响、巴基斯坦的债务问题、中巴经济走廊建设中对巴基斯坦利益的考虑。② 曹忠祥提到目前在中巴经济走廊建设中，在国家层面上更多关注的是一些重大基础设施项目，而对于中小项目的重视与支持相对不足。由于大型项目投资规模大、区域影响广泛，受到国际社会的关注程度也高，在巴基斯坦国内牵扯的利益相关方也多，因此不仅项目立项难以迅速达成共识，建设和经营过程也面临着相当高的商业性和政治性风险。通过中小型项目的积极建设，不仅能够让广大巴基斯坦普通民众直接感受到中巴经贸合作的利益，而且也能在一定程度上缓解基础设施和经贸合作的不平衡问题。中巴经济走廊建设虽然取得了良好进展，但是在新的国际环境下，不同的挑战源源不断，中巴两国政府必须要深化合作，降低地缘政治风险、安全风险，针对不同的风险问题制定相应的策略，保证中巴经济走廊建设的可持续发展。③

面对诸多挑战和障碍，学者们有针对性地提出了一些政策建议。曹忠祥总结了关于中巴经济走廊项目建设的经验，首先国家间的政治互信和合作发展的政治意愿对经济走廊建设至关重要，我国与巴基斯坦历史上是友好邻邦，两国人民传统友谊源远流长，现实情况下是建立在相互尊重、互利共赢基础之上的兄弟般双边关系的典范。其次，明确的合作发展愿景和规划设计对走廊建设发挥了重要指导作用。中巴双方要密切沟通、加强合作，巴国内部的统筹协调搭建起了重要交

---

① 尤宏兵、周珍珍：《中巴经济走廊：推动区域全面合作的新枢纽》，《国际经济合作》2019年第2期。
② 古俊伟：《巴基斯坦〈论坛快报〉建构的中巴经济走廊面临的问题》，《新闻传播》2019年第16期。
③ 曹忠祥：《中巴经济走廊建设的经验与启示》，《中国经贸导刊》2019年第20期。

流平台,从而为推进走廊项目快速落地铺平了道路。最后以基础设施建设为重点契合了中国的技术优势和巴方的现实需求基础设施的改善是巴经济发展前景向好的动力之源,可以说巴基斯坦在国际社会中经济地位的提高直接得益于走廊建设。[①] 徐秀军认为首先要兼顾中巴利益关切,夯实两国政府合作基础。两国政府要继续创造中巴经济走廊建设的良好环境,化解双方分歧,照顾双方利益诉求,为走廊建设提供多方面的支持。其次,提高企业规划和运营能力,实现走廊建设与企业利益的高度契合。尽管中巴经济走廊建设给企业拓展海外业务带来新的巨大机遇,但企业在参与中巴经济走廊建设时,应将经济走廊建设与企业自身利益结合起来。[②] 梁振民强调要维护地区安全和营造良好的投资环境,加强与巴基斯坦各个政党的接触,教育中资企业人员尊重对方的法律和宗教习惯,减少跨文化摩擦,避免中资企业卷入巴基斯坦国内政治派别的斗争。同时,由于中巴经济走廊沿线涉及地区利益问题,俾路支省的地方利益错综复杂,安全形势严峻,需要巴基斯坦军方维护瓜达尔港自由贸易的安全。因此,建议中资企业与俾路支人和普什图人展开交流,尽量请地区有影响力的友好人士来协调地方矛盾,阐明建设中巴经济走廊给巴基斯坦带来的利益。最后,中巴经济走廊沿线部分地区恐怖分子猖獗,建议中方企业应该提前做好安全风险评估,了解当地安全形势,项目设计和规划要有前瞻性,做到有备而来。[③] 杜江认为文化合作更为重要。需要两国的全社会力量集聚合力促进文化产业现代化发展。中巴必须加强文化产品的生产和市场的开拓,这是文化经济隶属于生产性服务经济所决定的。充分发挥市场在文化经济中的作用,扩大中巴经济走廊乃至"一带一路"沿线文化产品市场规模,在市场需求推动下,使文化产品和文化服务

---

① 曹忠祥:《中巴经济走廊建设的经验与启示》,《中国经贸导刊》2019 年第 20 期。
② 徐秀军:《中巴经济走廊建设:进展、问题与对策》,《区域与全球发展》2018 年第 6 期。
③ 梁振民:《中巴经济走廊建设:意义、进展与路径研究》,《亚太经济》2018 年第 5 期。

第二部分 "一带一路"与南向开放"软件"建设研究

融入出口、消费和再生产,形成文化产业的良性循环。中巴两国基于文明交流互鉴的文化产业合作,构建文化产业合作体系,必须满足经济走廊及周边区域的居民对文化的需求。①

中巴经济走廊是"一带一路"共商、共建、共享的六条国际经济合作走廊之一,是"一带一路"建设的重要组成部分,也是"一带一路"建设的重要抓手。"一带一路"提出的政策沟通、设施联通、贸易畅通、资金融通、民心相通符合中巴两国的共同需求。加快建设中巴经济走廊,具有十分重要的战略意义,不仅有利于中巴经济联动,凝聚合力,拓展开放共享空间,打造中巴命运共同体、责任共同体和利益共同体,而且有利于维护两国能源安全,促进两国参与全球化和市场化进程,同时还有利于带动两国经济发展,维护两国边疆社会稳定以及促进地区互利共赢、共同发展。

---

① 杜江、于海凤、王海燕:《中巴经济走廊背景下中巴文化产业合作:现状、路径选择与对策》,《南亚研究季刊》2019年第3期。

第三章 "一带一路"与南向开放的政策沟通进展

在论述"丝绸之路经济带"的"五通"模式时，习近平总书记认为政策沟通是道路联通、贸易畅通、货币流通、民心相通的基础和保障，并将其列在首位。政策沟通如果不顺畅，南向开放沿线各国就无法在经济发展战略上进行充分交流对接，因此政府间的宏观经济政策、重大规划项目对接机制等方面就无法形成趋向一致的战略、决策、政策和规则，进而不利于结成更为巩固的"命运共同体"，因此政策沟通可以被视为南向开放"软件"建设的重中之重。尤其是由于国家之间的差异较大，对"一带一路"的评价各有褒贬，虽然国际社会也有很多正面评价，但也曾有过疑虑与不解，而随着政策沟通的深入，南向开放沿线国家和地区必将对"共商、共建、共享"的建设原则、"和平合作、开放包容、互学互鉴、合作共赢"的核心价值理念以及"建立利益共同体和命运共同体"的建设目标越来越认同。而且随着"一带一路"倡议跟相关国家和地区的发展战略和规划对接越来越紧密，沿线国家和地区也必然对中国的"一带一路"倡议"惠及世界"越来越有共识。正如习近平总书记所说"'一带一路'建设不应仅仅着眼于我国自身发展，而是要以我国发展为契机，让更多国家搭上我国发展的快车，帮助他们实现发展目标"。[①] 因此，随

[①] 《借鉴历史经验创新合作理念　让"一带一路"建设推动各国共同发展》，《人民日报》2016年5月1日。

第二部分 "一带一路"与南向开放"软件"建设研究

着越来越多的双边协议和多边协议的签署,重大项目的投入建设,沿线国家关于"一带一路"的疑虑必将越来越少,在国家领导层面达成的共识也越来越多。在这其中,政策沟通的重要性也不言而喻,近年来,中国与南向开放国家的国家层面政策沟通进行愈来愈顺利,同时国内的对接政策也在及时拟定出台,随着更多的省市加入到南向开放的建设中,政策沟通在南向开放中的作用发挥越来越好。

第一节 与南向开放主要国家的合作备忘录不断签署

南向开放中,政策沟通主要以合作或谅解备忘录为主,国家或外交机构通过双方经过协商、谈判达成共识后,用文本的方式记录下来,达到初步的合作意向,共同建设"一带一路"。截至2019年10月底,中国已经同137个国家和30个国际组织签署197份共建"一带一路"合作文件,其中与南向开放指向的东南亚、南亚、大洋洲23个国家和地区签署了相关"一带一路"合作备忘录(见表3-1)。其中与东南亚的越南、老挝、柬埔寨、泰国、缅甸、马来西亚、新加坡、印度尼西亚、文莱、东帝汶十个国家签署了"一带一路"的合作谅解备忘录;与南亚的尼泊尔、巴基斯坦、孟加拉、斯里兰卡、马尔代夫五个国家签订了谅解备忘录;与大洋洲的新西兰、巴布亚新几内亚、斐济、汤加、库克群岛、萨摩亚、瓦努阿图、密克罗尼西亚、纽埃九个国家和地区签订了谅解备忘录。随着时间和政府外交工作的推进,南向开放的伙伴国越来越多。目前,为西部地区开拓外向型经济的新空间的"南向通道"政府间合作协议内容正在进行会商,旨在为通道建设提供更多政策指引和便利保障。老挝、越南与重庆、广西等地积极互动,寻求"南向通道"合作机遇,泰国、马来西亚、柬埔寨等东盟国家也表达了积极参与"南向通道"建设的意愿,"南向通道"的货物流通主要在中国—中南半岛经济走廊,孟中印缅经济

第三章 "一带一路"与南向开放的政策沟通进展

走廊以及中巴经济走廊三大国际经济合作走廊中,通过三条经济走廊连接中国、东南亚、南亚和大洋洲,进而实现南向开放的政策效果。

表 3-1　　　　　南向开放之合作备忘录(按时间为序)

时间	主体	文件名称	简介
2014 年 12 月 9 日	中国、斯里兰卡	《关于在中斯经贸联委会框架下共同推进"21世纪海上丝绸之路"和"马欣达愿景"建设的谅解备忘录》	双方商定,以此为契机,进一步加强在基础设施建设、贸易、投资、技术、人力资源等领域合作,全面深化双边经贸关系,促进两国共同发展
2015 年 11 月 7 日	中国、新加坡	《中华人民共和国和新加坡共和国关于建立与时俱进的全方位合作伙伴关系的联合声明》	声明指出,双方同意在中国西部地区设立第三个政府间合作项目,选择重庆直辖市作为项目运营中心,将金融服务、航空、交通物流和信息通信技术作为重点合作领域,确定项目名称为"中新(重庆)战略性互联互通示范项目"。双方全力支持发展,认为这一项目以"现代互联互通和现代服务经济"为主题,契合"一带一路""西部大开发"和"长江经济带"发展战略,将成为又一个高起点、高水平、创新型的示范性重点项目
2016 年 9 月 8 日	中国、老挝	《中华人民共和国和老挝人民民主共和国关于编制共同推进"一带一路"建设合作规划纲要的谅解备忘录》	该备忘录是我与中国—中南半岛经济走廊沿线国家签署的首个政府间共建"一带一路"合作文件,具有标志性意义,必将推动中老两国政治关系更加友好、经济纽带更加牢固、人文交流更加紧密,树立中国—中南半岛国家双边合作的典范

第二部分 "一带一路"与南向开放"软件"建设研究

续表

时间	主体	文件名称	简介
2016年10月13日—17日	中国、孟加拉国	《关于编制共同推进"一带一路"建设合作规划纲要的谅解备忘录》	两国发表联合声明双方将加快战略上的有效对接。声明中明确,双方高度评价中柬经贸合作取得的积极进展,同意加快中国"一带一路"倡议、"十三五"规划同柬埔寨"四角"战略、"2015—2025工业发展计划"的有效对接,制定并实施好共同推进"一带一路"建设合作规划纲要,落实好产能和投资合作谅解备忘录及产能与投资合作重点项目协议
2016年10月16日	中国、柬埔寨	《中华人民共和国和柬埔寨王国关于编制共同推进"一带一路"建设合作规划纲要的谅解备忘录》	该备忘录是继老挝之后,我与中国—中南半岛经济走廊沿线国家签署的第二个政府间共建"一带一路"合作文件
2017年3月21日	中国、新西兰	《中华人民共和国政府和新西兰政府关于加强"一带一路"倡议合作的安排备忘录》	《备忘录》提出,双方将共同加强合作与交流,以支持"一带一路"倡议,实现两国共同发展的目标。双方希望就各自重大发展战略、规划和政策定期开展高级别对话与交流,就各自重大宏观政策调整加强沟通合作,推动双方重大发展战略、规划及政策的对接和融合
2017年5月14日—15日	中国、蒙古国、巴基斯坦、尼泊尔、克罗地亚、黑山、波黑、阿尔巴尼亚、东帝汶、新加坡、缅甸、马来西亚	《"一带一路"合作谅解备忘录》	"一带一路"国际高峰合作论坛成果

第三章 "一带一路"与南向开放的政策沟通进展

续表

时间	主体	文件名称	简介
2017年9月4号	中国、泰国	《共同推进"一带一路"建设谅解备忘录》和未来5年《战略性合作共同行动计划》	国家主席习近平在厦门会见来华出席新兴市场国家与发展中国家对话会的泰国总理巴育
2017年9月13号	中国、文莱	"一带一路"建设、基础设施建设、卫生等领域双边合作文件	在农业、渔业、能源、基础设施建设、清真食品、数字经济等领域加强双方间的务实合作
2017年11月12日	中国、越南	《共建"一带一路"和"两廊一圈"合作备忘录》	双方同意落实好共建"一带一路"和"两廊一圈"合作文件,促进地区经济联系和互联互通,推动经贸、产能、投资、基础设施建设、货币金融等领域合作不断取得务实进展,稳步推进跨境经济合作区建设,加强农业、环境、科技、交通运输等领域合作
2017年12月7日	中国、马尔代夫	《中华人民共和国政府和马尔代夫共和国政府关于共同推进"一带一路"建设的谅解备忘录》	加强双方在"一带一路"、自由贸易、经济技术合作、人力资源开发、海水淡化、固废资源化利用、卫生、气象、金融等领域合作
2018年6月21日	中国、巴布亚新几内亚	《中华人民共和国政府与巴布亚新几内亚独立国政府关于共同推进丝绸之路经济带和21世纪海上丝绸之路建设的谅解备忘录》	双方将按照"共商、共建、共享"原则,共同推进"一带一路"建设,推动构建人类命运共同体,在政策沟通、设施联通、贸易畅通、资金融通、民心相通等领域开展合作,实现共同发展和共同繁荣

169

续表

时间	主体	文件名称	简介
2018年7月23日	中国、纽埃	《关于共同推进丝绸之路经济带和21世纪海上丝绸之路建设的谅解备忘录》	中纽签署"一带一路"合作谅解备忘录,不仅将促进两国各领域合作,也标志着中纽关系翻开了新篇章。中方愿与纽方携手努力,为两国人民带来更多实实在在的好处,为本地区乃至世界繁荣与发展做出积极贡献
2018年11月12日	中国、新加坡	《"陆海新通道"谅解备忘录》	自此,由中国与新加坡两国政府合作的中新(重庆)战略性互联互通示范项目,旗下的"南向通道"提出一年九个月后,正式更名为"国际陆海贸易新通道"
2018年11月12日	中国、斐济	《中华人民共和国政府与斐济共和国政府关于共同推进丝绸之路经济带和21世纪海上丝绸之路建设的谅解备忘录》	根据备忘录,双方将按照"共商、共建、共享"原则,共同推进"一带一路"建设,推动构建人类命运共同体,在政策沟通、设施联通、贸易畅通、资金融通、民心相通等领域开展合作,实现共同发展和共同繁荣
2018年11月17日	中国、印度尼西亚	《推进"一带一路"和"全球海洋支点"建设的谅解备忘录》	中方重视印尼提出的"区域综合经济走廊"倡议,愿同印尼方早日启动实质性合作。中方愿扩大自印尼进口产品。双方要加强金融、电子商务、人文等领域交流合作。中方愿同印尼方一道,推动中国—东盟关系优化升级,推动东亚合作取得更大发展,加强在联合国、世界贸易组织、二十国集团等多边框架内沟通协调

续表

时间	主体	文件名称	简介
2018年11月18日	中国、文莱	《中华人民共和国和文莱达鲁萨兰国联合声明》	进一步深化经贸投资合作，落实好双方签署的加强基础设施领域合作的谅解备忘录，推动恒逸文莱大摩拉岛石化项目合作安全顺利开展，进一步推进"广西—文莱经济走廊"建设，加强在农业、清真食品、水产养殖等领域的交流与技术合作
2018年11月20日	中国、菲律宾	《中华人民共和国政府与菲律宾共和国政府关于"一带一路"倡议合作的谅解备忘录》	欢迎《2025年东盟互联互通总体规划》等合作倡议对促进地区互联互通的贡献

资料来源：编者整理。

在"一带一路"倡议的引领下，随着政策沟通的广度和深度不断扩大，中国与越来越多的国家签署双边备忘录，共同建设"一带一路"，扩大南向开放，中国设想与沿线经济体发展诉求对接，催生了一系列区域经济合作，重大项目、产能合作、外贸投资等合作领域也在不断扩大。此外，中国的"一带一路"倡议与南向开放国家的发展战略对接也越来越好，比如巴基斯坦的"愿景2025"、印度尼西亚的"全球海洋支点"、越南的"两廊一圈"、柬埔寨的"四角"战略等。

南向开放合作备忘录等政策沟通使得参与国家和地区的区位优势得以优化，有助于促进整个"一带一路"下南向开放国家和地区的"互联互通"，更通过经济、能源领域的合作紧密地把东南亚、南亚、大洋洲地区的国家和地区联合在一起，形成经济共振，实现了全方位的互联互通、多元化的互利共赢。

在政策沟通的驱动下，"一带一路"取得了丰厚成果，合作领域的深度和广度也在不断拓展，在基建方面，以中老铁路、中泰铁路、匈塞铁路、雅万高铁等合作项目为重点的区际、洲际铁路网络建设取得重大进展，斯里兰卡汉班托塔港经济特区已完成园区产业定位、概念规划等前期工作，巴基斯坦瓜达尔港开通集装箱定期班轮航线并已吸引 30 多家企业入园。在外贸方面，贸易与投资自由化便利化水平不断提升、贸易规模持续扩大、贸易方式创新进程加快。在资金融通方面，截至 2018 年年底，中国出口信用保险公司累计支持对"一带一路"沿线国家的出口和投资超过 6000 亿美元。中国银行、中国工商银行、中国建设银行、中国农业银行等中资银行与南向开放沿线国家和地区建立了广泛的代理行关系。

第二节 南向开放相关发展规划纲要不断出台

与国家层面的政策沟通有所区别，南向开放国内各相关主要省区市重庆、广西、贵州、甘肃、青海、新疆、云南、宁夏、陕西等主要以规划纲要的形式（见表 3-2），打造南向通道，深度融入南向开放发展，也将有利于相关省市建设内陆国际物流枢纽、口岸高地和内陆南向开放高地。而"陆海新通道"（原南向通道）国内"朋友圈"的进一步扩大，对于增强西部省市共商共建共享通道的凝聚力、健全通道可持续发展机制、深化与东盟的全面战略合作、推动南向开放走深走实、助推我国加快形成"陆海内外联动、东西双向互济"的对外开放格局具有重要推动作用。

参与"陆海新通道"建设的西部省区市越来越多，截至目前，西部西藏、新疆、青海、甘肃、陕西、宁夏、内蒙古、四川、重庆、云南、贵州、广西 12 个省区市以及海南省、广东省湛江市均加入了西部陆海新通道的建设中，以对接"一带一路"下的南向开放。此外，西部地区 13 个海关及海口海关、湛江海关，中国建设银行 13 个省级分行和 4 个海外分支机构也同步签署了《区域海关共同支持西部陆海新通道建设合作备忘录》《金融服务西部陆海新通道建设框架协议》，分别从通关监管、金融服务等角度提供支持，推动更多领域深度参与通道建设。

表 3－2　　　　　南向开放相关规划纲要（按时间排序）

时间	主体	项目名称	简介
2017 年 8 月 31 日	重庆、广西、贵州、甘肃	《关于合作共建中新互联互通项目南向通道的框架协议》	重庆、广西、贵州、甘肃四方签署《关于合作共建中新互联互通项目南向通道的框架协议》，这标志着四省（市、区）合力打造南向通道，深度融入"一带一路"发展，也将有利于重庆市建设内陆国际物流枢纽、口岸高地和内陆开放高地
2017 年 12 月 31 日	广西	《广西加快推进中新互联互通南向通道建设工作方案（2018—2020年）》	中新互联互通南向通道（简称南向通道）是在中新（重庆）战略性互联互通示范项目框架下，以重庆为运营中心，以广西、贵州、甘肃为关键节点，中国西部相关省区市与新加坡等东盟国家通过区域联动、国际合作共同打造的，有机衔接"一带一路"的国际陆海贸易新通道。建设南向通道，是党中央、国务院根据国际国内新形势对广西等西部省区提出的新任务、新要求，是促进平衡可持续发展，提升中国西部和东南亚等地区互联互通水平的重要举措。为进一步贯彻落实中央赋予广西的"三大定位"，加快推进南向通道建设

第二部分 "一带一路"与南向开放"软件"建设研究

续表

时间	主体	项目名称	简介
2018年2月28号	甘肃	《甘肃省合作共建中新互联互通项目南向通道工作方案（2018—2020年）》	与重庆、广西、贵州合作共建中新互联互通项目南向通道，是深入贯彻习近平总书记重要讲话精神，认真落实中央战略决策部署，积极推进国家"一带一路"建设、长江经济带发展、西部大开发战略的重要举措，对于调动各方资源、集聚各种要素、破解发展瓶颈，构建开发开放新格局，加强与东南亚、中亚、南亚等区域经贸合作，实现"丝绸之路经济带""21世纪海上丝绸之路"及长江经济带的有机连接具有重要意义
2018年5月17日	重庆	《重庆市开放平台协同发展规划（2018—2020年）》	高标准实施中新互联互通项目。以"现代互联互通和现代服务经济"为主题，以重庆为营运中心，积极引进大型企业建设区域总部，围绕金融、航空、交通物流、信息通信等现代服务业领域，加快推动一批功能性、标志性项目落地，并以项目为依托探索政策创新，不断加强与新加坡的高水平互联互通合作，推动西部地区开放发展
2018年6月3日	重庆、广西、贵州、甘肃、青海	《青海省加入共建中新互联互通项目南向通道工作机制备忘录》	标志着青海省加入共建"南向通道"工作机制，"南向通道"合作范围得以进一步扩大
2018年9月28日	四川	《关于畅通南向通道深化南向开放合作的实施意见》	《意见》提出，在目前四川省已经建成南向进出川铁路通道4条、高速公路通道8条的基础上，进一步畅通南向通道，深化南向开放合作
2019年1月7日	重庆、广西、贵州、甘肃、青海、新疆、云南、宁夏	《合作共建中新互联互通项目国际陆海贸易新通道框架协议》	八省区市合作推进"陆海新通道"建设，助推我国加快形成"陆海内外联动、东西双向互济"的对外开放格局

续表

时间	主体	项目名称	简介
2019年5月16日	重庆、广西、贵州、甘肃、青海、新疆、云南、宁夏、陕西	《合作共建"陆海新通道"协议》	陕西正式加入现有的"陆海新通道"共建合作机制，通道"朋友圈"扩大到西部九省区市
2019年7月10日	重庆、四川	《关于合作共建中新（重庆）战略性互联互通示范项目"国际陆海贸易新通道"的框架协议》	"陆海新通道"朋友圈从九省区市扩大到十省区市。年内，西部12省区市都将加入共建"陆海新通道"，西部大开发的新格局将在西部地区真正实现抱团发展的新局面，迎来飞跃发展
2019年8月15日	国家发改委	《西部陆海新通道总体规划》	西部陆海新通道位于我国西部地区腹地，北接丝绸之路经济带，南连21世纪海上丝绸之路，衔接长江经济带，在区域协调发展格局中具有重要战略地位。要认真贯彻落实国务院的批复精神，把《规划》实施作为深化陆海双向开放、推进西部大开发形成新格局的重要举措，加快通道和物流设施建设，提升运输能力和物流发展质量效率，深化国际经济贸易合作，促进交通、物流、商贸、产业深度融合，为推动西部地区高质量发展、建设现代化经济体系提供有力支撑
2019年8月26日	云南	《中国（云南）自由贸易试验区总体方案》	构建连接南亚东南亚的国际开放大通道。加快推动孟中印缅经济走廊、中国—中南半岛经济走廊陆路大通道建设，构建区域运输大动脉
2019年10月15日	四川	《四川省建立更加有效的区域协调发展新机制实施方案》	大力推进西部陆海新通道建设。加快建立参与西部陆海新通道建设工作推进机制，深化川渝、川黔、川桂合作共同推进南向开放通道建设，加强沿线地区产业合作，增强成都对通道发展的引领带动作用

资料来源：编者整理。

第二部分 "一带一路"与南向开放"软件"建设研究

在南向开放国内各相关主要省市的共同努力下,"陆海新通道"取得的成绩越来越显著。截至2018年12月31日,"陆海新通道"内国际铁路联运班列、跨境公路班车、铁海联运班列均已实现常态化运营,其中铁海联运班列共发运805班,已从开行之初的每周一班发展到每天双向对开,重庆—东盟跨境公路班车共开行661班,国际铁路联运(重庆—越南河内)班列共开行55班。"陆海新通道"目的地已覆盖日本、德国、新加坡、澳大利亚等全球六大洲71个国家和地区的155个港口。

第三节 南向开放相关国际性合作论坛不断推进

"一带一路"倡议下的南向开放正在不断扩大,为了更好地凝聚共识、推进合作,中国积极举办有关"一带一路"的合作论坛,旨在依靠合作论坛,既通过加强各方合作为国际社会作贡献,也通过扩大对外合作以达到促进国内改革、服务国内发展的目的。举办"一带一路"合作论坛,不仅可以把中国自身发展需要同国际合作需要相结合,而且还可以充分反映国际社会的合作共识,其意义有如下几点。

一是勇立潮头,坚定支持多边主义。"一带一路"倡议秉持的"共商、共建、共享"原则与奉行的开放、包容理念和追求的互利共赢目标,体现了多边主义精神,诠释了多边主义的内涵,反映了多边主义的实质。

二是与时俱进,丰富合作的原则理念。以共建"一带一路"为平台,深化政策对接和经济融合,推动务实合作向民生领域进一步倾斜,以普遍接受的最佳实践对接和国际规则标准,实现共建"一带一路"国际合作的可持续发展。

三是携手同行,构建伙伴关系网络。"一带一路"的朋友圈持续扩大,截至2019年4月,已经有126个国家和29个国际组织同中方签署了"一带一路"合作协议。通过参与"一带一路"国际合作高峰论坛，参与方还将签署更多的双边和多边合作协议。

四是在完善和发展现有机制的同时，同合作伙伴一道创建出更多符合高质量发展要求的机制和安排，更好地服务于务实合作项目的推进与落实。

五是对外展示改革开放的做法、成效与经验，在对外分享中国经济增长红利的同时，为推动共建"一带一路"和沿线国家的共同发展带来更多的机遇。

目前为止，"一带一路"国际合作高峰论坛是综合性最高的"一带一路"论坛，主要通过此论坛，中国与其他国家进行包括政策沟通在内的"五通"交流。此外，中国还针对共建"一带一路"专业领域对接合作举办了相关论坛，如强调在"共商、共建、共享"的原则基础上开展法治合作的"一带一路"法治合作国际论坛，媒体传播方面的"一带一路"媒体合作论坛，产能合作方面的"一带一路"产能合作园区论坛，以及就如何推动共建绿色"一带一路"向高质量发展转变进行交流的中国生态文明论坛南宁年会"一带一路"分论坛等（见表3-3）。

表3-3　　　　　　南向开放相关高峰论坛（按时间为序）

名称	时间	地点	简介
"一带一路"国际合作高峰论坛（第一届）	2017年5月14日至15日	北京	高峰论坛成果清单主要涵盖政策沟通、设施联通、贸易畅通、资金融通、民心相通5大类，共76大项、270多项具体成果
"一带一路"法治合作国际论坛	2018年7月2日至3日	北京	作为会议重要成果，论坛发表《"一带一路"法治合作国际论坛共同主席声明》。论坛发表的声明表示，要在共商、共建、共享原则基础上开展法治合作，为"一带一路"建设夯实法治之基

第二部分 "一带一路"与南向开放"软件"建设研究

续表

名称	时间	地点	简介
"一带一路"产能合作园区论坛	2018年9月16日	北京	国家发展改革委外资司指导下，由中国产业海外发展协会和国际合作中心联合主办的"'一带一路'产能合作园区论坛"在北京成功举行，来自有关国家政府部门、研究机构、金融机构、企业和媒体界代表约200人参加论坛
"一带一路"媒体合作论坛	2018年10月31日	海南博鳌	由人民日报社和海南省委、省政府共同主办的2018"一带一路"媒体合作论坛今天在海南博鳌举行。本届论坛以"共建共享 合作共赢"为主题。来自90个国家和国际组织、205家媒体和机构的嘉宾出席论坛
中国生态文明论坛南宁年会"一带一路"分论坛	2018年12月15日	广西南宁	论坛以"助力绿色'一带一路'走深走实"为主题，缅甸和马来西亚等国家驻华领事、柬埔寨环境部门和非政府组织、国际组织和非政府组织等国际代表，以及生态环境部、环境保护对外合作中心、中国—东盟环境保护合作中心、相关研究机构和企业等国内代表出席会议，并就如何推动共建绿色"一带一路"向高质量发展转变进行交流
"一带一路"国际合作高峰论坛（第二届）	2019年4月25日至27日	北京	2019年4月25日上午举行的第二届"一带一路"国际合作高峰论坛政策沟通分论坛共形成60多项高含金量成果，包括发布《共建"一带一路"倡议：进展、贡献与展望》7种外文版，与多个国家和国际组织签署共建"一带一路"、产能合作、第三方市场合作等领域文件，并推动了一批务实合作项目

第三章 "一带一路"与南向开放的政策沟通进展

续表

名称	时间	地点	简介
2019欧亚经济论坛生态分会暨亚信生态城市建设经验交流研讨会	2019年9月10日至11日	陕西西安	本次论坛致力于推动"一带一路"国际合作高峰论坛各项倡议的贯彻落实,探寻欧亚各国共同参与建设"一带一路"的创新模式,分享大气环境保护理念、政策与技术,聚焦大气污染防治与协同治理及其在生态城市建设中的实践应用
"一带一路"四川国际友城合作与发展论坛举行	2019年10月15日至18日	四川成都	论坛以"开放合作、互利共赢"为主题,包括国际友城省州长论坛和能源与基础设施、科技与创新、"三农"、贸易与物流、文化与旅游5场专项分论坛。来自全球五大洲32个国家43个省(州)级国际友城代表团、部分外国驻华使领馆官员、国外主流媒体,外交部、中联部、中国对外友协有关负责人及四川省、市(州)代表等1200余名中外嘉宾出席活动,其中外宾超过300人,是地方政府举办的规模最大、规格最高、覆盖区域最广的一次国际友城交流活动,在海内外产生了积极影响

资料来源:编者整理。

中国就"一带一路"倡议举办的合作论坛越来越多,涉及的相关方面逐步细化。专业领域的合作论坛越来越多,为"一带一路"倡议的建设献上许多建议和成果,中国也在相关论坛上提供了中国智慧和中国方案。通过合作论坛,政策沟通的效果取得了新的成效。在首届"一带一路"国际高峰论坛期间,中国与数十个国家和国际组织签署的共建合作文件已经得到落实,有力促进了政治互信,深化了利益融合。第二届"一带一路"国际合作高峰论坛形成了60多项高含金量成果,包括发布了《共建"一带一路"倡议:进展、贡献与展望》的英、法、俄、德、西、阿、日文版,并与多个国家和国际组织签署共建协议、产能合作、第三方市场合作等领域文件。各专业论坛

第二部分 "一带一路"与南向开放"软件"建设研究

也使得各国专业机构部门之间达成了一系列合作协议，并且有逐步深化合作的倾向。

第四节　与南向开放主要国家的高层互访不断加强

高层互访是加强国家间双边和多边关系的重要组成部分。中方同南向开放沿线国家领导人定期交换对双边关系和全球局势的意见，对于与南向开放国家关系的深入发展具有重要意义。高层会晤有利于中方同各国增进了解和达成共识，并推动双方寻求新的合作领域，还有利于增强与相关国家的政治互信。

自 2013 年秋提出"一带一路"倡议以来，习近平总书记先后对沿线国家进行数十次访问，足迹遍及亚非欧沿线各国，有力地推动了"一带一路"建设。2015 年 10 月 1 日以来，我国领导人同外国领导人高层交流频繁，其中最多的国家是俄罗斯、老挝、越南、柬埔寨、哈萨克斯坦以及巴基斯坦等，其中大部分国家都是位于南向开放指向地区的国家，表 3-4 列举了 2019 年中国与南向开放沿线国家高层互访情况。

表 3-4　2019 年中国南向开放之高层互访情况（按时间排序）

时间	地点	人物	简介
2019 年 1 月 21 日	北京	中国国家主席习近平、柬埔寨首相洪森	共建"一带一路"不断走深走实。双方在地区和国际事务中保持着密切沟通协调。当前，中柬关系面临新的发展机遇。中方愿同柬方一同努力，以建设中柬具有战略意义的命运共同体为目标，进一步明确合作重点，规划发展蓝图，推动中柬关系迈上新台阶
2019 年 1 月 22 日	北京	中国国务院总理李克强、柬埔寨首相洪森	中国将一如既往坚定支持柬埔寨走符合本国国情的发展道路，愿将"一带一路"倡议同柬发展战略更好对接。我们支持中方企业参与柬产能、交通、电力等基础设施建设和运营，希望柬方提供必要便利条件

第三章 "一带一路"与南向开放的政策沟通进展

续表

时间	地点	人物	简介
2019年2月18日至21日	老挝	国家发展改革委员会副主任宁吉喆、老挝总理通伦、副总理宋迪	赴中老铁路项目工地及万象—万荣高速公路项目指挥部开展调研。驻老大使姜再冬和铁路总公司、进出口银行、国际经济交流中心、云南省发展改革委员会有关负责人全程参与上述活动
2019年3月21日至23日	印尼	国家发展改革委员会副主任宁吉喆、印尼海洋统筹部长卢胡特、国企部长里妮	21日，宁吉喆与卢胡特共同主持召开中印尼"区域综合经济走廊"建设合作联委会首次会议。双方就中印尼共建"一带一路"合作、产能合作、走廊合作规划、重点港口和产业园区重大项目等合作事宜交换了意见
2019年4月1日	北京	中国国家主席习近平、新西兰总理阿德恩	中方欢迎新西兰积极参与"一带一路"建设。要加强在国际事务中的合作，共同推动建设开放型世界经济，维护多边主义和多边贸易体制
2019年3月25日至30日	柬埔寨和泰国	云南省委书记陈豪、柬埔寨首相洪森和副首相兼外交与国际合作部大臣布拉索昆、外交部长敦·帕马威奈、商务部代理部长初迪玛·本雅布拉帕	云南正按习近平总书记"云南经济要发展，优势在区位，出路在开放"指示，主动服务和融入国家发展战略，建设中国面向南亚东南亚辐射中心，云南处在中国与南亚东南亚两大市场的结合部，区位、资源、开放优势突出，希望通过澜湄合作和中国—中南半岛经济走廊、中老泰铁路建设等，推动滇中城市群与泰国东部经济走廊对接，提升滇泰经贸合作水平
2019年4月10日	北京	中国国家主席习近平、缅甸国防军总司令敏昂莱	当前，中缅关系总体向好发展，各领域、各层次交流合作不断扩大，共建"一带一路"合作取得新进展
2019年4月25日	北京	中国国家主席习近平、巴布亚新几内亚总理奥尼尔	巴布亚新几内亚在开展共建"一带一路"合作方面走在太平洋岛国前列，我们要进一步拓展合作，为在岛国地区共建"一带一路"作出示范和引领
2019年4月25日	北京	中国国家主席习近平、印度尼西亚副总统卡拉	近年来两国以共建"一带一路"为契机，双边关系取得新进展，各领域合作成效显著。双方要继续弘扬睦邻友好，在涉及彼此核心利益和重大关切问题上相互支持，把握好两国关系的正确航向

第二部分 "一带一路"与南向开放"软件"建设研究

续表

时间	地点	人物	简介
2019年4月26日	北京	中国银行行长刘连舸、柬埔寨首相洪森	中国银行将继续加强与柬埔寨各方合作,为当地企业和在柬中资机构提供融资、咨询服务,积极推动柬埔寨重大基础设施和民生项目执行落实,促进柬埔寨经济社会发展和人民生活改善
2019年4月30日	北京	中国国家主席习近平、老挝人民革命党中央总书记、国家主席本扬	本扬表示,"一带一路"建设已经成为加强沿线国家互联互通的重要平台,为世界和地区经济发展发挥重要作用,老方将继续加快推进老中铁路建设等重大项目合作,进一步促进老中两国及本地区的发展繁荣
2019年7月5日	北京	中国国家主席习近平、孟加拉国总理哈西娜	孟加拉国愿借鉴中国治国理政经验,积极参加共建"一带一路",推动孟中缅印经济走廊建设
2019年9月20日	北京	中国外交部长王毅、马尔代夫外长沙希德	王毅表示,中方愿同马方共同推进"一带一路"合作,助力马经济和社会发展,希望马方为中国企业赴马投资提供优惠条件和良好营商环境,推动双边自贸协定早日生效。双方要深化民生、海洋等领域合作,密切青年、旅游、体育、友城等人文交往
2019年10月12日	印度金奈	中国国家主席习近平、印度总理莫迪	国家主席习近平12日在金奈同印度总理莫迪继续举行会晤,两国领导人在友好、轻松的气氛中就中印关系和共同关心的重大国际和地区问题坦诚、深入交换意见
2019年10月12日	尼泊尔加德满都	中国国家主席习近平、尼泊尔总统班达里	在共建"一带一路"框架下,中尼两国务实合作已经取得丰硕成果,2019年中尼签署过境运输协议议定书,第二届"一带一路"国际合作高峰论坛成果清单将中尼铁路列为"一带一路"推进项目
2019年11月5日	巴基斯坦首都伊斯兰堡	巴基斯坦总理伊姆兰·汗、国家发展和改革委员会副主任宁吉喆	在当天的会议上,联委会能源、交通基础设施、产业合作、瓜达尔港、社会民生等工作组分别就各自工作情况进行了汇报和充分交流,双方达成了一系列重要共识

第三章 "一带一路"与南向开放的政策沟通进展

续表

时间	地点	人物	简介
2019年11月13日	巴西利亚	中国国家主席习近平、印度总理莫迪	中方欢迎印度积极增加优质商品对华出口。双方要扩大双向贸易和投资规模，在产能、医药、信息技术、基础设施建设等领域打造新的合作增长点
2019年11月15日	泰国曼谷	中国国务院总理李克强、泰国总理巴育	中方愿将"一带一路"倡议同泰国发展战略相衔接，实现共商共建共享。我们支持泰国"东部经济走廊"（EEC）建设，愿将此作为开展第三方市场合作的重要平台；泰方希望将"东部经济走廊"同中国粤港澳大湾区建设相对接，欢迎更多中国企业来泰投资建厂，开展电子商务、第三方市场、高速铁路、5G技术、数字经济等领域合作。泰国将继续积极支持东盟—中国关系发展

资料来源：编者整理。

领导人频繁互访，在讨论共同关心问题的同时，不断为南向开放合作开创新领域，推动了与相关国家关系不断向前发展，促进了与周边国家在经贸、工业等领域的合作。领导人频繁互访，不断加强政治互信，加强经贸、重大项目、人文等领域合作，推动中方与南向开放沿线国家关系不断迈上新台阶。

第四章 "一带一路"与南向开放的贸易便利化进展

2017年5月14日，习近平总书记出席"一带一路"国际合作高峰论坛开幕式，发表题为《携手推进"一带一路"建设》的主旨演讲，提出要"将'一带一路'建成开放之路"，"维护多边贸易体制，推动自由贸易区建设，促进贸易和投资自由化便利化"。[①]

冷战结束以来，随着世界贸易组织的创建，贸易便利化开始取代贸易自由化为各国所瞩目，指为了达到消除国际贸易中的体制障碍和物流障碍，降低交易成本从而促进贸易发展的目的，做出的一系列应对措施的统称。贸易便利化强调简化贸易程序（包括国际货物贸易流动所需要的收集、提供、沟通及处理数据的活动、做法和手续）和管理协调，从技术、程序和管理层面强调为贸易畅通提供一个更加便捷的环境，创造一个连续、透明和可预见性的环境，从而简化和协调与贸易有关的程序和行政障碍，降低成本，推动货物和服务更好地流通。

南向开放过程中，围绕贸易便利化建设，在设施联通、贸易畅通、金融支持方面发力，为南向开放建设提供了坚实的基础与保障。

第一节 深化南向开放的设施联通水平大幅提升

基础设施互联互通是"一带一路"建设的优先领域。在南向开放

[①] 《携手推进"一带一路"建设》，《人民日报》2017年5月15日。

中，地理上的障碍不断被打破，高速公路、高铁列车、港口轮船实现了沿线国家的互联互通；跨境光缆、中国企业参与建设的电站、输电和输油输气等重大能源项目在一步步成为现实。中国与南向开放沿线国家互联互通建设已经取得很大进展，南向开放在地理上的障碍不断被打破。

一 中国—中南半岛经济走廊基础设施建设取得重大突破

作为"一带一路"倡议的主要内容以及重要骨架，中国—中南半岛经济走廊建设目前取得了重大突破，前期顶层设计侧重于交通和运输，基础设施建设以陆路为主，陆海新通道的建设成为中国—中南半岛经济走廊的重要抓手。陆海新通道是中新互联互通框架下的国际物流新通道，于2017年9月开通；其目的地已覆盖全球71个国家和地区的155个港口；其中国内成员已扩展到青海、新疆、云南、宁夏等8省区市；截至2018年年底，"陆海新通道"三种物流组织形式均已实现常态化开行。未来，构建统筹协调机制、完善沿线基础设施、拓展国际合作等方面的顶层设计将进一步加强。

1. 铁路合作方面

中欧班列（中国南宁—越南河内）跨境集装箱直通班列成功双向对开，已实现每周一班常态化运行，全程运输里程约400千米，20小时内抵达越南河内。该班列具有大运量、货损少、通关便捷、"门到门运输"、安全高效等优势，且运费较公路运输节省约20%，构建起中国与越南间的物流黄金通道。2017年6月12日，昆明开往越南海防的国际货运班列（昆明—老街—河内—海防）正式开通，全程854千米，运行时间4—6天。

雅万高铁处于全面施工阶段：2019年5月14日，印尼雅万高铁贯通首条隧道，全线建设全面提速、稳步推进。

中老铁路处于全面施工阶段，进展顺利，投资374亿，已完成80%，2019年11月13日，中老铁路（中国段）电气化工程进入全面施工阶段。

2017年12月21日，中泰铁路合作项目一期工程在泰国呵叻府巴冲县正式开工（启动仪式），一期工程连接首都曼谷与东北部的呵叻府，全长约253千米，设计最高时速250千米；二期工程将延伸至与老挝首都万象一河之隔的廊开府，全线长约355千米，并实现与中老铁路磨丁至万象段的连接。

2019年3月1日，国家发展改革委宁吉喆副主任和老挝公共工程与运输部部长本占、泰国交通部部长阿空共同主持召开中老泰铁路合作三方会议，就中老铁路和中泰铁路连接线有关合作事宜进行了磋商，达成多项共识。

中菲正在推进三大铁路项目合作包括苏比克—克拉克铁路项目、棉兰老岛铁路项目以及菲律宾南线铁路项目。中菲已签署了合作文件，接下来将加快推进项目的建设。

2. 公路合作方面

东盟班车：2019年12月6日，重庆到新加坡的跨境公路货运通道首次全线贯通。重庆至东盟的南向跨境公路通道也已经实现常态化运行。公路班车始发于重庆巴南公路物流基地，采取定点、定线、定车次、定时、定价的"五定模式"运行。

昆曼公路：2008年3月31日昆曼公路全线贯通。昆（明）曼（谷）公路重要组成部分小磨高速公路已经通车，标志着昆曼公路中国境内段全程实现高速化，经云南赴老挝、泰国的时间进一步缩短。

中老公路：昆磨高速已经通车；磨憨—万象高速公路，万荣至万象段已开工建设，截至2019年10月25日，万万高速项目累计完成计划总投资的36.45%，磨丁—万荣段正在开展可行性研究。

中越公路：昆河高速、河口—海防公路已经通车；中越北仑河二桥于2019年初进行临时通关演练，投入使用。

中国援建柬埔寨6号公路已经通车，促进了金边与中北部各省份的互联互通。2019年1月14日由中国企业承建的柬埔寨金边第三环线公路项目开工仪式在柬首都金边举行。2019年3月22日，中企投资建设柬埔寨首条高速公路举行开工仪式。

3. 航空运输方面

中国与126个国家和地区签署了双边政府间航空运输协定。与印度尼西亚、柬埔寨、孟加拉国、马来西亚等国家扩大了航权安排。5年多来，中国与沿线国家新增国际航线1239条，占新开通国际航线总量的69.1%。

4. 港口合作方面

中国—东盟港口城市合作网络是中国—东盟领导人见证成立的合作平台，是中国—东盟共建"一带一路"、推进泛北部湾经济合作的重要项目。自2013年成立以来，该项目得到中国—东盟有关各方的积极响应和踊跃参与。目前，已有24个港口、城市及有关港航机构加入合作网络，涵盖了中国和东盟有关国家的主要港口相关机构。同时，成立了中方秘书处，达成每年举行工作会议的常态化机制共识，先期开展了中国港口与新加坡、马来西亚、泰国等国的合作，中新互联互通南向通道正加快推进，钦州基地已经开展建设。此外，广西北部湾港口管理局与文莱摩拉港签署友好合作备忘录；中国—东盟信息港公司分别与上海海事大学、新加坡国际电子贸易公司签署了合作协议。

5. 能源设施建设方面

中国与沿线国家签署了一系列合作框架协议和谅解备忘录，在电力、油气、核电、新能源、煤炭等领域开展了广泛合作，与相关国家共同维护油气管网安全运营，促进国家和地区之间的能源资源优化配置。中缅原油管道全线贯通，成为中国第四大能源陆路进口管道，累计输油1413万吨，中缅天然气管道累计输送天然气196亿立方米。2019年5月20日，在柬中资电力企业为当地民生累计提供53亿多度清洁电能。"一带一路"重点工程、柬埔寨最大水力发电工程——桑河二级水电站竣工，正式全面投产。中国企业投资承建的越南海阳燃煤电厂、永新一期燃煤电厂大项目进展顺利，两国战略对接成效显著。永新一期2台62万千瓦工程（以下简称"永新一期项目"）1号机组正式投入商业运营。由中国电力技术装备有限公司在实皆省建设的缅甸北部230千伏主干网联通输电工程正在建设当中。

6. 通信设施建设方面

中国与国际电信联盟签署《关于加强"一带一路"框架下电信和信息网络领域合作的意向书》，实质性启动了丝路光缆项目。中国正在建设目前唯一的境外国际海底光缆纽带，该光缆将在中国与东盟国家之间传输信息和数据。中国还在为"21世纪海上丝绸之路"项目打造中国—东盟信息港。

二 中巴经济走廊基础设施建设不断深化

作为"一带一路"的先行先试项目，中巴经济走廊确定瓜达尔港、交通基础设施、能源和产业合作四大合作领域，已有10个项目完工，12个项目在建。从资金来源上，共分为五类，即中国政府提供优惠性质贷款的重大交通基础设施项目4个，中国企业在巴投资的能源和港口项目12个，中国政府提供无息贷款的项目1个，中国政府提供无偿援助的民生项目4个，巴基斯坦政府提供资金的项目1个。

1. 能源合作成果斐然

能源领域是中巴经济走廊进展最快、成效最显著的领域，中巴在能源领域规划了17个优先实施项目，11个已开工建设，即将迎来密集建设、建成期。这一方面是因为能源和电力问题是巴经济发展最迫切需要解决的问题，另一方面也是为今后中巴在产业合作、工业园区、信息通信等领域开展合作奠定基础。目前，卡西姆燃煤电站一期二期均已进入商业运行，萨希瓦尔燃煤电站已成为巴基斯坦装机容量最大的清洁型燃煤电站之一，截至2018年年底，这两大电站的总发电量已超过215亿千瓦时，为促进巴电力结构调整和经济发展发挥了重要作用。此外，卡洛特水电站、苏基克纳里水电站等水电项目也进入施工高峰期，巴基斯坦首个煤电一体化项目塔尔煤田Ⅱ区块煤矿和电站也在有序进行。

2. 交通等基础设施合作进展迅速

交通基础设施是中巴经济走廊另一重点建设领域。公路建设项目有两项，其中喀喇昆仑公路项目二期改扩建工程，改的便是目前中国和巴基斯坦唯一的陆路交通通道。2018年9月，二期（赫韦利扬至塔科特）项目部分主体工程已基本完工。另一条则是连接巴基斯坦南北的大动脉卡拉奇—拉合尔高速公路项目，建成后将极大改善巴基斯坦两大城市之间的交通状况，还能将瓜达尔港经卡拉奇同喀什相连，有助于巴基斯坦同中国、伊朗、阿富汗、中亚国家等的互联互通。

铁路项目也有两项，其中拉合尔轨道交通橙线已于2018年6月开始试运行。另一个是巴基斯坦ML-1号铁路干线升级与哈维连陆港建设项目，目前仍处于前期勘察与试验阶段。

信息产业基础设施建设不断加快。2018年7月，中巴跨境光缆开通，光缆从乌鲁木齐经中巴边境红其拉甫口岸到巴基斯坦拉瓦尔品第市，全长2950千米，是连接中巴两国的首条跨境直达陆地光缆项目。该项目不仅将推动中巴两国信息互联互通建设，也将推动地区通信事业革新。

3. 第三方市场合作率先开启

除了能源项目以外，备受关注的巴基斯坦瓜达尔港自由区于2018年初开园，已吸引了银行、保险公司、金融租赁、物流等20多家中巴企业入驻，直接投资额超过30亿元人民币，全部投产后预计年产值将超过50亿元人民币。2018年5月，港口实现了4G通讯，瓜达尔东湾快速路项目进展顺利，许多民生项目也拔地而起。当地记者表示，瓜达尔的孩子们有了学校、职业培训中心、医院，就业也增加了。

第二部分 "一带一路"与南向开放"软件"建设研究

值得一提的是，沙特阿拉伯能源部提出，未来计划在巴基斯坦瓜达尔深水港兴建一座100亿美元的炼油厂。中巴经济走廊建设迎来第一个第三方合作伙伴。此举不但保障中国的能源安全、有助于巴基斯坦借助瓜港实现经济发展、扩大沙特的石油市场，从长远看，还有助于加强洲际连通性，以更快、更短的路线将中国与南亚、中东、非洲和欧洲联系起来。下一步，走廊发展将逐步向产业合作深化，重点帮助巴方发展制造业，培育自主发展能力，从而增加就业，扩大贸易。同时更加注重改善巴基斯坦的民生，让更多的巴民众从走廊中受益。

三 孟中印缅经济走廊基础设施建设持续推进

1. 中缅建设进展

第一，能源领域合作不断深化。中缅油气管道是先导项目，有天然气管道和原油管道两个组成部分。其中2013年投产的天然气管道起点为缅甸皎漂，一路延伸到广西贵港，并与中国天然气管道相连，截至2018年6月累计输气超180亿立方米。2017年6月投产的原油管道起于缅甸西海湾马德岛，从中国西南边陲瑞丽入境，接入保山后，借由澜沧江跨越工程连接大理，继而经由楚雄进入昆明。中缅油气管道每年将为缅甸带来包括税收、投资分红、路权费、过境费、培训基金以及社会经济援助资金等巨大的直接收益，并将带来大量的就业机会。

第二，交通设施进展顺利。中缅铁路是我国西南战略大通道，也是泛亚铁路西线的重要路段。昆明至大理段已开通运营，大理至瑞丽段正加快建设；昆明开通了与仰光、内比都、曼德勒的航线，芒市与曼德勒的航线已于2019年1月开通。2018年10月，木姐—曼德勒铁路项目可行性研究备忘录签署，相关工作已陆续开展，这条铁路是中缅铁路缅甸境内起始段，也是中缅经济走廊的骨架支撑。同年11月签署的皎漂深水港项目框架协议，标志着双方合作进入新阶段。

中缅公路的昆瑞高速已经全线贯通；墨江—临沧—清水河、腾冲—猴桥高速公路正在加快建设；猴桥—密支那高速公路正在开展前期工作，密支那—班哨示范路已经投入使用。

昆明开通了与仰光、内比都、曼德勒的航线，芒市与曼德勒的航线已于2019年1月开通。

第三，信息通道建设进展明显。中缅跨境光缆信息通道建设取得明显进展，已经完成扩容工程建设，传输系统能力达到10G。中国与国际电信联盟签署《关于加强"一带一路"框架下电信和信息网络领域合作的意向书》。

2. 中印双边贸易在曲折中前行

在区域合作和走廊建设推动下，从2000年至2017年，中印双边贸易额从不足30亿美元增至844.4亿美元，规模扩大20多倍，中国已连续多年成为印度的最大贸易伙伴。2017年两国双边贸易总额比2016年增长18.63%，首次突破800亿美元大关。在重大项目合作方面，由中国投资的古吉拉特邦特变电工电力产业园正式投产、马哈拉施特拉邦福田汽车产业园破土动工，万达、华夏幸福等企业也纷纷赴印考察设厂，园区合作已成为中印经贸合作的亮点之一。中国和印度双方在铁路既有线提速可行性研究、高速铁路可行性研究、人员培训、铁路车站再开发研究、合办铁道大学等合作均取得阶段性成果。2018年4月，中印领导人在武汉举行非正式会晤，就中印关系以及两国各领域合作等充分交换意见，达成了重要共识，为孟中印缅经济走廊的重启和激活提供了新的契机。区域发展始终是孟中印缅经济走廊建设的深层动力。一些印度人士虽对孟中印缅经济走廊的地缘政治影响心存疑虑，但对其促进区域经济发展的实际效果却保持积极态度。

综上，基础设施建设正在为南向开放保驾护航，取得的主要成就见表4-1。

表 4-1　　　　　　　　　南向国家基础设施建设成就

基础设施建设	项目名称	建设或运行现状	线路
铁路	中欧班列（中越班列）	开通，每周一班	南宁—越南河内
	中越第二条货运班列	2017年6月开通	昆明—越南海防
	中越铁路	在建	昆明—河口（建成）河口—越南海防在研
	雅万高铁	在建	印尼雅加达—万隆
	中老铁路	完成80%	中国磨丁—老挝万象
	中泰铁路	2017年一期开工	曼谷—呵叻府
	中老泰铁路	推进中	呵叻府—万象—磨丁
	中菲三大铁路项目	推进中	菲律宾（苏比克—克拉克铁路项目、棉兰老岛铁路、南线铁路）
	中缅铁路	缅甸段推进	昆明—瑞丽—缅甸—仰光
	拉合尔轨道交通橙线	2018年6月运行	巴基斯坦
	ML-1号铁路干线升级与哈维连陆港建设项目	将于2020年完成	巴基斯坦哈维连
	ML-2铁路升级	将于2025年完成	巴基斯坦戈德里—阿塔克
	第三阶段铁路	将于2030年完成	巴基斯坦哈维连至红其拉甫
公路	东盟班车	全线贯通	重庆—新加坡
	昆曼公路	全线贯通	昆明—老挝—曼谷
	中老公路	中国段开通	昆明—磨憨—万象
	中越公路	开通	昆河高速、河口—海防
	柬埔寨6号公路	开通	中国援建金边—中北部
	柬埔寨金边第三环线	2019年开工	中企建设
	喀喇昆仑公路改扩建二期项目	完成完工	中国—巴基斯坦赫韦利扬—塔科特
	白沙瓦—卡拉奇高速公路	苏库尔—木尔坦段完工	巴基斯坦中部南北交通大动脉
	中缅公路	昆瑞高速已贯通	

第四章 "一带一路"与南向开放的贸易便利化进展

续表

基础设施建设	项目名称	建设或运行现状	线路
航空	与相关国家扩大航权安排	新增国际航线 1239 条	双边政府间航空运输协定（中南半岛国家）
	瓜达尔新国际机场	中国援建	巴基斯坦
	与缅甸多条航线开通		昆明—仰光、内比都、曼德勒芒市—曼德勒
港口	中国—东盟港口城市合作网络	不断完善	24 个港口、城市及港航机构加入合作网络
	瓜达尔港及自由区运营权	一期完成，二期规划中	巴基斯坦瓜达尔港
	皎漂深水港项目	2018 年 11 月签署协议	中缅合作
能源	中缅原油管道	2017 年 6 月投产	缅甸西海湾马德岛—昆明
	中缅天然气管道	2013 年投产	缅甸皎漂—广西贵港
	桑河二级水电站	竣工投产	柬埔寨
	海阳电厂、永新一期燃煤电厂	2018 年 1 号机组运营	中企建设，越南
	北部联通输电工	在建	缅甸
	大沃风电项目	2017 年 4 月运行	巴基斯坦卡拉奇
	吉姆普尔风电项目	2017 年 8 月竣工	巴基斯坦吉姆普尔
	卡西姆燃煤电站	一、二期运行	巴基斯坦卡西姆
	萨希瓦尔燃煤电站	完成	巴基斯坦萨希瓦尔
	卡洛特、苏基克纳里两个水电站	施工	巴基斯坦
	塔尔煤田 II 区块煤矿和电站	建设中	巴基斯坦
	Mohmand 水电站	2019 年 5 月奠基	巴基斯坦 Mohmand
	中电国际胡布 1320 兆瓦电站	2019 年运行	中巴重点能源项目
	瓜达尔 30 万千瓦燃煤电厂	2019 年 11 月奠基	巴基斯坦瓜达尔

续表

基础设施建设	项目名称	建设或运行现状	线路
光缆	丝路光缆项目（国际海底光缆纽带）	在建	中国—东盟国家
	中国—东盟信息港	在建	中国—东盟国家
	中巴光缆	全长2950千米	乌鲁木齐—红其拉甫口岸—拉瓦尔品第市
	中缅跨境光缆信息通道	完成扩容工程，传输系统能力达到10G	中缅

资料来源：编者整理。

第二节 深化南向开放的贸易畅通成果丰硕

贸易畅通是"一带一路"建设的重要内容。近年来，在"一带一路"倡议的带动下，通过加强贸易投资便利化建设，沿线国家和地区的交易成本、营商成本大大降低，发展潜力得以释放，各国积极参与经济全球化的广度和深度进一步提升，贸易畅通取得较大收获，并形成其自身特点。

一 贸易畅通新特点

1. 贸易与投资自由化便利化水平不断提升

中国发起《推进"一带一路"贸易畅通合作倡议》，83个国家和国际组织积极参与。海关检验检疫合作不断深化，2017年5月首届"一带一路"国际合作高峰论坛以来，中国与沿线国家签署100多项合作文件，实现了50多种农产品食品检疫准入。中国和哈萨克斯坦、吉尔吉斯斯坦、塔吉克斯坦农产品快速通关"绿色通道"建设积极推进，农产品通关时间缩短了90%。中国进一步放宽外资准入领域，营造高标准的国际营商环境，设立了面向全球开放的12个自由贸易试验区，并探索建设自由贸易港，吸引沿线国家来华投资。中国平均关税水平从加入世界贸易组织时的15.3%降至目前的7.5%。中国与东盟、新加坡、巴基斯坦、格鲁吉亚等多个国家和地区签署或升级了自由贸易协定，与欧亚经济联盟签署经贸合作协定，与沿线国家的自由贸易区网络体系逐步形成。

2. 贸易规模持续扩大

2013—2018年中国与沿线国家货物贸易进出口总额超过6万亿美元，年均增长率高于同期中国对外贸易增速，占中国货物贸易总额的比重达27.4%。其中，2018年，中国与沿线国家货物贸易进出口总额达到1.3万亿美元，同比增长16.4%。中国与沿线国家服务贸易由小到大、稳步发展。

世界银行研究组分析了共建"一带一路"倡议对71个潜在参与国的贸易影响，发现共建"一带一路"倡议将使参与国之间的贸易往来增加4.1%。

3. 贸易方式创新进程加快

推动贸易畅通的新业态、新模式不断涌现，跨境电子商务等新业态、新模式正成为推动贸易畅通的重要新生力量，"丝路电商"发展势头猛增。2018年，中国海关数据显示，通过跨境电子商务管理平台的零售进出口商品总额203亿美元，同比增长50%，其中出口84.8亿美元，同比增长67.0%，进口118.7亿美元，同比增长39.8%。中国与17个国家建立双边电子商务合作机制，在金砖国家等多边机制下形成电子商务合作文件，加快了企业对接和品牌培育的实质性步伐。

二 贸易畅通新收获

1. 加速推进中国—中南半岛经济走廊贸易和投资

中国—中南半岛经济走廊主要承担国际投资和贸易等职能。"一带一路"倡议实施后，沿线国家之间的贸易和投资呈加速推进态势。在这一经济走廊中，随着贸易和投资的加速推进，中国与东盟、中国与新加坡等多个地区、国家签署或升级了自由贸易协定，与欧亚经济联盟签署经贸合作协定，自由贸易区网络体系正在逐步形成。但在中国—中南半岛经济走廊推进中，各国与中国的贸易格局并不均衡，贸易进展不一，其对中国市场的依赖程度远远高于中国对其依赖程度。

2013—2018年，中国与中南半岛沿线国家的货物贸易进出口总额超过6万亿美元，年均增长率高于同期中国对外贸易增速，占中国货物贸易总额的27.4%。其中，2018年，中国与沿线国家货物贸易进出口总额达到1.3万亿美元，同比增长16.4%，中国与沿线国家服务贸易由小到大、稳步发展。2017年，中国与沿线国家服务贸易进出口额达977.6亿美元，同比增长18.4%，占中国服务贸易总额的14.1%，比2016年提高1.6个百分点。

2. 继续保持中国—巴基斯坦的良好经贸合作关系

2016/17财年，中国连续第三年成为巴基斯坦第一大贸易伙伴，为巴基斯坦第一大进口来源地、第一大外商直接投资来源地和第二大出口目的地，巴基斯坦是中国在南亚地区最大投资目的地，同时，巴基斯坦也是中国在全球最重要的工程承包市场之一。中巴贸易有一定互补性，合作空间和潜力较大，双边贸易增速一直保持两位数增长。中国对巴基斯坦的出口商品日趋多样化，机电产品所占比重逐年增加，但中国自巴基斯坦进口的商品种类变化不大，仍停留在传统商品上。中国对巴基斯坦的主要出口商品为机械设备、钢铁及其制品、有机化学品、电子设备、塑料制品等。巴基斯坦对华主要出口商品为棉纱、棉布、大米、矿石和皮革等，其中，棉纱线所占比例超过一半。近年来随着双边贸易规模的扩大，贸易纠纷也呈上升趋势。

中巴两国在20世纪50年代初建立起贸易关系。1963年1月，两国签订了贸易协定；1967年启动边境贸易；1982年10月，两国成立了中巴经贸和科技合作联合委员会，至今已召开14次会议。近年来，双方致力于深化和拓展经济联系，采取了一系列战略性举措和制度性安排。2006年，中巴两国签订《中巴自由贸易协定》和《中巴经贸合作五年发展规划》等重要文件，为两国深化和拓展经贸合作提供了制度性安排，中巴经贸合作进入高速发展的快车道；2009年签署《中巴自贸区服务贸易协定》等，以推动实现共同发展；2011年12月签署《中巴经贸合作五年发展规划的补充协议》；2013年，李克强总理访问巴基斯坦时正式提出建设中巴经济走廊设想，得到巴基斯坦政府的积极响应和支持。

2015年4月，习近平主席对巴基斯坦进行国事访问，双方一致同意将两国关系提升为全天候战略合作伙伴关系，中巴经贸合作迎来新的战略机遇期，两国领导人一致同意以走廊建设为中心，以能源、交通基础设施、瓜达尔港、产业合作为重点，构建"1+4"经济合作布局，作为"一带一路"倡议重大和先行项目的中巴经济走廊建设由此进入全面推进阶段，为巴基斯坦创造3.8万个工作岗位。

巴基斯坦是世界贸易组织成员，市场开放，法制较为健全，发展潜力巨大。过去几年来，得益于巴基斯坦政府大力发展经济及中巴经济走廊的积极推动等因素，巴基斯坦经济实现平稳较快发展。2018年10月23日，中国与巴基斯坦启动自贸协定谈判。商务部副部长钱克明与巴基斯坦国民经济部部长欧黛共同签署谅解备忘录，宣布正式启动中巴自贸协定谈判。双方同意抓紧谈判，争取早日达成协定。近年来中巴两国经贸合作成果显著，双边贸易增势明显。2017年11月，中巴自贸协定联合可行性研究正式启动，经过半年多的联合研究，双方就联合可行性研究的结论等诸多内容达成一致。签署自贸协定将进一步密切双边经贸关系，为两国企业和人民带来更多利益。2018年5月30日，巴基斯坦海关已经开启中巴海关电子数据交换系统，系统目前处于试运行阶段。海关电子数据互换系统将覆盖中巴自贸协定项下的进出口货物的原产地证明和出口报关单等电子数据。

3. 中缅贸易便利化建设有序推进

缅甸经济发展相对落后，是以农业为主的国家。中、缅两国山水相连，两国经贸合作全面深入，中国一直是缅甸第一大投资来源地、第一大贸易伙伴和最大的出口市场,在贸易、经济技术合作、工程承包和投资等方面对缅甸有着重要影响。在"一带一路"倡议推动下,中缅两国贸易和投资增长迅速。2019年1月30日,缅甸准许使用人民币作为结算货币进行国际支付。人民币纳入结算货币后,中缅之间的贸易投资、外经合作变得更加便利。中国为缅甸第一大贸易伙伴,缅甸主要出口商品有天然气、大米、玉米、各种豆类、橡胶、矿产品、木材、珍珠、宝石和水产品等,主要进口商品有日用消费品、电子设备、生产资料、汽车和汽车配件,以及中间产品等。2017年,中缅双边贸易额达135.4亿美元,同比增长10.2%,其中中国对缅甸出口90.1亿美元,从缅甸进口45.3亿美元,同比分别增长10.0%和10.5%。中国对缅甸主要出口成套设备和机电产品、纺织品、摩托车配件和化工产品等,从缅甸主要进口原木、锯材、农产品和矿产品等。中国为缅甸第一大贸易伙伴、第一大出口市场和第一大进口来源地。

4. 中孟双边贸易便利化取得初步成绩

2016年中国领导人访问孟加拉国期间,中孟双方签署27个合作协议和谅解备忘录,涵盖了贸易投资、海洋经济、路桥建设、电力能源、海事合作、通信技术等国民经济各个领域;由中方承建的孟加拉国帕德玛大桥、卡纳普里河底隧道工程顺利推进;双方同时开始推动中孟自贸协定的可行性研究。

中孟两国对加强公路、铁路网络建设达成共识,规划从中国昆明出发、经缅甸通向孟加拉国境内、直达印度洋深水港吉大港,形成一条横贯东南亚和南亚的国际交通廊道,孟加拉国外长阿里于2018年6月访华时明确表态,希望与中国"推动务实合作换挡提速"。中国土木工程集团有限公司承建孟加拉国乔伊代堡普尔至伊舒尔迪173千米复线铁路项目。

5. 中印双边贸易在曲折中前行

在区域合作和走廊建设推动下,从2000年至2017年,中印双边贸易额从不足30亿美元增至844.4亿美元,规模扩大20多倍,中国已连续多年成为印度的最大贸易伙伴。2017年两国双边贸易总额比2016年增长18.63%，首次突破800亿美元大关。在重大项目合作方面，由中国投资的古吉拉特邦特变电工电力产业园正式投产、马哈拉施特拉邦福田汽车产业园破土动工，万达、华夏幸福等企业也纷纷赴印度考察设厂，园区合作已成为中印经贸合作的亮点之一。2018年4月，中印领导人在武汉举行非正式会晤，就中印关系以及两国各领域合作等充分交换意见，达成了重要共识，为中印经济的重启和激活提供了新的契机。

第三节 深化南向开放的资金融通支撑作用明显

为支持南向开放，积极拓宽多样化融资渠道，一些国际上的多边金融机构以及各类商业银行在投融资模式上不断探索创新，提供稳定、透明、高质量的资金支持，呈现出新趋势、新模式、新思路、新特点。

一 资金融通新趋势

1. 探索新型国际投融资模式

南向开放沿线基础设施建设和产能合作潜力巨大，融资缺口亟待弥补。各国主权基金和投资基金发挥越来越重要的作用。近年来，阿联酋阿布扎比投资局、中国投资有限责任公司等主权财富基金对沿线国家主要新兴经济体投资规模显著增加。丝路基金与欧洲投资基金共同投资的中欧共同投资基金于2018年7月开始实质性运作，投资规模5亿欧元，有力促进了共建"一带一路"倡议与欧洲投资计划相对接。

2. 多边金融合作支撑作用显现

中国财政部与阿根廷、俄罗斯、印度尼西亚、英国、新加坡等27国财政部核准了《"一带一路"融资指导原则》。根据这一指导原则，

第二部分 "一带一路"与南向开放"软件"建设研究

各国支持金融资源服务于相关国家和地区的实体经济发展,重点加大对基础设施互联互通、贸易投资、产能合作等领域的融资支持。中国人民银行与世界银行集团下属的国际金融公司、泛美开发银行、非洲开发银行和欧洲复兴开发银行等多边开发机构开展联合融资,截至2018年年底已累计投资100多个项目,覆盖70多个国家和地区。2017年11月,2018年7月、9月,中国—阿拉伯国家银行联合体、中非金融合作银行联合体成立,建立了中国与阿拉伯国家之间、非洲国家之间的首个多边金融合作机制。

3. 金融机构合作水平不断提升

在共建"一带一路"中,政策性出口信用保险覆盖面广,在支持基础设施、基础产业的建设上发挥了独特作用;商业银行在多元化吸收存款、公司融资、金融产品、贸易代理、信托等方面具有优势。截至2018年年底,中国出口信用保险公司累计支持对沿线国家的出口和投资超过6000亿美元。中国银行、中国工商银行、中国农业银行、中国建设银行等中资银行与沿线国家建立了广泛的代理行关系。

4. 金融市场体系建设日趋完善

沿线国家不断深化长期稳定、互利共赢的金融合作关系,各类创新金融产品不断推出,大大拓宽了共建"一带一路"的融资渠道。中国不断提高银行间债券市场对外开放程度,截至2018年年底,熊猫债发行规模已达2000亿人民币左右。中国进出口银行面向全球投资者发行20亿人民币"债券通"绿色金融债券,金砖国家新开发银行发行首单30亿人民币绿色金融债,支持绿色丝绸之路建设。证券期货交易所之间的股权、业务和技术合作稳步推进。2015年,上海证券交易所、德意志交易所集团、中国金融期货交易所共同出资成立中欧国际交易所。上海证券交易所与哈萨克斯坦(原阿斯塔纳)国际金融中心管理局签署合作协议,将共同投资建设阿斯塔纳[①]国际交易所。

[①] 2019年3月20日阿斯塔纳更名为努尔苏丹。

5. 金融互联互通不断深化

已有11家中资银行在28个沿线国家设立76家一级机构，来自22个沿线国家的50家银行在中国设立7家法人银行、19家外国银行分行和34家代表处。2家中资证券公司在新加坡、老挝设立合资公司。中国先后与20多个沿线国家建立了双边本币互换安排，与7个沿线国家建立了人民币清算安排，与35个沿线国家的金融监管当局签署了合作文件。人民币国际支付、投资、交易、储备功能稳步提高，人民币跨境支付系统（CIPS）业务范围已覆盖近40个沿线国家和地区。中国—国际货币基金组织联合能力建设中心、"一带一路"财经发展研究中心挂牌成立。

二 资金融通新成绩

1. 中南半岛国家资金融通新进展

中南半岛国家都是亚洲基础设施银行的创始成员国，双方在投资银行与金融监管方面不断深化合作，人民币在中南半岛的国际化进程也在不断加快，中南半岛各国居民对人民币都有一定的接受度，金融合作不断夯实了经贸合作基础。

中国—东盟银联体于2010年10月在第十三次中国—东盟领导人会议期间成立，是中国和东盟国家之间重要的多边金融合作机制。中国—东盟银联体成立以来，为双方经济技术合作和贸易投资发展提供多样性的金融服务，取得了丰硕的合作成果。中方已与老挝、泰国、缅甸、柬埔寨签署澜—湄合作专项基金项目协议。为支持老挝南欧江二期项目四级电站建设，国家开发银行提供7.7亿美元贷款。2019年10月26日，马来西亚首家数字银行——中国建设银行纳闽分行马来西亚纳闽国际商业金融中心举行开业仪式。该分行获得了马来西亚首块数字银行牌照和中国建设银行在东南亚首张人民币清算行牌照。2019年9月18日，中国人民银行在当日发布公告称，正式授权中国银行马尼拉分行担任菲律宾人民币业务清算行。中国银行已在中国港

第二部分 "一带一路"与南向开放"软件"建设研究

澳台地区以及德国、法国、澳大利亚、马来西亚、匈牙利、南非、赞比亚、美国、日本、菲律宾担任人民币清算行。2019 年 04 月 25 日，中国银行与泰国进出口银行签署合作协议，共建"一带一路"。2018 年 9 月 13 日，中国建设银行在新交所发行 3 亿新元"一带一路"基础设施债券。① 这是建行新加坡分行在当地市场第二次发行新元债券，同时也是中国建设银行新加坡分行在本地发行"一带一路基础设施"系列债券的第三期。本次债券发行是中国建设银行响应"一带一路"国家发展倡议，重视和支持相关基础设施项目的重要举措。2018 年 1 月 8 日，中泰两国央行续签规模 700 亿元人民币双边本币互换协议，旨在便利双边贸易和投资，促进两国经济发展。2018 年 8 月 20 日，中国人民银行与马来西亚国家银行在北京续签了中马（来西亚）双边本币互换协议，规模保持为 1800 亿元人民币/1100 亿马来西亚林吉特。② 2018 年 11 月 19 日，中国央行与印度尼西亚银行续签了双边本币互换协议，此次协议规模为 2000 亿元人民币，协议有效期三年。2019 年 5 月 13 日，中国人民银行与新加坡金融管理局续签了双边本币互换协议，旨在促进双边贸易和投资以发展两国经济，为市场提供短期流动性以稳定金融市场。协议规模为 3000 亿元人民币/610 亿新加坡元，协议有效期三年，经双方同意可以展期。③

2. 中巴资金融通依序展开

2018 年 1 月 2 日巴基斯坦国家银行（央行）发表声明，批准贸易商在与中国的双边贸易中使用人民币作为结算货币。巴中两国的公共和私营企业在双边贸易和投资活动中可以自由选择使用人民币，巴基斯坦国家银行已经制定了相关法规以促进人民币在贸易和投资中的使用。

---

① 沈铭辉、张中元：《探索中的"一带一路"融资机制》，《国际融资》2018 年第 7 期。
② "中马两国央行续签双边本币互换协议"，新华网，2018 年 8 月 20 日，http://www.xinhuanet.com/world/2018-08/20/c_129936466.htm。
③ 《中国人民银行与新加坡金融管理局续签双边本币互换协议》，《人民日报》2019 年 5 月 14 日。

2018年5月4日,中国人民银行与巴基斯坦国家银行续签了中巴双边本币互换协议,旨在便利双边贸易投资,促进两国经济发展。协议规模为200亿元人民币/3510亿巴基斯坦卢比,有效期三年,经双方同意可以展期。① 早在2011年12月,中国人民银行与巴基斯坦国家银行就签署了规模为100亿元人民币的双边本币互换协议,旨在促进双边投资贸易、加强金融合作。双方在2014年12月又续签了该协议。

近年来,中巴两国银行业合作发展较快。目前,巴基斯坦的国民银行、阿斯卡利银行、联合银行(UBL)已在北京设立代表处,哈比银行在新疆乌鲁木齐开设分行,为巴基斯坦银行在华第一家分行。2015年4月,习近平主席访巴期间,中巴双方签署了《自由贸易区服务贸易协定银行业服务议定书》,在FTA框架下推动两国金融业合作与发展。中国国家开发银行与巴方在巴基斯坦合资成立了中巴联合投资公司,并派工作组常驻巴基斯坦;中国工商银行卡拉奇分行及其下属伊斯兰堡分行于2011年5月开始营业,并于2015年4月在拉合尔开设分行;中国银行于2017年11月7日在卡拉奇开设分行。2015年7月,中国太平保险集团有限责任公司与巴基斯坦EFU财产保险有限责任公司在北京签署合作谅解备忘录,② 共同为中国企业在巴投资项目提供全方面的保险金融服务。

3. 中缅资金融通得到有效推进

根据缅甸国家计划与财政部下属的投资和公司管理局数据,2016/17财年缅甸共吸引外资66.5亿美元,吸引外资领域主要为交通与通讯业、制造业、电力、房地产、酒店和旅游业等。截至2018年3月底,共有49个国家和地区在缅甸12个领域投资1470个项目,总投资额760.28亿美元。中国以199.50亿美元投资额位居第一。2017年中国对缅甸直接投资流量428亿美元,直接投资存量5525亿

---

① "中巴两国央行续签双边本币互换协议",新华网,2018年5月24日,http://www.xinhuanet.com/world/2018-05/24/c_1122883694.htm。

② 章印、闫夏:《CPEC特殊政策篇:防微杜渐》,《中国外汇》2018年第10期。

第二部分 "一带一路"与南向开放"软件"建设研究

美元,投资领域主要集中在油气资源勘探开发、油气管道、电力能源开发、矿业资源开发及纺织制衣等加工制造业领域。投资项目主要采用 BOT、PPP 或产品分成合同(PSC)的方式运营。①

在南向开放中,资金融通取得了一系列重要成果,具体详见表 4-2。

表 4-2　　　　　　　　南向开放资金融通成果

项目	时间	成果	金额	国家
南欧江二期项目四级电站	2017 年 12 月 3 日实现大江截流	国开行提供贷款	7.7 亿美元	老挝
中国建设银行纳闽分行马来西亚纳闽国际商业金融中心	2019 年 10 月 26 日	马来西亚首块数字银行牌照、中国建设银行东南亚首张人民币清算行牌照		马来西亚
中国银行马尼拉分行	2019 年 9 月 18 日	被授权菲律宾人民币业务清算行		菲律宾
中国银行与泰国进出口银行合作谅解备忘录	2019 年 4 月 25 日	中国银行与泰国进出口银行签署合作协议		泰国
"一带一路"基础设施债券	2018 年 9 月 13 日	中国建设银行新加坡分行成功发行债券,并在新交所挂牌上市	3 亿新元	新加坡
中泰双边本币互换协议	2018 年 1 月 8 日	便利中泰双边贸易和投资	700 亿元人民币	中国—泰国
中马(来西亚)双边本币互换协议	2018 年 8 月 20 日	便利中马双边贸易和投资	1800 亿元人民币	中国—马来西亚

---

① 刘伟、侯立娟、王亚舒:《缅甸天然气市场展望及中国企业投资合作建议》,《国际石油经济》2019 年第 8 期。

第四章 "一带一路"与南向开放的贸易便利化进展

续表

项目	时间	成果	金额	国家
中—印尼双边本币互换协议	2018年11月19日	续签，协议有效期三年	2000亿元人民币	中国—印尼
中国人民银行与新加坡金融管理局续签双边本币互换协议	2019年5月13日	促进双边贸易和投资以发展两国经济，为市场提供短期流动性以稳定金融市场	规模为3000亿元人民币/610亿新加坡元	中国—新加坡
巴基斯坦国家银行批准贸易商在与中国的双边贸易中使用人民币作为结算货币	2018年1月2日	巴中两国企业在双边贸易和投资活动中可以自由选择使用人民币		中国—巴基斯坦
中巴双边本币互换协议	2018年5月4日	有效期三年，便利双边贸易投资，促进两国经济发展	200亿元人民币/3510亿巴基斯坦卢比	中国—巴基斯坦
中巴自由贸易区服务贸易协定银行业服务议定	2015年4月	在FTA框架下推动两国金融业合作与发展		中国—巴基斯坦
巴基斯坦哈比银行在新疆乌鲁木齐开设分行	2019年11月	首家在华开展人民币业务的巴基斯坦银行		中国
中国工商银行卡拉奇分行	2011年5月	提供巴基斯坦本外币结算、贸易融资、项目融资、涵盖多种货币的外汇、投融资顾问等服务		巴基斯坦
中国工商银行拉合尔分行	2015年4月	为国内投资者提供更加便利、更加安全的投资渠道和更加快捷的金融服务		巴基斯坦

205

第二部分 "一带一路"与南向开放"软件"建设研究

续表

项目	时间	成果	金额	国家
中国银行卡拉奇分行	2017年11月7日	中国银行在南亚的第一家分支机构		巴基斯坦
中国太平保险与巴基斯坦EFU财产保险签署合作谅解备忘录	2015年7月	中国企业在巴投资项目提供全方面的保险金融服务		中国—巴基斯坦

资料来源：编者整理。

  作为南向开放建设的重要支撑，资金融通为南向开放"软件"建设提供了重要的资金支持。在探索新型国际投融资模式、提升金融合作水平、建设金融市场体系、打造金融互联互通上呈现出新趋势；同时，与南向开放中的中南半岛、中巴、中缅等国家资金融通取得了很好的成绩，为南向开放沿线国家的资金融通提供了较好的借鉴。

第五章 "一带一路"与南向开放的文化教育交流进展

文化教育领域的交流合作是共建南向开放的人文基础，是促进民心相通的基本保障。推进文明交流互鉴、加强同相关国家和地区的文化往来是实现民心相通的重要内容。当前，我国与南向开放沿线各国开展了形式多样、领域广泛的公共外交和文化交流，增进了相互理解和认同，为促进南向开放软件建设奠定了坚实的民意基础。

第一节 文化交流平台日益完善

文化交流始终是合作的重要支柱之一，民俗文化交流有利于增进双方理解，丰富地区文化表达的多样性，推动地区包容、理解与文化互鉴，并对扩大开放的软件建设产生积极影响，促进了中国—东盟文化共同体的形成。我国高度重视在以往文化交流平台和机制建设的基础上巩固成果、扩大影响，这是加强南向开放软件建设的有效、便捷的途径。

一 构建了多层次官方平台，促进了常态化文化交流

为促进文化交流，中国高度重视官方平台的搭建，表5-1列出了南向开放官方平台建设情况。自2003年就启动的东盟—中日韩

(10+3) 文化部长会议至今已召开8次，未来将加强文化交流、创意文化产业、文化遗产管理和人力资源开发等文化艺术领域的扩大合作。从2004年开始每年在中国南宁举办的中国—东盟博览会目前已成功举办16届，成为中国—东盟文化交流的一个关键平台和闪亮名片。自2006年开始在南宁举办的中国—东盟文化产业论坛，于2011年起正式升格为由文化部与广西壮族自治区人民政府联合主办的省部级论坛，并于2012年进一步升级更名为"中国—东盟文化论坛"，再到2018年的文化创意产业合作，无不折射出中国—东盟文化合作的丰富内涵，至今已连续举办14届，成为中国—东盟博览会"十大品牌"论坛之一，内涵也不断充实，成为以专业领域为依托的重要区域文化交流与合作的机制与平台。始于2006年的"中国—东盟青年营"至今也已举办11届，成为延续性、大规模的青年交流品牌活动，促进了中国与东盟各国青年的友好往来与交流合作。2012年，首届中国—东盟文化部长会议在新加坡举行，标志着中国—东盟文化合作迈入了崭新阶段。2018年10月在印尼召开的第4次中国—东盟文化部长会议上审议通过了《中国—东盟文化合作行动计划（2019—2021）》，进一步深化双方在包括文化创意产业在内的各领域交流与合作，将合作拓展至文化产业、文化遗迹保护、公共文化服务等更广领域，标志着双方文化交流合作进入全方位发展阶段。中国和东盟2018年11月在新加坡通过《中国—东盟战略伙伴关系2030年愿景》，决定构建以政治安全、经贸、人文交流三大支柱为主线，多领域合作为支撑的合作新框架，打造更加紧密的命运共同体。中国与东盟迄今已形成了以文化、教育、旅游等为主要内容的人文交流机制，打造"中国—东盟命运共同体"理念在中国和东盟国家中越来越深入民心，双方民众迫切希望拓宽和加深两国人文交流。

第五章 "一带一路"与南向开放的文化教育交流进展

表 5-1　　　　　　　　　南向开放官方平台建设

序号	交流平台名称	建立时间	举办次数
1	东盟—中日韩（10+3）文化部长会议	2003	8
2	中国—东盟博览会	2004	16
3	中国—东盟文化论坛	2006	14
4	中国—东盟青年营	2006	11
5	中国—东盟文化部长会议	2012	4
6	中国—东盟民族文化论坛	2016	4

资料来源：编者整理。

二　文化交流活动形式多样，形成了一批具有一定国际影响力的文化交流品牌

"一带一路"倡议提出以来，我国在沿线国家设立了17个中国文化中心，其中多数位于南向通道上，为开展形式多样的文化交流活动提供了文化设施保障。中国与"一带一路"沿线国家互办文化年、文化月、文化周等系列活动，搭建文化交流平台，在此期间举办艺术节、电影节、音乐节、文物展、图书展等文化活动，形成了"中国文化年""中国文化周""文化中国行""中国民俗文化东盟行""中国南亚东南亚艺术周"等10余个文化交流品牌（见表5-2），打造了海上丝绸之路国际艺术节、中国—东盟国际少儿文化艺术节等一批大型文化节会。

表 5-2　　　　　　　　　　文化交流品牌

序号	文化品牌	举办地	设立时间
1	中国东盟文化交流年	北京	2014
2	中国东盟大学生文化周	海口	2018
3	中国（广西）—东盟文化旅游周	南宁	2019
4	文化中国行	全国	2015
5	中国民俗文化东盟行	雅加达	2019

第二部分 "一带一路"与南向开放"软件"建设研究

续表

序号	文化品牌	举办地	设立时间
6	丝路花语——海上丝绸之路文化之旅	文莱、印度尼西亚、菲律宾	2019
7	海上丝绸之路国际艺术节暨东亚文化之都·2014泉州丝海扬帆嘉年华	福建泉州	2014
8	中国—东盟国际少儿文化艺术节	南宁	2015
9	中国—东盟国际艺术节	广西凭祥市	2017
10	东南亚中国图书巡回展	东盟各国	2017
11	中国南亚东南亚艺术周暨澜湄艺术节	昆明	2018
12	中国民俗文化东盟行	雅加达	2019

资料来源：编者整理。

2013年，中国—东盟文化论坛作为在中国—东盟博览会期间举行的重点论坛，其对话领域进一步扩大，从文化产业扩展到文化艺术、非物质文化遗产保护。2014年是中国和东盟战略伙伴关系第二个十年的开局之年，中国—东盟文化交流年活动通过向世界展示中国和东盟人文交往的丰硕果实，为中国和东盟各国艺术家和各国人民友好合作搭建更加广阔的舞台。2017年是中国希腊文化交流年。2017年在孟加拉举办了"首届中国文化月"活动，本次活动中，以"丝路·生活·建设"为主题的中国图片展和中国电影巡演使中孟两国文化交流一定更加密切宽广。2018年和2019年也连续举办了两届"中国文化月"系列活动。2018年由人民出版社出版的《中国—东盟命运共同体建设中文化产业作用机制研究》一书，从讲好中国—东盟人民文化交流合作故事视角研究了中国—东盟关系发展历经"黄金十年"，走向"钻石十年"，迈向中国—东盟命运共同体建设。2019年3月，"礼乐筑梦"中国—越南青年儒家文化交流活动暨澜沧江—湄公河"双城记"大型青年文化交流系列活动启动仪式在南宁孔庙博物馆举行。该项目在澜湄流域六个国家十个城市陆续举行青年文化交流活动。其中，中国的五个城市与湄公河流域五国（柬埔寨、缅甸、老挝、泰国、越南）五个城市两两组成联谊城市，开展形式多样的文化交流。2019年10月和11月，广州市文化广电旅游局主办的"丝路花语——海上丝绸之路文化之旅"分别赴文莱、印度尼西亚、菲律宾，开展文物保护交流会、文艺会演、主题展览、宣讲推介、公众互动等多场活动。2019年11月，以"青春东盟·欢乐海南"为主题的第二届中国—东盟大学生文化周在海口正式启动，让东盟国家的大学生感受到海南自由贸易试验区、自由贸易港建设中迸发的勃勃生机。

2014年11月26日，在福建泉州举办了第一届海上丝绸之路国际艺术节暨东亚文化之都·2014泉州丝海扬帆嘉年华活动，至今已举办三届，通过艺术交流、学术研讨、民间互动等，传承丝路精神，增进民心相通，为共商共建共享"一带一路"聚沙成塔、积水成渊。第四届海上丝绸之路国际艺术节也于2019年11月22日至27日举办。创办于2015年的中国—东盟国际少儿文化艺术节根植"文化搭台、经济唱戏；艺术演绎、品牌服务"的核心理念，以"和平、梦想、快乐、友谊"为主题。2017年5月，在中越边城广西凭祥市举办了中国—东盟国际艺术节。2017年，在泰国曼谷诗丽吉王后国家会展中心了举办首届东南亚中国图书巡回展。2019年10月31日至11月6日，第三届东南亚中国图书巡回展范围扩大到了泰国、马来西亚、菲律宾、老挝、柬埔寨、缅甸东南亚六国，有力地推动了中国与东南亚地区出版合作与文化交流，有效提升了中国出版的国际影响力。2018年5月11日，首届中国—东盟媒体合作论坛在无锡红豆杉庄举办。2018年6月在昆明举行的中国南亚东南亚艺术周暨澜湄艺术节作为第5届中国南亚博览会暨第25届昆明进出口商品交易会的重要组成部分，搭建了云南通向南亚东南亚的艺术桥梁。同时，合作与交流更加深入，播下云南与南亚东南亚各国艺术与友谊的种子。活动也更加丰富多彩，拓展了云南与南亚东南亚各国艺术交流的内容。2017年5月尼泊尔正式加入"一带一路"倡议，为加强两国在"一

第二部分 "一带一路"与南向开放"软件"建设研究

带一路"框架下的合作,2017年12月23日察哈尔学会在北京举办了"中国—尼泊尔文化交流研讨会",让中尼两国在文化领域的交流更加深入。

在"一带一路"开展的国际合作框架中,南亚拥有牵连东西、联动南北、沟通海陆的区位优势,具有其他地区难以企及的枢纽地位。中巴经济走廊、孟中印缅经济走廊、中尼印经济走廊均穿过南亚。目前中国一股南亚学热潮正在兴起。2008年创办的中国—南亚国际文化论坛,已成功举办了八届,成为南亚区域内知名文化交流品牌。2019年初,中国人民对外友好协会决定将中国—南亚国际文化论坛固定落地云南来举办,中国—南亚的文化交流渠道进一步稳固。2008年中国驻巴基斯坦使馆和巴基斯坦国家艺术委员会就开始联合举办中国文化周活动,2017年活动形式进一步拓展,举办了"中国非遗文化周"。

第二节　文化交流渠道日益拓宽

一　打造国际平台,挖掘"海上丝绸之路"文化品牌价值

随着"一带一路"倡议的深入开展,文化领域的交流合作机制也随之不断深化、完善。2015年5月8日,涵括中国港澳和"海上丝绸之路"沿线10省市区的"中国海上丝绸之路旅游推广联盟"在厦门成立。该联盟整合"海丝"旅游产品和市场资源,深化"海丝"旅游推广合作机制,提升"海丝"旅游品牌和文化影响力。2016年10月21日,丝绸之路国际剧院联盟在京成立。2017年10月20日,由中国上海国际艺术节倡导并促成的"丝绸之路国际艺术节联盟"在上海正式成立,搭建了"一带一路"沿线国家艺术节互联互通、共创共享的合作实体、联系网络与服务平台,成员已由成立之初的32个国家和地区的124个艺术节和机构,发展到了41个国家与地区的157家艺术机构。2018年11月24日至25日,首届丝绸之路国际

博物馆联盟大会在福州海峡国际会议中心召开，来自21个国家的30多所文博机构（其中包括柬埔寨国家博物馆、老挝国家博物馆、缅甸国家博物馆）代表共同探讨未来合作计划，签署展览合作框架协议，伴随着联盟首次大会的召开，期待联盟成员在文物展览、学术研究、人员培训、联合考古、社会教育、文化产业发展等方面全方位开展交流与合作。福州是古代海上丝绸之路的重要肇始地，丝绸之路国际博物馆联盟的诞生，构建了"一带一路"沿线国家博物馆开展务实合作的新机制，有利于继续深化合作，优势互补，共同进步。由中国国家图书馆、中国图书馆学会以及"一带一路"相关国家多家图书馆联合发起的丝绸之路国际图书馆联盟于2018年5月28日在四川成都成立，成员包括孟加拉国、新加坡等24个国家，这也是"一带一路"倡议在文化领域实践的标志成果。2018年6月19日，丝绸之路国际美术馆联盟在中国美术馆成立，来自"一带一路"沿线18个国家和地区的美术馆和美术机构加入了联盟，其中斯里兰卡国家艺术馆、越南美术博物馆等均属于南向开放通道上的机构。

二 发挥民俗文化的精神纽带作用

民俗文化最能表达一个民族对美好生活的理解，最能体现一个民族的精神世界和价值观念。民俗文化交流是促进民心相通最好的途径和桥梁。2019年6月17日至18日，"中国民俗文化东盟行"活动在印度尼西亚首都雅加达举行，近30名中国民俗文化专家与艺术家带来了插花、香学、茶艺等中国民俗文化表演。"中国民俗文化东盟行"活动将中国民间文化力量引入东盟国家，通过相互交流、对话与展示，促进双方之间的文明互学互鉴，相互汲取营养、取长补短，实现发展和创新。印尼最大英文报纸《雅加达邮报》评论称，民俗艺术家成为中国对东盟的"文化新使者"。2019年2月19日，在新加坡中心城区举行了"好山好水好人好茶水韵丝路—墨舞茶香"的中新文化交流活动，活动当天，中国—新加坡民间文化交流平台——"丝

第二部分 "一带一路"与南向开放"软件"建设研究

路文化交流中心"正式落成。"丝路文化交流中心"的成立将增进中新两国"民相亲、心相通",促进中国和"一带一路"沿线国家的民间文化交流,为"一带一路"倡议营造良好环境起了积极作用。

三 积极开展文化遗产合作

"一带一路"沿线国家文化遗产丰富,加强文化遗产合作,既是加强国家政府间官方合作的纽带,又是促进文化沟通、民心沟通的桥梁。在"一带一路"框架下,中国分别与印度尼西亚、缅甸、新加坡等国签订了文化遗产合作文件,深化文化领域的合作交流。2017年5月16日,缅甸宗教文化部与中国国家文物保护局之间签署关于修复遭地震毁坏的蒲甘历史文化遗产的谅解备忘录。2018年4月8日,中国国家文物局与新加坡国家文物局在钓鱼台国宾馆签署《中华人民共和国国家文物局和新加坡国家文物局合作谅解备忘录》,这是中国与新加坡政府层面的文化遗产合作文件,内容涵盖展览交流,博物馆、文化事业单位藏品管理与保护,人员交流、互访、培训,博物馆、文化事业单位研究、出版、信息和技术分享、随展文创产品研发与销售等内容,不仅体现出两国文化遗产主管部门对文化遗产交流与合作的重视,也表明了双方探索新的合作领域的愿望,有助于形成两国文化遗产领域多层次、深入而广泛的合作。2019年10月和11月举行的"丝路花语——海上丝绸之路文化之旅"推介活动期间,广州市与菲律宾、印度尼西亚、文莱分别签署了《关于海上丝绸之路文化遗产合作保护和旅游地资源开发共享的合作备忘录》,约定将分享遗产保护工作中的宝贵经验,有序推进文化遗产展示、利用及共同保护,打造文化交流平台,开展更广领域、更深层次人文交流,并携手在旅游开发领域发掘新亮点。

自"长安—天山廊道路网"申报世界文化遗产成功之后,国家文物局自2017年开始积极推动"丝绸之路:南亚廊道"的申遗准备工作。中国还在埃及、沙特、伊朗、印度、孟加拉国、缅甸、老挝、哈萨克斯坦、吉尔吉斯斯坦、乌兹别克斯坦、蒙古国等"一带一路"沿线国家开展联合考古、规划设计和修复合作项目。

第三节 与大洋洲国家文化交流日益融合

大洋洲是世界上最小的一个大洲，有14个独立国家，是除南极洲外，世界上人口最少的一个大洲。大洋洲除澳大利亚、新西兰两个发达国家外，其他国家均为发展中国家。随着"一带一路"倡议的提出，大洋洲成为"21世纪海上丝绸之路"南向建设的重要区域，成为南向开放中不可或缺的一部分。中国与大洋洲"一带一路"沿线国家虽然有着截然不同的文化传统，但是中华文化一直在寻找着走向全球的途径。

在"一带一路"的框架下，中国与大洋洲各国之间的文化交流渠道众多（见表5-3）。2014年11月17日悉尼中国文化中心在澳大利亚首都堪培拉揭牌，是我国在大洋洲设立的第一个中国文化中心，2015年12月11日新西兰中国文化中心在新西兰首都惠灵顿揭牌，2015年12月15日斐济中国文化中心在斐济首都苏瓦揭牌，这几个文化中心的揭牌意味着中华文化正式踏进大洋洲这片沃土，标志着中国与大洋洲各国文化交流进入崭新阶段。大洋洲各文化中心近几年举办上百场的文化活动，传播中华文化，具有代表性的便是备受大洋洲各国人民喜爱的"欢乐春节"系列活动，给大洋洲人民带来文化的饕餮盛宴，推动更深层次人文交流。2019年5月"中国旅游文化周"先后走进新西兰和斐济，涵盖文艺演出、美食体验、中国民乐会、中医药健康等一系列文化旅游项目，让外国友人感受到中国的文化之美。2019年10月30日在新西兰惠灵顿举办了第11届新西兰中国电影节，增进两国人民对彼此文化的理解。自1998年举办的首届新西兰中国电影节到现在，21年间两国人民从陌生到熟悉，是全球化和"一带一路"带来的改变。2019"美丽中国·璀璨文化"大洋洲推广

第二部分 "一带一路"与南向开放"软件"建设研究

活动于8月21日至8月29日在新西兰、斐济、澳大利亚三国的5个城市举办,向大洋洲各国人民传递绵延5000年之久的中华文明与璀璨文化,并为海外中国文化中心探索和实践"文化和旅游融合发展"提供了机遇。2020年5月新西兰惠灵顿中国文化中心通过多个社交媒体的账号推出展现人们同心抗疫的微视频室内歌剧《阳光灿烂》和音乐电视《在一起》,让正在抗击疫情的新西兰民众感受到了温暖和鼓舞。

表5-3　　　　　　　　　中国与大洋洲文化交流

时间	地点	活动	交流主题	参会人员
2016年3月26日	斐济博物馆	"品味中国文化"	中国美食、汉字书写体验、灯笼、筷子,经典动画电影《西游记之大圣归来》放映	当地市民和社会各界人士
2017年4月19日	斐济中国文化中心	"中国国画精品展"	中国的传统绘画	中国驻斐济大使馆政务参赞,斐济教育、遗产与艺术部遗产艺术司司长,中斐艺术家
2018年1月30日	新西兰毛利族裔神圣的皮皮蒂亚毛利多功能活动中心礼堂	"欢乐春节"	中国春节文化	当地市民和社会各界人士
2018年5月23日	斐济中国文化中心	"中国文创产品展示周"	中外文化交流中心、故宫博物院、广东龙门农民画工作室等文创产品	斐济国立大学创意艺术学院院长与学生
2018年6月8日	新西兰首都惠灵顿图书馆	"中国文创产品展示周"	敦煌文化、木偶剧	当地市民和社会各界人士

第五章 "一带一路"与南向开放的文化教育交流进展

续表

时间	地点	活动	交流主题	参会人员
2018年6月21日	斐济中国文化中心	"中国内蒙古文创产品展示周"和"内蒙古风情图片展"	内蒙古文创产品	内蒙古自治区文化厅副厅长，现任斐中友好协会秘书长，斐济教育遗产艺术部遗产艺术司司长等
2018年7月11日	斐济中国文化中心	"中国当代建筑图片展"	76个当代中国建筑项目以及一些具有代表性的外国建筑师在中国的合作项目	现任斐中友好协会秘书长，斐济教育遗产艺术部遗产艺术司司长，当地文化机构和组织的官员和代表
2018年9月25日	新西兰首都惠灵顿圣安德鲁音乐厅	"天涯共此时"中秋民乐会	中国琵琶、古筝等古典乐器	惠灵顿市民，新西兰音乐界、文学界人士及华人华侨
2019年2月10日	惠灵顿塔拉纳基储蓄银行演艺大厅	第19届惠灵顿中国新年"欢乐春节"	中国春节民俗与特色旅游资讯	当地市民和社会各界人士
2019年4月9日	新西兰中国文化中心	"中国非遗召集令"	中国传统舞龙舞狮技艺	惠灵顿市民
2019年4月26日	斐济中国文化中心	"杨渊戏曲人物国画展"	国画和京剧	斐济文化和艺术界人士、华人华侨、中资企业代表等
2019年5月9日	新西兰奥克兰	"中国旅游文化周"	文艺演出、美食体验、中国民乐会、中医药健康等	当地市民和社会各界人士

217

第二部分 "一带一路"与南向开放"软件"建设研究

续表

时间	地点	活动	交流主题	参会人员
2019年8月21、22日	新西兰克赖斯特彻奇市,奥克兰市	"美丽中国·璀璨文化"大洋洲推介会	毛利族歌舞与中国川剧变脸、民族民间舞等文化节目	两国旅游业代表团,新西兰旅游协会等政府、文化及旅游业界人士
2019年9月11日	新西兰惠灵顿市华人华侨活动中心	"2019文化中国行"分享会	2019年海外中国文化中心优秀学员"文化中国行"的中国印象	海外中国文化中心优秀学员,当地市民和社会各界人士
2019年9月28日	新西兰梅西大学礼堂	"2019新西兰中文周文艺演出"	中文及中国传统器乐和武术表演	本地市民和华人社团
2019年10月30日	新西兰惠灵顿洛克西电影院	第11届新西兰中国电影节	两国影视行业	新西兰各界嘉宾、中国电影代表团和影视爱好者

资料来源:编者整理。

在"一带一路"的框架下,中国与大洋洲各国之间的文化交流更加多元化。2019年是"中国—新西兰旅游年",根据新西兰旅游局发布的《新西兰旅游局中国市场白皮书》显示,2018年,中国游客到访新西兰的总体游客量为45万人次,同比增长9.7%,去新西兰旅游的中国游客为新西兰带来的不仅是旅游人数消费额的增长,还有文化的交流,让旅客在旅游的过程中认识到新西兰独特的风土人情。新西兰代表学员在"2019文化中国行"过程中也接触到了不一样的中华文化,产生了新的中国印象。新西兰在"一带一路"框架下具有重要地位,两国旅游及文化产业链为挖掘两国合作潜力、增进两国友谊起到了不可或缺的推动作用。2018年5月在斐济中国文化中心举行的"中国文创产品展示周"展示了具有中国特色的文创产品。在"一带一路"倡议下，中国与大洋洲的文化交流活动越发频繁，有更多的文化活动针对大洋洲来进行推广，大洋洲"一带一路"沿线国家与中国在"一带一路"的框架下的文化交融有了更多的可能。

第四节　人才培养和教育合作日益深入

一　设立政府奖学金项目

中国设立"丝绸之路"中国政府奖学金项目，与24个沿线国家签署高等教育学历学位互认协议。中国政府"丝绸之路"奖学金是为落实《推动共建丝绸之路经济带和21世纪海上丝绸之路的愿景与行动》有关倡议以及《推进共建"一带一路"教育行动》中关于实施"丝绸之路"留学推进计划的要求而设立的，旨在为沿线各国专项培养行业领军人才和优秀技能人才。2017年中国政府奖学金资助3.87万沿线国家人民来华留学，香港、澳门特别行政区也分别建立"一带一路"相关奖学金来资助沿线国家学生。中国科学院在沿线国家设立硕士、博士生奖学金和科技培训班，已培训5000人次。

2015年5月时任国务院副总理刘延东同志访问孟加拉国期间，宣布增加对孟提供的中国政府奖学金和为孟培训的汉语教师数量，增进两国的教育交流，助力孟加拉国提高教育水平。

近几年新西兰借助"一带一路"倡议积极推动双向留学，开展了许多教育合作项目，新西兰总理为资助新西兰学生来华留学开设了亚洲奖学金项目，推动两国之间的教育合作。2014年建立的伊利大洋洲乳业生产基地在伊利集团的支持下设立了一项奖学金，授予对象为怀马特地区有志于进行乳业研究和中新交流的中学毕业生，并为获奖学金的学生提供实习机会，帮助他们成为促进中新两国友好交往的桥梁。

二 成立教育培训联盟

2012年,外交部、教育部联合批准了10个国家级"中国—东盟教育培训中心",分别落户广西、四川、贵州、云南、福建、黑龙江等6个省区,2015年又增加了20个,通过东盟国家夏令营、本土化师资培训班、教育访华团等各种形式为东盟国家经济社会发展培养更多急需的人才。2015年8月,30家"中国—东盟教育培训中心"承办高校成立了中国—东盟教育培训联盟,致力于建立中国与东盟各国教育培训合作的长效机制,深入推动中国与东盟区域人文交流与合作。2017年7月中国—东盟高校创新创业教育联盟在第十届中国—东盟教育交流周期间成立,该联盟旨在探讨创新创业教育的模式和方法,培养具备国际竞争力的年轻人。海南大学在第十届中国—东盟教育交流周期间签署了《构建"中国—东盟高校创新创业教育联盟"的联合声明》,标志着海南大学正式加入"中国—东盟高校创新创业教育联盟"。2012年3月20日,国家旅游局在云南旅游职业学院设立"中国—东盟旅游人才教育培训基地",旨在进一步促进云南与东盟全面开展旅游合作,进行语言培训、旅游研究和学术交流。2018年10月23日,云南旅游职业学院举办了"中国—东盟南亚旅游官员及旅游企业高管培训项目"。而早在2002年,云南旅游职业学院(前身为云南省旅游学校)就开始了与东盟国家的交流与合作。学校面向泰国、老挝等国家招收学生,开展旅游专业及中国文化等方面的教育培训。2019年10月15日,昆明学院承办了"面向南亚东南亚国际技能人才专项培训"工作。

自2015年起,教育部委托有关地方探索建设"鲁班工坊",一批各具特色的"鲁班工坊"相继建成。"鲁班工坊"采取校际合作、校企合作、依托政府合作三种建设模式,以培训当地员工的技术技能为主。2016年,在泰国大城技术学院成立境外第一家"鲁班工坊"——泰国"鲁班工坊",对东盟国家职业院校师生开放。2017年,在英国奇切斯特学院成立了英国"鲁班工坊",将"中餐烹饪技术"带入英国的学历教育。2018年,巴基斯坦"鲁班工坊"正式运营,旨在为巴基斯坦培养大批的机电一体化技术专业和电气自动化技术专业的技术技能人才。"鲁班工坊"在南向开放沿线国家的相继成立逐步打造了中国职教的良好形象,成为中国职业教育助力"一带一路"建设、促进"民心相通"的奋进之笔。

2016年8月1日,由我国、东盟国家学校和我国轨道交通企业组成的中国—东盟轨道交通教育培训联盟揭牌成立,成员来自印尼、泰国、越南、老挝、柬埔寨等东盟国家、中国港澳台地区等27所高校和教育组织机构,通过互认学分、互认学历,实现联盟内高校跨区域人才培养的无缝对接。

三 建立教育交流桥梁

中国—东盟教育交流周自2008年举办以来,促进了中国与东盟国家的人文交流,成为构建中国与东盟国家人文交流的主要平台和特色品牌。为进一步加强中国与东盟国家的人文交流,2019中国—东盟教育交流周举办了"汉语桥"—"诗琳通公主杯"东盟国家在华留学生演讲大赛、"汉语桥"东盟国家青少年来华夏令营,以及第二届中国—东盟少儿艺术教育成果展。

2017年11月26日,中国—南亚东南亚大学联盟在昆明成立,成员由中国、印度、泰国、缅甸、斯里兰卡等10个国家的约50所高校组成。该联盟由云南大学发起,旨在通过定期举办校长论坛、积极探索人才联合培养模式、共建国际联合实验室和其他科研平台等形式,增进区域间高等教育交流与合作水平,构建区域高等教育共同体,助力区域发展。云南—南亚东南亚教育合作论坛的举办搭建了教育国际合作交流平台,推动各方积极开展更大范围、更深层次、更高水平的教育国际交流与合作。

孔子学院也是深化教育培训交流的重要渠道。目前在54个沿线

第二部分 "一带一路"与南向开放"软件"建设研究

国家设有孔子学院 153 个、孔子课堂 149 个。截至 2019 年 9 月 30 日，大洋洲澳大利亚、新西兰、斐济、萨摩亚、巴布亚新几内亚五个国家已经设立 20 所孔子学院和 96 个孔子课堂。在 2018 新西兰留学报告中显示，近十年中国学生涨幅达 90.7%，有越来越多的中国学生去新西兰留学，同样，也有越来越多的新西兰学生来中国求学。2019 年 8 月 17 日在斐济首都苏瓦举行了南太平洋地区中文教育研讨会，来自美国、新加坡、澳大利亚和新西兰等国高校语言教育领域的学者以"全球化和多样化时代背景下的中文教育"为题共同探讨在全球化时代如何更好地推进中文教育。大洋洲"一带一路"沿线国家与中国的教育合作现在正在如火如荼地进行，在未来中国将会对大洋洲"一带一路"沿线国家有更多的教育输出，让中国与大洋洲"一带一路"沿线国家教育合作迈上更高台阶。

第六章　南向开放"软件"建设存在的问题

第一节　地方同质化竞争和话语权争夺严重

从目前来看，地方在参与南向开放建设方面虽然表现出空前的参与热情，但存在比较严重的名义化、表层化和同质竞争态势。一方面，一些地方政府并无深耕"一带一路"的意愿，只是要借此机会向中央争取更多的政策支持和政策资源；另一方面，地方政府对如何参与"一带一路"的理解仍停留在表面，未能结合当地的具体特点，深入到产业和行业层面进行定位。① 浏览南向开放倡议的相关文件，可以发现打造陆海新通道（南向）是该倡议的主要目标，交通运输、金融、信息通信等方面的合作主要是为了提升该通道的效率，或者是解决产能过剩所需的产能合作，而与南向国家产业进行深入对接，优势互补等方面则"轻描淡写"，更遑论区域经济一体化。国家发改委在发布的《西部陆海新通道总体规划》中指出，陆海新通道存在缺乏有效产业支撑的突出问题。

另外，也可以观察到地方在南向开放建设推进过程中的博弈，一开始仅有重庆、广西、贵州、甘肃四省区市参与南向通道的建设，后面逐渐加入其他六省，且在国家发改委文件出台前，海南省、内蒙古

---

① 何帆、朱鹤、张骞：《21世纪海上丝绸之路建设：现状、机遇、问题与应对》，《国际经济评论》2017年第5期。

自治区被排除在南向通道建设队伍之外。其间既存在原始成员纳入新成员的考量，也有外部者成为新成员的思量，各方要对协议内容反复磋商，为自身争取更多利益。广西、云南毗邻东南亚，互相争夺东南亚和南向国家第一"对接省"的地位，尽量让货物通过本省份而不是其他省份进入国内。广西目前已建成一、二类口岸25个，其中国家一类口岸达17个；并拥有北海港、防城港等海港。云南也有一、二类口岸25个，与缅甸、老挝和越南等南向国家接壤，且更靠近南亚国家。双方各有交通上的优势，竞争在所难免。海南由于与东南亚国家隔海相望，且衔接太平洋和印度洋。从地理位置上看，海南既可对接东南亚国家，也可对接大洋洲国家和太平洋岛国，所以海南也在努力争取更多南向开放的政策支持。另外，重庆与四川两省市在争夺南向开放内陆"中心区"的地位。西部陆海新通道当前有三条主通道，两条经过重庆，一条路经四川。从南向国家通过海运方式运达北部湾港的货物再通过陆运方式运达四川和重庆，再接着通过中欧班列运往欧洲。这就是南向开放倡议中的陆海联运，其中四川和重庆起着中心枢纽的作用。货物多的时候可以同时使用三条通道，但货物少的时候该选择哪一条通道，这就要看竞争的结果，而地区竞争将可能造成资源的浪费、收益的减少，不利于南向开放建设。

目前，参与南向开放项目的省份有重庆、广西、贵州、甘肃、青海、新疆、云南、宁夏、陕西、内蒙古、四川、海南、西藏（不明确），多数位于中国西部，经济相对比较落后，所以都希望借助一带一路打开"南大门"，建立与南向国家的经济、文化等联系，带动本地经济发展。因此，在南向开放的过程中，各地首先从本地区的利益出发，尽可能地为地区争取更多利益，忽视整体利益，这将可能降低国家对南向开放的积极性，减少相关投入。

第二节 国内民营企业和金融机构参与力度不够

"一带一路"作为国家重大倡议，对中国企业"走出去"具有重要的推动作用。相关数据显示，2013—2018年，中国企业对沿线国家直接投资超过900亿美元，年均增长5.2%，在沿线国家完成对外承包工程营业额超过4000亿美元。[①]但是，其重大成果主要体现为国家层面的合作协议、备忘录以及各类援建项目等，具体承担任务的主体则是中国政府相关部委和大型中央企业。尽管各类企业对参与"一带一路"建设亦持有非常乐观的态度，但在实际操作层面，现有的合作领域集中于援建项目和基建投资，主要模式是国家牵头、央企执行，仅是少数央企承担了主要的任务，大量民营企业很难在当下真正对接"一带一路"平台。在金融层面，这些项目有资金需求大、时间周期长、回报率低等的特点，因此对应的必须是政策性和类政策性的低成本长期贷款。这类贷款的机会成本较大，面临较大的偿还风险，非经济性因素对融资政策的影响较大，主要是以中国进出口银行为代表的政策性银行和以中国工商银行为代表的大型国有银行参与较多，其余的商业银行和其他非银行机构则缺乏实质性参与。

2019年4月25日至27日在北京举行的第二届"一带一路"国际合作高峰论所形成的成果清单也充分体现了上述结论。第二届"一带一路"国际合作高峰论坛成果清单对首届高峰论坛以来对中国与各国政府、地方、企业等达成的一系列合作共识、重要举措及务实成果进行了梳理和汇总，清单包括中方提出的举措或发起的合作倡议、在高峰论坛期间或前夕签署的多双边合作文件、在高峰论坛框架下建立的多边合作平台、投资类项目及项目清单、融资类项目、中外地方政府和企业开展的合作项目，共6大类283项。对成果清单进行比对发现：合作文件、平台的执行主体是中国政府及其下属的国家发改委、财政部、科技部、交通运输部、农业农村部、海关总署、中国人民银行等国家部委；投资类项目及项目清单的十七项成果中涉及的企业

[①] 推进"一带一路"建设工作领导小组办公室：《共建"一带一路"倡议：进展、贡献与展望》，《人民日报》2019年4月13日。

第二部分 "一带一路"与南向开放"软件"建设研究

（或法人单位）有中国交通建设集团有限公司、中国中铁股份有限公司、中国丝路基金（由外汇储备、中国投资有限责任公司、国家开发银行、中国进出口银行共同出资）、中国投资有限责任公司、中国国际金融股份有限公司、中国再保险集团、中国国家开发银行、中国出口信用保险公司；项目融资类项目四项成果中涉及的也是中国国家开发银行、中国进出口银行、中国中非发展基金（国家开发银行承办）。可见，上述单位均为大型央企和政策性金融机构。

自2013年"一带一路"倡议提出以来，以产业园（工业园）为代表的境外经贸合作区的兴起，成为"一带一路"全面深化、推进国际制造业合作的最新动向。中白工业园作为"一带一路"沿线发展中最具代表性的项目之一，是目前中国海外园区中层次最高、开发面积最大、政策条件最为优越的园区，也是中国与白俄罗斯之间最大的经济技术合作项目。园区开发主体中白工业园开发公司由中方占股68%，外方占股32%，中方股权由国机集团、招商局集团为主。境外经贸园区一般由国企或者大型的民营企业承建，园区运营商在接受媒体采访时表示，中白双方的共商共建、中国大型央企主导园区开发运营等因素是中白工业园有别于其他工业园区且能在近年驶上"快车道"的主要原因。

此外，在国内去杠杆和加强资本管制的大背景下，金融监管更加严格，尤其是针对表外业务的监管。而近些年民营企业融资主要靠表外业务，如委托贷款、信托投资、小贷公司，这等于是把过去民营企业正常的融资渠道给切断了，民营企业将面临更为严重的融资约束问题，这势必进一步限制了大量民营企业走出去参与"一带一路"建设的能力。

正是由于当前我国金融支持的主体是以国家开发银行、中国进出口银行为代表的政策性银行和以四大行为代表的大型国有商业银行，金融支持的形式主要以银行贷款为主导作用。国家开发银行以基础设施互联互通和国际产能合作为重点，在能源、高铁、装备制造、港口等

第六章 南向开放"软件"建设存在的问题

重点领域开展投资,截至2018年年底,在"一带一路"沿线国家累计发放贷款1700多亿美元,余额超过1100亿美元;在香港以私募方式成功发行3.5亿美元5年期固定利息"一带一路"专项债券;出资5亿元人民币参与丝路基金建设。① 国家进出口银行以基础设施互联互通作为支持的重点,截至2019年4月,"一带一路"建设执行中的项目超过1800个,已覆盖全球大约60来个国家,贷款余额超过1万亿元人民币;出资15亿元人民币入股丝路基金。中国银行和中国工商银行等商业银行则聚焦基础设施建设合作、大型企业海外建厂、并购等,中国银行自2015年至2018年年底在"一带一路"沿线国家实现包括公司贷款和贸易融资在内的各类授信支持逾1300亿美元,重大项目库累计跟进"一带一路"区域重点项目逾600个(比如土耳其Canakkale大桥项目、迪拜950MW光热光伏电站项目、安能巴西553兆瓦太阳能电站、中建埃及新首都CBD一期项目);截至2019年6月,中国工商银行在"一带一路"沿线21个国家和地区拥有131家分支机构。保险方面,中国出口信用保险公司为企业的海外投资和贸易提供出口信用保险,2013年以来已支持我国企业向"一带一路"沿线国家出口和投资达到7124.3亿美元,业务范围覆盖沿线所有国家,为"一带一路"项目出具保单2300多张,累计向企业支付赔款超过27亿美元,并与"一带一路"沿线相关机构签署合作协议50余份,与全球270多家金融机构广泛开展合作,撬动多元化金融支持共建"一带一路",累计为出口企业融资超过2700亿美元。② 债券方面,我国金融机构利用债券市场支持"一带一路"投融资仍在逐步探索中。2015年6月中国银行发行40亿美元"一带一路"主题债券,既是国内首支"一带一路"债券,也是中国银行业发行的规模最大的境外债券;2017年3月俄罗斯铝业联合公司在上海证券交易

---

① 张春宇、朱鹤、刘桂君:《"一带一路"的金融创新:现状、特点、问题及建议》,《国际税务》2018年第4期。
② 《中国信保服务"一带一路"成绩单亮眼》,《金融时报》2019年4月24日。

所发行了首期人民币债券（即"熊猫债券"），这是首单"一带一路"沿线国家企业发行的"熊猫债券"；① 2017年12月国家开发银行在香港首次以私募方式发行了3.5亿美元5年期固息的"一带一路"专项债券，是我国金融机构进一步拓宽项目融资途径，推动解决基础设施建设的融资难题的新尝试；② 在2018年3月上海证券交易所与深圳证券交易所联合发布的《关于开展"一带一路"债券业务试点的通知》中，明确各类相关主体可通过三种方式在上海和深圳两地证券交易所发行"一带一路"债券融资。基金方面，2014年12月29日，资金规模为400亿美元的丝路基金有限责任公司成立，这是我国为"一带一路"建设长期融资专门成立的金融机构；2015年4月，丝路基金签下"首单"——卡洛特水电站，目前其参与的投资项目已覆盖了丝绸之路经济带上的主要国家，包括亚洲的巴基斯坦、阿联酋，非洲的埃及，欧洲的意大利等。

与其他金融机构相比，丝路基金有如下四个方面的创新：一是能有效匹配基础设施建设等投资、运营期限相对较长的项目；二是与传统的援外资金相比，市场化运作更明显；三是与传统的金融机构主要提供信贷服务相比，其提供的是以股权投资为主，并涵盖债券、贷款、融资租赁等在内的多元化的合融资服务；四是依托官方背景和专业团队可更好地发挥其投资的杠杆作用和增信效应。

同时，金融支持仅仅实现了资本对接，国内大部分金融机构本身的参与度参差不齐，尤其是在沿线国家和地区开设分支机构的覆盖范围严重不足，因此无法提供多样化和本土化的金融服务。中国银行是目前国内金融机构中海外布局网络最宽、业务覆盖面最广的金融机构，据其官网资料显示，在南向开放的核心区域——东盟和南亚地

---

① 张春宇、朱鹤、刘桂君：《"一带一路"的金融创新：现状、特点、问题及建议》，《国际税务》2018年第4期。
② 张春宇、朱鹤、刘桂君：《"一带一路"的金融创新：现状、特点、问题及建议》，《国际税务》2018年第4期。

区，目前仅仅在新加坡、马来西亚、泰国、越南、菲律宾、印度尼西亚、柬埔寨七个国家设有分行。在央行层面，中国与南向开放发展中国家的金融政策沟通仍比较缺乏，虽与新加坡、印度尼西亚、马来西亚、泰国、巴基斯坦、斯里兰卡等南向开放沿线相关国家签署了货币互换协议，但覆盖面还比较窄，在众多新兴领域，中国与相关国家的央行还缺乏实质性合作，尤其是机构互设、资金互融、货币互兑、监管互动、人员互联和信息互通等各方面进展还比较缓慢，这也导致金融机构无法有效对接当地。

第三节 南向开放的相关人才储备不足

"一带一路"南向沿线国家虽然与中国地缘接近、文化相通，但政治、文化、语言等多方面存在明显差异，无论是援建项目还是绿地投资，都必须要结合当地实际情况，符合当地需求。这就要求中国的各类机构能为当地提供本土化的服务，但目前中国在这方面的人才储备相对有限。[①] 职业社交网站领英（LinkedIn）发布的《"一带一路"人才白皮书》显示，我国企业"走出去"面临的人才挑战集中在质量上，66%的企业表示难以找到高级别人才。此外，过去中国培养的各类国际化人才主要是跟发达国家的标准接轨，缺乏对南向开放沿线国家相关问题的了解。这就造成了人才培养速度尤其是非通用语种人才培养跟不上倡议的推进速度，短期人才缺口制约了海上丝路建设的持续推进。

具体来说，南向开放国家大多为发展中国家，且地缘政治、安全稳定等非经济风险频发，要开拓这些国家或地区的各类业务，必须要求具有爱国主义情操和国际化视野、熟悉纷繁复杂的国际市场运作模式，具备开拓创新精神、实践能力强、善于处理具体事务等能力，还

---

① 何帆、朱鹤、张骞：《21世纪海上丝绸之路建设：现状、机遇、问题与应对》，《国际经济评论》2017年第5期。

第二部分 "一带一路"与南向开放"软件"建设研究

应有较强的政治敏感性，能及时发现非经济风险，对特定国家和地区的语言、文化、社会风俗均有涉猎的复合型专业化人才。格局大、重实践、对地区情况熟悉的行业国际化人才队伍能够发现并把握更多的战略性机遇，可以有效规避经济和非经济领域的风险，有助于中国企业在走进当地时提供更具本土化的参与方式和服务。

尽管中国改革开放过程中的很多园区建设经验和产业政策可供发展中国国家借鉴，但具体到落实，仍需要结合当地的资源环境、要素禀赋和制度建设情况合理吸收，不能照搬照抄。由商务部国际贸易经济合作研究院和联合国开发计划署驻华代表处联合撰写并于2019年4月对外发布的《中国"一带一路"境外经贸合作区助力可持续发展报告》显示，参与调查的42家境外经贸合作区当中，只有12%的境外经贸合作区获得了可观的利润，33%获得了一定的利润，19%处于保本运作，但还有36%的中国境外经贸合作区尚未盈利。作为企业"抱团出海"、降低海外投资风险的一种创新模式，境外经贸合作区呈现出快速发展态势，截至2019年4月，中国在国外共建的境外经贸合作区累计投资已经接近400亿美元，这些园区为东道国贡献了30多亿美元的税费、30多万个就业岗位，其中与"一带一路"沿线国家共建的境外经贸合作区占全部合作区的70%以上。成本和市场是境外经贸合作区吸引企业入驻的主要因素，但本土化采购和销售是企业开展对外投资生产的重要特征，合作区企业在当地采购金额越大，在当地市场的占有率越高，与东道国经济融合发展的程度就越高，对东道国经济发展的带动作用也就越大。但报告中受访园区内企业在采购当地产品和服务时，却面临当地产品价格较高、没有符合要求的产品、产品品质较低、数量不足等问题。[①]

[①] 近五成境外经贸合作区进入盈利状态 区内企业急切盼望获得金融支持》，每经网，http://www.nbd.com.cn/articles/2019-04-25/1325507.html。

第四节　动机和结果遭受质疑

自"一带一路"倡议提出以来,中国就一直强调其开放合作、互利共赢属性。六年多的实践也充分表明,"一带一路"既是我国扩大对外开放的重大举措,也是推动世界经济持续稳定增长的动力引擎;既是构建人类命运共同体的实践平台,也为完善全球发展模式、推动全球治理体系变革提供了中国智慧和中国方案。习近平总书记指出:"发展是解决一切问题的总钥匙。推进'一带一路'建设,要聚焦发展这个根本性问题,释放各国发展潜力,实现经济大融合、发展大联动、成果大共享"[①]。"一带一路"建设不只是追求中方单一经济利益,更不是像别有用心的人所诬称的那样搞"经济霸权",而是旨在促进沿线国家和地区之间政策沟通、设施联通、贸易畅通、资金融通、民心相通,打造利益共同体、命运共同体和责任共同体。中国通过"一带一路"倡议,是向全球提供一个新型公共产品来弥补现有全球治理体系中的"发展缺位"问题,并不是要取代或对抗现有的区域合作机制,而是对全球治理体系中现有合作机制的补充和完善。但是,西方学术界和媒体在意识形态敌视和惯性思维作用下,仍戴着有色眼镜,借题发挥,炮制"中国威胁论",抹黑"一带一路"倡议。一些观点认为"一带一路"及其建立的相关机制会对现有的全球治理体系构成挑战,并质疑其动机和结果,比较有代表性的观点如"另起炉灶论"和"中国债务陷阱论"。

第一,"另起炉灶论"。"一带一路"倡议一经提出,就一度被西方媒体解读为中国版"马歇尔计划"(即美国在 1948 年至 1952 年期间帮助重建西欧的援助计划),事实上,"一带一路"倡议和"马歇尔计划"有本质差别,二者在理念、做法等方面完全不同。

[①] 《携手推进"一带一路"建设》,《人民日报》2017 年 5 月 15 日。

第二部分 "一带一路"与南向开放"软件"建设研究

首先在理念上,"马歇尔计划"是以美国为主导、单方面向欧洲国家投资和输出产能的经济援助计划,带有抗衡苏联、遏制共产主义和助美称霸的政治目的;而"一带一路"是国际经济合作倡议,建立在自愿参与、平等互利的基础之上,不附加任何条件、不搞单向输出或强加于人,最终目标是要实现合作共赢。这一目标以中国自身与世界的历史和文化联系为灵感源泉,符合国际社会对和平与发展的期望。从这个意义上讲,"一带一路"倡议比"马歇尔计划"更具包容性,它接纳各种文明,不以意识形态划界,不搞零和游戏,只要各国有意愿,中国都欢迎。因此,"一带一路"倡议强化了打造人类命运共同体的价值观,是中国为世界提供的重要公共产品,不是地缘政治工具,这一点得到了国际社会的高度认可。联合国秘书长古特雷斯就曾表示,共建"一带一路"倡议与联合国新千年计划宏观目标相同,都是向世界提供的公共产品,不仅促进贸易往来和人员交流,而且增进各国之间的了解,减少文化障碍,最终实现和平、和谐与繁荣。

其次,"一带一路"倡议没有安全和军事方面的潜在影响。其基本目标建立在五个官方合作重点领域之上,核心是基础设施互联互通。"五通"(即政策沟通、设施联通、贸易畅通、资金融通、民心相通)形成了一套包括个人、公司、社会和各国政府在内的合作框架,但没有军事方面的潜在影响。相比之下,"马歇尔计划"催生了一个军事计划——北约,两者联手遏制苏联。"一带一路"倡议在实施中遵循通过对话与合作实现共同增长的原则,中国反复强调建设"一带一路"应始终遵循共商、共享、共建的原则,这是一条和平之路、友谊之路,一条合作共赢、繁荣发展的道路。中国将所拥有技术先进又造价低廉的高铁、公路、港口等输出到沿线发展中国家,改善其基础设施建设状况,将在改革开放平台——工业园区、自贸区建设等方面拥有的丰富、配套和成熟经验推广给沿线国家,提升这些国家的生产能力,同时扩大中国与沿线地区的人文交流与合作。可见,中国的这些做法集中在经济、文化建设领域，以地区发展为本，并未附带国家安全和军事方面的地缘政治影响。

第二，"中国债务陷阱论"。其实，一些沿线国家的债务问题同"一带一路"没有必然联系。一国债务的成因本身就很复杂，有的是经济基本面出了问题，有的是历史遗留的旧账；而且，"一带一路"倡议提出时间尚短，简单地将这些国家长期以来的债务问题归咎于中国是没有任何道理的。以斯里兰卡政府债务问题为例。斯里兰卡长期以来都保持非常高的政府债务率，据世界银行"世界发展指数"数据库资料显示，自1990年以来，政府债务占GDP比重长期维持在90%—100%的高位水平，2010年后才回落至70%—80%的水平。在中国提出"一带一路"倡议后的一段时间内，斯里兰卡政府债务水平和各项债务衡量指标虽不是历史最高位，但均比印度、巴基斯坦等周边国家高，也远远超过大多数发展中国家和国际警戒线。斯里兰卡债务问题爆发的直接压力来自短期内集中偿付大量债务导致的流动性紧张，加之2013年以来外债结构中成本较高的商业借贷增速过快，而根本原因在于经济增长乏力导致财政和国际收支"双赤字"。不可否认，由于斯里兰卡的经济发展状况在比较难获得足够其他渠道贷款情况下，因两国的友好关系，中国在近十多年内向斯里兰卡政府借贷增速较快。尽管如此，中国也并不会是斯里兰卡政府债务困难的动因：第一，在存量上中国并非斯里兰卡政府债务主要来源方；第二，在增量上尽管中国贷款增速快，但主要是利率低、年限长的优惠贷款，且在还款期内采用平均摊销方式，并不会导致这些国家严重的财政压力；第三，中国对斯里兰卡的优惠贷款支持的项目有助于其打破发展瓶颈或方便当地居民生产生活，具有较强外溢效应，有助于促进当地经济发展，进而缓解而非恶化债务压力。

中国"一带一路"倡议不仅不会导致债务陷阱，反而是这些国家跳出其既有债务问题的重要助力。以柬埔寨西哈努克港经济特区为例，该项目是中国—柬埔寨"一带一路"合作的示范样板，全部建成

第二部分 "一带一路"与南向开放"软件"建设研究

后可容纳企业 300 家，形成 10 万产业工人就业、20 万人居住的宜居新城。① 最后，事实上"一带一路"沿线绝大多数国家，不仅向中国借钱，也从西方国家借钱，同样是"债务"，西方国家资金就是"馅饼"，而中国提供的就是"陷阱"，这在逻辑上就不可能成立。

"一带一路"倡议提出以来，"朋友圈"不断扩大，近 40 位外方领导人、共 150 多个国家的代表参加了第二届"一带一路国际合作高峰论坛"。这么多国家和国际组织积极响应，充分证明"一带一路"绝不是只有中国受益，或者中国总是最大赢家。"一带一路"的"朋友圈"越来越大，正是因为这一倡议坚持以共商、共建、共享为原则，中国同共建"一带一路"国家的贸易总额已经超过 6 万亿美元，同沿线国家共建的 80 多个境外合作园区也已为当地创造了近 30 万个就业岗位。事实也同样证明，中国提出的"一带一路"倡议包括政策沟通、设施联通、贸易畅通、资金融通、民心相通，而不只是产能方面的合作。即使是产能合作也是基于经济互补性的跨国产能合作，不是把过时的和污染的产能转移出去，而是与当地国家共同协商、设计、建造新产业。虽然有一些产能在国内来说是相对富余过剩，却是在国际市场竞争下形成的优质产能，既符合众多发达国家的市场需求，也符合"一带一路"沿线国家的市场需求。

第五节 人文交流广度与深度不足

人文交流的广度是指中国和"南向沿线国家"各行各业的人员的接触、交流与互动。2018 年，东盟国家与中国双向人员往来超过 5500 万人次（其中，东盟国家来华旅游约 2540 万人次），中国与东盟已互为重要旅游客源国和目的地（中国已成为东盟最大境外游客来源地）。近年来，中国和东盟国家在"一带一路"框架下，已签署多

---

① 《"一带一路"是债务陷阱，中国搞一家独大？用这些事实怼回去！》，《人民日报》2019 年 4 月 25 日。

份文化、旅游合作文件,推动建立中国—东盟双边、多边文化旅游合作机制,但如此人员往来规模相对于中国和东盟总人口超过19亿的自由贸易区而言,双边之间显然仍仅局限于有限范围的扁平化交流,这是远远不够的。而从深度来看,美国皮尤研究中心(Pew Research Center)2019年最新发布的全球32个国家对中国的观感调查,数据显示感官度中位数有41%对中国存有好感,37%对中国反感,对中国存有好感的国家主要集中在东欧、中欧、中东、非洲及南美国家,对华反感国家,主要集中在北美、西欧、亚洲国家。其中被调查的三个东盟国家中,菲律宾反感度为54%、好感度为42%,印度尼西亚两者表现均为36%。上述调查表明,中国与"南向沿线国家"的人文交流要达到对各自文明彼此尊重并互学互鉴的目标还有比较长的路要走。中国与"南向沿线国家"未实现文化认同,文化交流程度的广度和深度还远远不够。

孔子学院作为"一带一路"教育对外开放和人文交流的重要组成部分,不仅是促进民心互通互融、文化交流互鉴的重要渠道,同时也是培养"一带一路"倡议实施所需高层次国际化人才的重要路径。但中国在"一带一路"南向国家中开设孔子学院规模方面仍存在总量不足和国别差异显著的特点,尤其是与所在国家的人口和国别合作度等不是很匹配。目前,我国在东南亚和南亚等南向开放国家的孔子学院数量是48所,占全球孔子学院总数的8.9%,但主要集中分布在泰国(16所)、印度尼西亚(8所)、巴基斯坦(5所)、菲律宾(5所)、印度(4所)等少数几个国家。部分国家人口基数大,与我国的合作度指数也比较高的国家,孔子学院数量仍比较少。

留学生是双边人文交流的另一个重要渠道。中国已是全球仅次于美国和英国全球排名第三的留学生输入国。根据教育部公布的来华留学统计,2018年共有来自196个国家和地区的49.22万名各类外国留学人员,其中29.5万来自亚洲(占59.94%),8.16万来自非洲(占16.57%),欧洲学生总数7.36万(占14.96%),美洲学生3.57万

（占7.26%），大洋洲学生总数为0.62万（占1.27%）。在"南向开放"的亚洲国家中，2018年来华留学生主要比较集中的有泰国（2.86万人）、巴基斯坦（2.80万人）、印度（2.32万人）、印度尼西亚（1.51万人）、老挝（1.46万人）、越南（1.13万人）、马来西亚（0.95万人），其余国家人数偏少，也体现非常显著的分布不均衡特征。

第七章　南向开放"软件"建设问题的原因探究

第一节　官员任职时间与考核机制存在矛盾

2019年，中共中央印发《党政领导干部考核工作条例》，不再片面强调 GDP 增长率，而要看官员在任期内是否推动本地区经济建设、政治建设、文化建设、社会建设、生态文明建设，解决发展不平衡不充分问题，满足人民日益增长的美好生活需要的情况和实际成效。但是由于官员在某个地区的任职时间有限，为此部分官员比较注重短期效益，即在任期内努力营造短暂的良好环境"迎合"中央政府，并将由此付出的代价让下一任承担；或者以某个目标达成作为另一个目标未达成的理由，如某些地方以提高环境治理水平为理由推卸经济增长缓慢的责任。在比较有限的任期内，很难同时实现多个目标，绿色经济短期难以规模化、产业化。所以，在不能同时实现所有目标时，地方可能会在目标之间进行抉择，在这个过程中存在一定的寻租空间，而寻租造成的后果将由其他人承担。此外，官员的任期与地区建设呈现出规律性。在快速经济发展与地方官员政治流动的背景下，地方官员实际任期逐渐由任期制所规定的五年缩水为三年，任期前三年积极投身地区建设而后两年"懒政"[1]。如果地方官员任期处于前半

---

[1] 姚金伟、韩海燕：《当代中国地方官员有序政治流动及其经济性影响——实际任期考察的视角》，《财经问题研究》2019年第5期。

> 第二部分 "一带一路"与南向开放"软件"建设研究

段,那么他们会进行一场"晋升锦标赛"。这场赛事为官员提供晋升激励,但激励的目标与政府职能的合理设计之间存在严重冲突,造成一系列的扭曲性后果。所以,在南向开放落实过程中,如果各参与省份官员的任职时间结构不合理,那么地方在考核机制的激励下,既可能恶性竞争,也可能竞争不足。无论是哪一种,都不利于地区的发展。

第二节 国家对"南向开放"缺乏有效的顶层设计

"一带一路"倡议提出以来,中国政府及相关部门出台了许多政策以促进"一带一路"的建设。据不完全统计,仅部委一级就出台了至少30份有关"一带一路"建设的政策文件,省级地方政府和计划单列市也都出台了相关的政策文件。可以看出,全国各级政府的支持力度不可谓不大、参与热情不可谓不高。但是,这些政策文件中大多数的政策都只是从本部门或本地区提出的一些原则性意见,然而这些政策若要真正落地必须从微观层面经济主体去执行和落实。然而不同部门和地区在出台政策时缺乏统一的、有效的协调机制,导致对政策的理解和执行存在较大难度。以南向开放为例,国家级政策文件只有2个,参与省份各有出台相关政策文件,跨省合作文件主要是最开始的发起协议和随后的成员加入协议。国家层面虽有总体规划,但缺乏支持西部陆海新通道沿线发展的具体政策措施;国家虽然要求加强省际合作,但各省之间没有发布原有文件的升级版,即对原有文件的内容加以完善、加强省际合作,而不仅是纳入新成员、扩大合作规模,合作质量的提高也很重要。此外,国家规划中将海南、内蒙古自治区纳入南向开放之中,但这些地区并没有与原有省份签署南向通道(陆海新通道)的共建协议。此外,西藏自治区是否纳入战略并不是很明确,国家发改委有将《西部陆海新通道总体规划》印发给西藏自治区，但在规划中却没有提及西藏。此外，如何将西部陆海新通道与粤港澳大湾区、长江经济带等进行对接，缺乏具体方案。所以，国家还需出台更多政策补充细节，加强统筹规划，引领南向开放的实施，推进西部大开发。

第三节　南向开放沿线国家的国情存在较大差异

中国与南向开放沿线国家的国情存在较大差异，表7-1从GDP、官方语言、文化（宗教）、人口、产业结构五个方面对比了中国与部分代表性南向国家的国情，既有GDP世界排名第二的中国，也有排名119位的老挝，中间差了100多位；虽有新加坡、澳大利亚和新西兰等发达国家，但更多的是发展中国家；官方语言多种多样，包括汉语、英语、老挝语、越南语、印地语等；文化上也存在一定差异，由于多数南向国家位于东南亚、南亚，文化较为接近，多数人信仰佛教和伊斯兰教，但也有中国这样的不主张信教的国家和被称为"宗教博物馆"的印度以及新加坡、澳大利亚这样拥有一大批基督教信众的国家；从人口规模上，有中国、印度两个十亿以上级别的人口大国，也有新加坡、老挝等人口仅有几百万的小国；从产业结构看，有新加坡、澳大利亚和印度等服务业占主导地位的国家，也有中国这个有强大工业基础的制造业大国，还有越南、老挝、孟加拉等第一产业占比较大，更多依赖于农业的国家。

表7-1　　　　　　　　部分南向国家国情统计指标

国别	GDP（万亿美元）	人口（百万）	文化	官方语言	产业结构（农工服增加值占GDP比重）
中国	13.61	1400.05	东亚文化、大多数不信教	汉语	7.19:40.65:52.16

续表

国别	GDP（万亿美元）	人口（百万）	文化	官方语言	产业结构（农工服增加值占GDP比重）
澳大利亚	1.43	25.44	集欧美文化与本地文化于一身，大多数信仰基督教	英语	2.46:24.12:73.42
新加坡	0.36	5.64	东亚文化、东南亚文化、南亚文化的结合体；多数人信仰佛教、基督教	英语、马来语、汉语、泰米尔语	0.03:25.20:74.77
越南	0.25	95.54	东亚文化；大多数人信仰佛教	越南语	14.68:34.23:51.09
老挝	0.02	7.06	东南亚文化；多数人信仰佛教	老挝语	15.71:31.53:52.76
孟加拉	0.27	161.36	南亚文化；主要信仰伊斯兰教	孟加拉语、英语	13.07:28.54:58.39
印度	2.72	1352.62	严格等级制度；主要信仰印度教和伊斯兰教	印地语、英语	14.60:26.75:58.65

资料来源：GDP、人口、产业结构数据来源于世界银行，均为2018年数据。

综上所述，中国与南向开放沿线国家文化有一定差异，经济、人口等方面存在较大差异。差距的存在会在南向开放的实施过程中给各方带来不可避免的摩擦。如国家产业结构的相似会在国家间形成产业竞争，东南亚与中国都有丰富的农产品，如果中国大量进口东南亚的农产品，国内的农产品的市场份额将被挤压；国家政治体制的差异会造成意识形态的冲突，中国、越南、老挝等社会主义国家和印度、菲律宾、新加坡、澳大利亚等资本主义国家采用不同的政治体制。历史上社会主义阵营和资本主义阵营曾发生对峙，虽然这种对峙状态已经结束，但在南向开放实施过程中，难免有些国家或地区会上纲上线；

国家文化上的差异也会给各方合作带来障碍，这就需要了解各方文化的人才对接彼此的工作，如果这类人才储备不足，各方将可能因文化冲突导致相关工作难以开展。

第四节　南向开放区域地缘政治错综复杂

东南亚和南亚是"一带一路"南向开放的主导区域，但由于领土争端和地缘政治交叉混杂，这也成为我国周边安全形势最复杂区域。

东南亚是中国"21世纪海上丝绸之路"和"一带一路"南向开放的必经之地和核心区域，但这个区域的几个国家都与中国存在南海岛屿争端，加之东南亚很多国家，经济发展要依托中国，国家安全要依赖美国，需要在发展与安全的两轨上搞平衡，导致南海区域地缘政治问题异常复杂。

南亚作为"一带一路"构想中的"互联互通"的中继站和海陆交会地带，作为中（国）巴（基斯坦）经济走廊以及孟（加拉国）中（国）印（度）缅（甸）经济走廊的直接所在地，在南向开放中具有前所未有的地位。但南亚又在很大程度上是中国周边地区板块中地缘局势极为复杂的地区：首先，中国陆地上的14个邻国中，唯有两个尚未和中国划清边界线，那就是南亚的印度和不丹。其次，南亚地区民族宗教多元，地区矛盾多样，国家关系错综复杂，而且恐怖主义势力长期在此保持活跃，加之世界主要大国如美国、俄罗斯、日本等，在南亚均有不同战略利益存在和相关的战略筹谋。

第五节　跨区域的国际合作和协调机制不健全

中国与南向开放沿线国家国际合作机制不完善。自2013年"一带一路"倡议提出以来，在各方的共同努力下，取得了巨大成绩，中国与150多个国家和国际组织同中国签署共建"一带一路"合作协议，但以元首互访、签订协议等形式为主的临时性沟通协调机制还不足以有效应对"一带一路"建设任务的长期性、艰巨性以及沿线国家的复杂性和差异性。在中国与南向开放沿线国家之间，目前仅在中国—东盟区域与次区域间有比较成熟的合作机制，在其他国家和地区间还缺乏像中欧领导人会晤、中美战略与经济对话、中日经济高层对话等长效性、常态化的沟通协调和合作机制，以及教育、文化、海关、税收、审计监管等专门领域的合作机制。跨国、跨区域的国际合作和协调机制不健全导致任务落地过程中沟通交流不及时、不充分，势必影响了两边合作的推进效率，因此，应加强南向开放进程中国际合作机制网络的顶层设计。

第六节　国内腹地开放基础薄弱

中国的对外开放在区域上有明显的先后推进顺序，最初阶段推动沿海地区开放，然后中西部地区再逐步跟进。党的十九大报告表明，"一带一路"建设应重点加强，努力打造陆海内外联动、东西双向互济的开放格局。西南部地区在全国对外开放和经济发展进程中起步晚、底子薄，和东部相比开放基础明显处于劣势。特别是当今对外开放进入一个全新时代背景下（即进口和出口双向开放，引进外资和走出去投资双向开放，工业和服务业同步开放，适应规则和参与规则制定双向同时发展），南向开放的广大腹地主要为我国西南省区（含广西、海南），经济发展和对外开放基础差，对南向开放的实体经济支撑力度不强。

表7-2为南向开放主要内地省区经济发展和对外开放数据资料。由表7-2可见：六省区分别占全国面积和经济总量的14.9%和13.2%，但进出口额、外资企业、外企投资总额分别仅占6.0%、5.6%、6.3%，衡量经济发展水平的人均GDP、人均消费支出和人均

可支配收入，除重庆人均 GDP 外，均低于全国整体水平，绝大多数仅相当于全国平均的七到八成左右。

表 7-2　　全国与六省份经济实力与开放水平对比

	全国	广西	海南	重庆	四川	贵州	云南
面积（万平方千米）	963.406	22.04	3.43	8.24	48.8	17.4	43.62
GDP（亿元）	900309.5	20352.5	4832.1	20363.2	40678.1	14806.5	17881.1
人均 GDP（元）	64644	41489	51955	65933	48883	41244	37136
人均消费支出（元）	19853.1	14934.8	17528.4	19248.5	17663.6	13798.1	14249.9
人均可支配收入（元）	28228	21485	24579	26385.8	22460.6	18430.2	20084.2
进出口（亿美元）	46224.2	607.3	180.9	681.9	932.3	83.6	271.8
外资企业（个）	593276	5333	2707	6299	12502	1891	4343
外企投资额（亿美元）	77738	627	928	1107	1256	453	544

资料来源：《2019 中国统计年鉴》。

第七节　跨文化传播和公共外交体系建设存在缺陷

目前，国际社会对"一带一路"倡议的质疑之声有多种来源，可能是对自身利益的切实担忧，也可能是对真实现状的不解或误解，亦可能是服从国内或国际政治需求的曲解或阴谋论。不论质疑原因如何，都凸显中国在"一带一路"倡议的对外传播方面存在缺陷。

客观上，全球八成左右的国际新闻由西方发达国家媒体提供，以美联社、路透社、法新社为代表的西方媒体成为"一带一路"沿线国家国际新闻的主要信息源，导致这些国家的本土传媒几乎沦为西方传媒的"传声筒"。由于西方媒体在报道"一带一路"时往往带有明显的政治倾向性和意识形态色彩，其对"一带一路"的解读严重曲解中国"一带一路"倡议的意图，妖魔化中国国家形象。

主观上，中国经济地位的提升并未转化为国际话语权优势，对外宣传的传播效果还有待加强：一是对外传播主体过度依赖官方媒体，很容易被国际受众视为官方政治宣传，再加上西方媒体长期对社会主义国家的妖魔化报道，使受众容易产生排斥心理，不愿意相信中国官方媒体的报道。二是对外传播模式以单向宣传为主，双向互动不足，传播视角单一。三是对外传播过程缺乏对差异化传播环境的分析和认知。"一带一路"沿线国家地缘政治复杂，经济发展水平参差不齐，种族、宗教矛盾突出，有的地区战乱频发，国情差异十分明显。各国政治、经济、社会状况的不同造就了迥异的信息环境和信息需求。即便抛开各个国家对"一带一路"倡议的不同政治考量，面对信息环境的差异，"一带一路"倡议的信息传播也面临巨大的挑战。在"一带一路"的传播中，国内媒体应加强与沿线国家信息传播的联动机制，并针对不同国家采取分类传播和差异化传播，强化沿线国家民众对"一带一路"的认知。

关于对外传播的研究也存在两个方面问题：一是对"一带一路"传播效果和受众研究方面明显不足。学者看待对外传播的视域比较局限，习惯从自我的角度出发思考问题，较少关注传播对象的具体感受，或基于有限的二手材料，"想当然式"地推论可能会出现的效果。另外，研究者对于受众来源、性别构成、文化程度、收入状况、社会地位等基本信息不甚了了，对于受众的媒介使用习惯、媒介使用评价、媒介使用动机都缺乏了解。二是"一带一路"对外传播的国别研究薄弱。"一带一路"沿线国家遍布亚洲、欧洲和非洲等大洲，各国历史文化、发展水平、社会背景、受众特征千差万别。长期以来，我国的国际问题研究主要集中于欧美发达国家，学界对热点问题关注较多。欧美之外、大国之外的区域研究、国别研究基础薄弱，专门人才和小语种人才不足。

第八章　国家视域下推进南向开放"软件"建设对策

第一节　加强中央顶层设计与地区内部统筹

一　加快进行中央战略层面的顶层设计

顶层设计是指国家高层加强规划设计、建立高层领导与决策机制，提升与完善南向开放的管理体制。将南向通道纳入国家级战略，从国家层面对南向通道进行系统规划、布局，适时设立南向通道部委间项目协调机制。具体来说，出台南向通道国家级建设规划、工作方案，从国家层面建立综合协调小组，或者可依托西部大开发、自由贸易试验区和中国特色自由贸易港建设、粤港澳大湾区建设以及北部湾城市群建设等战略统筹推进；国家部委应出台南向通道建设相关支持政策和细则，在细分领域给予建设支持，明晰各自定位避免步调混乱；此外，国家应顶层推动与沿线国家海关、口岸合作，出台专项规划，适时将南向通道接轨中欧中亚铁路，对接中国—东盟互联互通合作机制，实现产业链、物流链互通。国家还应着重提升南向通道的国际合作层次、政策支持力度，调动各方资源，更好地促进沿线国家及西部各省区市间合作，更好地共商共建共享南向通道。

二　加强内部各省市的统筹协调

内部统筹是指我国华南、西南各省份进行整合，统一协调采取行动。华南、西南等地区省市应建立南向通道跨区域协调制度，搭建起粤桂琼等华南毗邻区域及川渝滇贵藏等西南地区与南向各国和地区的政策对接平台，成立省级协调小组和联络办公室，明确各自职责，统一步伐相互协作，落实《共建南向通道框架协议》，改变当前地方政府"各自为政"建设南向通道的现状。同时，应力争逐步将西部12省区市全部纳入南向通道合作范围，充分发挥南向通道的辐射联动效应，实现西北西南地区整体协调发展。完善现有南向通道联席会议制度，建立一体化的对内对外统筹协调机制，以整个西部地区为基础、根据各地不同的发展现状宏观统筹指导，防止地方间的同质重复竞争。引导和鼓励分省份、分区域制定《南向开放"软件"建设五年行动计划（2020—2025年）》，并分年份制定年度参与南向开放"软件"建设实施方案，充分发挥各省市区特色和优势，突出重点地区、重点国别、重点领域、重点项目，明确责任单位，建立健全南向开放"软件"建设统筹协调机制和督查落实机制。

第二节 加强不同国家政府之间的沟通与协调

应建立南向"一带一路"沿线国家高层对话与合作机制。推进南向"一带一路"沿线国家"副国级对话磋商机制""总理级联合协调机制"及"部级联合工作委员会"等对话与合作机制，互联互通，及时协商解决南向开放合作中的重大问题。

一 推动"一带一路"南向国家设立领事机构

积极主动推动"一带一路"南向沿线国家在邻近区域设立领事机构，尤其借助海南建设中国特色自由贸易港的契机，大力推动东南亚及大洋洲国家在海南设立领事机构。华南、西南等地区省区市政府出访活动尽量紧扣"一带一路"倡议和南向周边外交布局这一主线来谋划和设计，争取取得政府间的沟通成效，为企业及民间沟通打下坚实基础。

二 深化与"一带一路"南向沿线国家交流

持续扩大"一带一路"南向沿线国家"国际朋友圈",深化与沿线国地方友城合作,根据各城市人文特点、历史传承、产业互补性等原则优化"一带一路"各支点在"一带一路"沿线国家的友城布局,促成与相关国家在旅游、教育、医疗康养、新能源、农业、海洋、互联互通等领域的务实交流与合作磋商。围绕当前建立开放型经济新体制的有利契机,加大"请进来"力度。瞄准世界500强企业,邀请"一带一路"南向沿线、东盟等周边国家更多批次友城省州长、企业或区域负责人、客商来华参与各类国际节庆、会展、文体活动,促进对外合作。

三 发挥现有国际交流平台的作用

进一步发挥现有国际交流平台在南向开放"软件"建设方面的引擎和带动作用。充分利用中国—东盟博览会、中国进出口商品交易会、博鳌亚洲论坛等国际交流平台,按照"办好一个国际会议、搞活一座城市"的理念,发挥国际交流平台的影响力。推动与"一带一路"南向沿线国家和地区开展更加务实高效的合作。在产业合作上,继续发挥国际交流平台的呼应联动以及政策宣介作用,举办形式多样、务实高效的主题活动,强化在南向开放中的务实合作。各省份应用好用活重大外事活动平台,主动与参会企业、嘉宾广泛接触,开展"点对点"招商引资、"走出去、引进来"系列活动,不断服务地区经济发展需要,并通过国礼、国宴筹备等活动,进一步向全球展示地方形象,扩大中国影响。

四 积极开展"一带一路"海洋事务性合作

借助中国在海洋功能区划制度、海洋生态红线制度等海洋生态环保领域的先进理念和经验,深化海洋生态保护方面的经验交流,共同开展海洋环境监测、防控、修复的合作。探索在南海共同建立国际合作保护区,设立南海海洋公园。依托海南正在建设的"南海海上救援基地",拓展航行安全、海上搜救、应急处置等方面的合作,共同开展海上人道主义应急救助。加强泛南海区域海上防灾减灾体系的沟通与衔接,建设南海航道安全信息服务基地,保障海上航道的畅通与安全,与区域内国家开展台风预报、防范、减灾等领域经验交流与合作。以中国科学院深海科学与工程研究所、南海海洋资源利用国家重点实验室、海南热带海洋学院以及正在推动落地的深海空间站为依托,与区域内国家开展海洋科研交流与合作,并探索建立海洋科研成果孵化、产业化平台。

五 中国的发展经验可以为东盟"海上国家"提供借鉴经验

中国的经济特区、港口园区建设,以及"多规合一"等先进的发展理念和模式,全球唯一的热带环岛高铁等可为菲律宾、印尼等国社会管理、基础设施建设提供可资借鉴的经验。此外,中国领先的热带南繁育种技术也可助力提升东盟国家的热带农业发展水平。

第三节 推进企业间国际经贸与投资合作

一 侧重推动"一带一路"南向沿线国家外商投资自由便利

优先在现行的自由贸易试验区推动市场准入方面的制度创新,最大限度地放宽准入门槛,减少准入审批程序,扩大开放的领域及行业。以海南建设中国特色自由贸易港为抓手,对标自贸港"最高水平的开放形态",以制度创新为动力,着力优化营商环境,依据需求导向,提出现行投资准入负面清单中需要重点突破的限制领域条目,进一步降低"一带一路"南向沿线国家外资市场准入门槛,推动外资投向新产业、新业态、新模式。打破外商投资政务服务部门间壁垒,创新设立国际投资"单一窗口",纵向打通国家部委相关业务系统,横向连接全省各级政务系统,将分散在各部门的审批权限、服务功能,统一集成在"单一窗口"上,建立线上线下融合、跨部门联合办理、覆盖投资事中事后的"单窗通办"服务体系,解决投资者开办企业、就医、购车、人才公寓等投资全链条诉求。

二 提升与"一带一路"南向沿线国家贸易便利化水平

对标国际先进经验,实现各类口岸通关数据开放共享,在金融支付结算、大数据应用、边境贸易、邮轮游艇等方面形成区域特色,建设与人流、货物流、资金流跨境有限自由流动等开放型经济新体制相适应的"单一窗口"。精简优化口岸通关流程和查验作业方式,推动监管单位的信息互换、监管互认、执法互助,推行跨部门一次性联合检查,实现口岸通关时间进一步提升。

三 探索构建跨境服务贸易负面清单管理制度

按照与国际通行规则相一致、与外资准入负面清单相衔接、自主开放与风险管控相平衡的原则,突出各地方特色,复制和提升上海自由贸易试验区成功经验和做法,优先在海南中国特色自由贸易港以及其他自由贸易试验区研究制订跨境交付、境外消费、自然人移动等三种服务贸易模式的负面清单,提出缩短路径,构建跨境服务贸易负面清单管理制度,率先在金融、保险、技能型劳工、影视制作等领域取得进一步突破,扩大服务贸易开放。

四 推进与"一带一路"南向沿线国家间产业交流合作

扩大热带农业的领域务实合作。推进"一带一路"南向沿线国家热带农业跨国产业链的样板区建设,加快推进优质高效境外农产品生产基地(园区)建设,打造集种养、加工、贸易、流通为一体的跨国热带农业产业链。推进旅游产业合作,着力建设"泛南海旅游经济

第二部分 "一带一路"与南向开放"软件"建设研究

合作圈"。针对免签落地过程中存在的申报环节复杂、政策不够便利、旅行社责任重大积极性不高、应急免签预申报工作存在隐患等问题，进一步做好免签政策的落地实施工作。加大海南59国免签政策的宣传推广力度，进一步放大免签政策效应。积极推进21世纪海上丝绸之路邮轮游艇旅游经济带建设。加强海洋产业合作，推动中国—东盟海洋产业合作示范区建设。鼓励我国海洋养殖类企业在区内国家开展养殖、加工合作，尤其是充分利用深水网箱养殖的技术和经验优势，与菲律宾、印尼等"一带一路"南向沿线国家开展合作，利用海洋信息技术和增养殖技术探索开展建设海洋牧场。探索建立南海渔货交易市场，支持海南、广西水产品加工、物流业发展，建设水产品物流基地和渔业出口基地。

五 加强与"一带一路"南向沿线国家间科技交流合作

加强与"一带一路"南向沿线国家间科技交流合作，推动提升区域综合竞争力。实施科技"走出去"项目，从以往偏于引进发达国家的先进技术，改为技术引进、合作研究开发与技术输出并举，聚焦"一带一路"南向沿线国家强化科技合作的重要转变，促进科技人才合作与交流。国家重点研发计划科技合作方向与"一带一路"南向沿线国家区域适当倾斜，支持面向"一带一路"南向沿线国家和地区的科技"走出去"项目。助力本土企业"走出去"开拓与"一带一路"南向沿线国家国际市场，开展国际产能合作。各省市应进一步支持本土企业在东盟、大洋洲、南亚等"一带一路"南向沿线国家的项目投资计划，聚集具有区域相对优势的行业。

第四节 发挥统战力量促进不同国家人民民心相通

在"一带一路"倡议实施的政策沟通、设施联通、贸易畅通、资金融通、民心相通的"五通"中，民心相通是最基础、最坚实、最

第八章　国家视域下推进南向开放"软件"建设对策

持久的互联互通，所谓民心相通是指各国人民对"一带一路"建设有着共同的认识、相同的意愿，彼此心相通、情相连。实现民心相通，利于各方达成共识，方能达成合作协议，方能推进经贸合作各项事宜。促进民心相通的有效手段是充分发挥统战力量。习近平总书记在中央统战工作会议上指出："人心向背、力量对比是决定党和人民事业成败的关键，是最大的政治。统战工作的本质要求是大团结大联合，解决的就是人心和力量问题。"以统战力量促进"一带一路"民心相通，就是要发挥凝心聚力、人脉广泛、牵线搭桥等优势，要谋划长远，建立长效的促进机制；整合资源，实施民心之桥工程；搭建平台，加大文化交流力度；加强联系，发挥海外统战力量。

一　发动全体统一战线成员参与

统一战线工作范围和对象包括民主党派成员、无党派人士、党外知识分子、少数民族人士、宗教界人士、非公有制经济人士、新的社会阶层人士、出国和归国留学人员、香港同胞、澳门同胞、台湾同胞及其在大陆的亲属、华侨、归侨及侨眷、其他需要联系和团结的人员等12大类对象，统一战线这12大类对象涵盖面广，涉及海内外方方面面的人，他们都是以统战力量促进"一带一路"民心相通的重要主体。统一战线必须发动全体统一战线成员，借助其与参与国的友好来往，多与这些国家民众就"一带一路"建设的有关事宜进行交流沟通，以平等心、平常心来说明和解释"一带一路"建设，向参与国民众传播"一带一路"是中国面向世界、面向未来建设的和平之路、繁荣之路、开放之路、创新之路、文明之路。统一战线成员要充分利用对外交流的机会，特别是要利用直接参与"一带一路"建设的机会，积极争当"一带一路"建设的宣传者。统一战线成员要多关心"一带一路"建设的相关政策和举措，多熟悉与自己专业领域相关的"一带一路"建设的情况，这样，在宣传"一带一路"建设时才能有的放矢，才能深入人心。传承和弘扬丝绸之路友好合作精

第二部分 "一带一路"与南向开放"软件"建设研究

神,广泛开展文化交流、学术往来、人才交流、媒体合作、青年和妇女交往、志愿者服务等,动员多种统一战线力量促进"一带一路"民心相通。比如,农工党和其他党派中医卫界成员,针对参与国医疗卫生界人士的民心相通;民建、工商联联合非公有制经济人士,形成合力,针对参与国经济界人士的民心相通;致公党、侨联、侨办等形成合力,针对参与国普通民众的民心相通;宗教协会和团体形成合力,针对参与国宗教界人士及信众的民心相通。

二 搭建平台,加大文化交流力度

开展文化交流是促进"一带一路"民心相通的重要内容和途径,"一带一路"参与国相互了解尊重对方的文化,是相互尊重、求同存异、和谐相处的关键。统一战线在促进"一带一路"民心相通时必须发挥统战特色和优势,搭建平台,加大文化交流力度。比如,可开办一年一度"丝绸之路"文化青少年夏令营,其目的是增进参与国青少年的相互了解和沟通,从而结下友好情谊;可组织"中华文化行旅"活动,邀请"一带一路"参与国民众到我国,探寻五千年中华文化发展轨迹,特别是丝绸之路的文化遗存,加深参与国民众对中华文化的印象和认识,从而理解和认同"一带一路"倡议;可开展重走古丝绸之路的文化活动,组织统一战线青年成员到"一带一路"沿线国参观考察,加深他们对"一带一路"沿线国的国情、民情的感性认识,以便与沿线国民众交流互动,让自己更主动地融入"一带一路"建设中。

三 加强联系,发挥海外统战力量

在统一战线工作中,有一项重要工作就是做好海外统一战线工作,即凝聚侨心、汇集侨智、发挥侨力、维护侨益,引导华侨、归侨和侨眷致力于祖国现代化建设及和平统一大业,传承和弘扬中华优秀文化,增进中国人民与世界各国人民的友谊。统一战线在促进"一带一路"民心相通时，要结合当地国特点和海外侨社侨团优势，努力推动"一带一路"民心相通。例如，与当地侨社侨团定期联合开展传播"一带一路"倡议的相关活动，推动当地民众对"一带一路"倡议的了解和认识；积极利用华侨资源，联合开办"一带一路"学院，将"一带一路"学院打造成为促进民心相通和传播研究"一带一路"倡议的重要平台。要加强统战工作的顶层设计，将海外"一带一路"学院开办和建设作为服务"一带一路"建设和融入统一战线的重要举措以及海外统一战线工作的重要内容，从定位、功能等明确"一带一路"学院的发展方向，从东道国国情实际出发，明确学院所要从事的具体内容，发挥"一带一路"学院优势特色，取得良好的办学成效。

四 以侨为桥，促进人文交流

依托"一带一路"南向沿线国家尤其是东南亚地区的华侨资源，加强与"一带一路"沿线国家和地区民间组织的交流合作，广泛开展媒体、教育、医疗、文化、生物多样性和生态环保等各类交流合作。采取"侨务搭台，经贸唱戏"方式，促成更多的合作项目。充分利用"一带一路"南向国家华侨华人的天然"纽带"作用，加强与海外侨社接触，进一步挖掘侨资侨智，有效利用"两新"（新华侨华人、华裔新生代）、"两重"（重点侨团、重点人物）资源优势，以侨为"桥"，促进投资贸易，扩大跨境合作效益。建议成立有侨务部门参与的南向开放工作协调小组，研究海外华侨华人参与南向开放建设途径和模式，重视海外华侨华人获得感。加快构建载体平台，各省市以华侨产业实体为载体，打造海外华侨华人参与"一带一路"南向沿线国家的对接基地和落地平台。加强技术支撑体系与服务支持体系建设，充分利用国内国外科技资源，促进企业自主创新，支持侨资企业转型升级和做大做强。构建"一带一路"南向沿线国家间的华文媒体协作网，为世界华文媒体提供沟通合作机会。鼓励和支持华文媒体加入华文媒体协作网，成为南向开放建设的有效传播者和有力推动者。聚焦"一带一路"南向沿线国家华侨华人，引导他们积极参与、共同分享"一带一路"建设机遇。

第五节　加强南向开放中沿线国家软件基础设施的互联与保障

一　对接已有设施

对接中南半岛已有软件基础设施，推动"一带一路"软件基础设施互联互通。中南半岛区域合作组织中比较有代表性的是湄公河次区域经济合作组织（GMS），该组织在推进基础设施软件联通方面上值得肯定，该组织在能源、运输、通信等领域建立多个协会和委员会，强化各国或地区在专业领域沟通协作，在跨境运输便利化、跨境电力传输等方面积累了丰富经验，大力推动了中南半岛的经济走廊建设。另外，东盟大力推进的《东盟互联互通总体规划》明确指出要推进机制互联互通、民间互联互通、硬件互联互通，其中的机制互联互通与软件基础设施联通高度相关。中国还分别与中南半岛的越南、柬埔寨、老挝等国对接了双边发展战略和规划，搭建了相关软件基础设施联通框架。总之，中国可以将"一带一路"软件基础设施联通与中南半岛及其周边区域内已存在的大量软件基础设施联通结合起来，推动"一带一路"软件基础设施互联互通。

二　完善保障机制

完善中国在南向开放的沿线国家软件基础设施联通方面的机制。依托中国主导下的湄公河—澜沧江合作机制以及其他相关地方双边合作机制，结合中国自身优势和特点，与南向开放沿线国家特别是中南半岛各国展开多边多层次深度合作，切实解决在各个层次软件基础设施联通出现的问题；借助中国—东盟投资合作基金、丝路基金等机构,加强软件基础设联通方面的资金投入;借助亚洲基础设施投资银行平台,加强在软件基础设施方面研究规划能力建设,发挥亚投行在软件基础设施领域合作的引领性功能;整合国内各类各主体平台,建立一整套系统基础设施联通推进机制,推进加强软件基础设施联通的制度保障。

三 推动专门合作

加强中国与南向沿线国家和地区在软件基础设施领域合作,共同落实与深化基础设施发展的专项规划,加快推进中国与东盟的自贸区升级版早日落地。加快制定《大湄公河次区域跨境运输便利化协定》《澜沧江—湄公河国际航运发展规划》区域一体化规划协定;积极借鉴国际自由港等先进经验,打造更高水平的对外开放形态,推动南向沿线各国在一些投资和贸易领域开放取得突破,优先推进与南向沿线国家在检验检疫、边防协同等领域的工作对接、信息互换、标准联通、结果互认、人员培训等合作,促进通关便利化。加强中国与沿线国家或地区金融合作,依托中国—东盟银联体等机制,推动金融政策沟通,推进区域金融监管机制建设,积极推动建立区域外汇储备,加强跨国投资合作。

第六节 加快南向开放的配套保障体系建设

一 开展多边金融合作建立金融保障体系

在推动"一带一路"建设的过程中,在金融领域不断推陈出新,为资金支持提供更加便利的渠道,同时要加强国家间的合作,建立更多层次的金融平台,完善各国间的金融保障体系,加强亚投行、丝路基金、亚洲金融合作协会等组织机构的作用,加大对沿线国家的融资优惠力度,为加强各国基础设施建设提供切实的资金保障。同时,要扩大沿线国家双边本币互换、结算的范围和规模,以改变目前国际货

> 第二部分 "一带一路"与南向开放"软件"建设研究

币体系严重不平衡的局面。此外，还要构建完备的融资体系。资金融通是借助金融体系实现的，其形式有直接融资和间接融资，直接融资是资金供求双方直接进行的资金融通活动，主要通过金融市场实现，而间接融资则是通过金融中介机构主要是银行进行的资金融通活动。构建"一带一路"建设的融资体系有着特殊的意义。为此，要推进债券市场的开放和发展，以亚洲债券市场的开发和发展为先导，进一步推进"一带一路"金融市场的发展。要推进各种金融机构建设，在做好目前已经成立的亚洲基础设施投资银行、金砖国家开发银行、丝路基金等金融机构的基础上，深化中国—东盟银行联合体、上合组织银行联合体务实合作，以银团贷款、银行授信等方式开展多边金融合作。

二 加强国际业务人才的培养与使用

面对南向"一带一路"互联互通的任务需求，不断深化人才培养规格与模式，实现跨文化研究、政治法律研究、国际贸易和金融研究、基础建设研究等方面人才培养的新突破，这是南向"一带一路"对人才培养的新要求。推动南向"一带一路"沿线各国开展人才合作培养与交流，构建长期、稳定的合作关系。与沿线国家利用高等院校、科研机构、各类教育机构和培训公司共同培养科技人才和各类专业技术人才，扩大南向"一带一路"沿线国家专业人才来华工作规模，建立区域人才市场。鼓励我国专业人员赴沿线国家开展志愿服务，解决技术问题，满足技术需求，促进交流合作。加强外语人才培养。在语种上进行差异化培养。通过统计东南亚、南亚还有中亚地区国家的语种分析，官方小语种多达 40 种，目前的国内外语院校所培养的人才还不足以满足南向"一带一路"建设的语种要求，因此首先丰富语种数量是外语院校人才培养改革的一个重要方向。对于培养数量最多的英语专业人才的需求则在"一带一路"的沿线国家中数量相对较少。因此，对于英语人才的培养更多的不是追求数量的提升而是质量的提升，就业岗位对英语人才的需求主要是集中在高端人才上。加强复合型外语职业人才培养。尽管国内各主要外语院校和地方高校为满足需求在人才培养规格与模式上采取了许多新的举措，但截至目前本科层次以上外语职业教育人才培养，特别是东盟地区小语种人才培养，仍仅聚焦于语言基础和金融贸易类专业的培养，政治法律、基础建设等外语职业人才培养明显不足。东盟小语种各层次毕业生就业主要集中于贸易、物流、旅游、教师4个领域。对此，在外语职业教育人才培养规格和定位上需加大"外语+专业"的复合型人才培养，调整专业课程体系建设，以满足南向"一带一路"互联互通任务的需求。

三 推进中介服务业的培育与发展

中介服务业涉及外贸业务咨询、外语翻译、法律援助以及外贸综合服务等多个方面的中介组织。加快商会和行业协会等外贸中介建设，加强与沿线国家和地区中介机构的合作，获取有价值的信息和为企业走出去打通渠道，为企业对外合作与进出口牵线搭桥；扶持一批外贸综合服务机构，提供通关、报检、退税、物流、金融、保险、结汇等外贸全流程综合服务。

四 建立国际争端的解决机制

南向"一带一路"开放将使得新时代中国更加开放、更有活力、更为国际化，而建立多元化的投资争议解决方式的立法体系，构建法治化、国际化、便利化商事纠纷解决机制是保障南向"一带一路"顺利开放不可或缺的一环。可借鉴中国香港、新加坡的经验建立临时仲裁机制，临时仲裁制度与传统的机构仲裁制度相对应，临时仲裁能够最大限度地尊重当事人的意思自治。引入和构建临时仲裁制度可以根据需要提请全国人大授权调整相关仲裁法律制度，制定临时仲裁的示范性条款，完善临时仲裁员选任制度，明确临时仲裁员的民事责任，简化适用临时仲裁的相关程序性规定，构建临时仲裁裁决的监督机制，确保临时仲裁裁决的承认与执行。

第七节　发挥南向开放中自贸区的制度优势

中国自贸区建设起步较晚，发展速度较快，建设总体遵循"审慎稳重、循序渐进"的原则，在立足周边的同时，从双边到区域扩展，从小到大寻求升级。中国已经在亚太地区初步建立了横跨东西、辐射分布的自贸区网络，对中国经济社会发展发挥了积极作用。

一　以中国自贸区为窗口推动"一带一路"文化交流

中国自贸区建立以来在文化产业监管方面采取一系列新举措和新制度，例如放宽文化产业经营许可范围，简化文化活动审批流程，便利艺术品进出口贸易，多元化商事争议解决机制为知识产权交易提供法律保障等一系列措施，形成了特有的自贸区文化产业发展模式，为我国与"一带一路"沿线各国间的文化交流合作提供了一个良好的展示窗口和贸易平台。中国自贸区依靠自身特有的文化管理制度与管理模式恰好成为宣导本国"一带一路"文化意识的有利平台，利用自贸区加强我国与"一带一路"沿线各国的文化交流、文化传播与文化贸易，消除彼此观念上的隔膜与芥蒂，将"一带一路"开放合作、和谐包容、互利共赢的精神理念由中国自贸区转向"一带一路"沿线各国乃至全世界，以文化融通带动民心相通，以民心相通实现意识共通，方能筑牢"一带一路"倡议的社会根基。

二　以中国自贸区为平台增进南向"一带一路"国际经贸合作

制度创新为中国自贸区营造了良好的法制营商环境，中国自贸区内贸易便利化、投资自由化不断提升，中国自贸区为"一带一路"沿线各国进入中国市场创造了绝佳的机遇和平台，同时"一带一路"也为中国自贸区内企业提供了广阔的市场空间，中国自贸区对接"一带一路"能够形成合力共同推动亚太经济自由化、一体化，实现亚太经济的蓬勃发展。依靠良好的法制营商环境，通过政府对外宣传、市场主体参与、信息资源交流等多种方式可让"一带一路"南向沿线国家深入了解中国自贸区所具有的制度红利，从而吸引更多"一带一路"区域内的公司、企业、个人进入中国自贸区开展贸易投资，为中国经济发展注入新的动力。加速市场主体要素自由流动。进行合作对话，在基础设施建设、园区产业、金融货币、旅游观光等方面探寻利益共同点进行逐步对接。

三 中国自贸区制度创新红利共享

中国自贸区不仅是"一带一路"建设中的重要节点和开放窗口，同时还是本国制度创新的"试验田"，发展至今已初步形成了较高标准的经贸规则体系，例如负面清单制度、证照分离制度、单一窗口制度、投资备案管理制度等，这些制度创新经过实践检验已被证明能够有效推动贸易便利化和投资自由化，是与市场经济发展规律相符且具有可复制、可推广优势特性的先进制度，也完全能够被引入"一带一路"法治建设之中，以保障"一带一路"的长远发展。将负面清单制度引入"一带一路"能够增强各国外商投资政策透明度，有效减少外资进入一国市场的制度壁垒，相互间在更大范围内实现市场开放与投资自由，加速人员、资本、技术、信息等市场要素在"一带一路"区域的自由流动。

四 加强中国自贸区与"一带一路"地理交通互联

设立自贸区将能更有效发挥区域的地缘优势，能够更好地将交通与贸易相结合，通过打通"一带一路"地理交通推动"一带一路"沿线自由贸易，盘活"一带一路"经贸网络。

第九章　省份视域下推进南向开放"软件"建设对策

南向开放覆盖我国多个省（区、市），相关省市都在积极谋划全面开放新格局，且各省（区、市）之间开展了一些局部性合作，比如甘渝贵桂四省（区、市）在2017年签署了《合作共建南向通道框架协议》，渝桂黔陇四省（区、市）签署了《关于合作共建中新互联互通项目南向通道的框架协议》，并制定了四地协同工作办法和工作方案等。这些局部性合作取得了一些成效，但整体上省（区、市）间的协作与统筹程度不高，尚未达到区域整体最优的协同开放水平。为进一步推进南向开放"软件"建设工作，本章重点从重庆、四川、云南、贵州、甘肃、广西、广东、海南等主要相关省（区、市）在南向开放中的地位及发展定位，在南向开放现状的基础上提出了省份视域下加快推进南向开放"软件"建设的对策。

第一节　重庆市推进南向开放"软件"建设对策

一　重庆市在南向开放中的地位及发展定位

南向开放是重庆市对外开放的一种地理方位和市场取向，是重庆市对外开放走向东南亚的战略总称。

在产业发展上，重庆市南向开放拟以汽车、摩托车、冶金、化工、医药、轻纺、食品、家电等工业制成品为出口重点，以能源、矿产、橡胶、木材等资源型产品（商品）为进口重点，并适度进口东盟农产品，改善进出口商品结构，满足重庆市需求，丰富市民生活。对外投资重点投向能源、交通、通信、市政等基础设施和矿产资源领域，谋取基础性投入的长期战略利益，战略性开发和储备东盟的能源和矿藏资源，一般消费工业品则从出口转向本地化生产，以规避或减缓经贸摩擦，重点引进新加坡、马来西亚的资金和微电子技术，引进东盟国家的农业和农产品种养加工技术，提升重庆市的农业生产技术水平和能力，同时积极拓展金融、技术、旅游、运输、仓储等服务领域。

在地理上，重庆市南向开放当以湄公河次区域为重点。该区域是多个国家疆域下的接合部地域，是连接中国和东南亚南亚地区的陆路桥梁区域。除中国外，该区域五国土地资源、矿产资源和旅游资源丰富，森林覆盖率高，但地广人稀，土地利用率不高，工业化程度低，总体上是农业国家。澜沧江—湄公河流域亟待开发，且开发潜力巨大。

从总体看，重庆与东盟经济发展整体水平相当，产业结构具有一定互补性。重庆具有完整的产业门类和雄厚的工业基础，汽车、摩托车、机电产品和小型农机在越南、老挝、泰国等国有广阔的市场，而东盟的石油、矿产、橡胶以及各种原材料则是重庆经济持续发展所需的动力，重庆较先进的农牧技术与东盟农林资源和气候条件结合，能大幅提高农牧产品效率，实现互惠共赢。

重庆作为中西部地区唯一的直辖市，在经济、技术、人才、政策等方面具有比较优势，南向开放利于充分发挥重庆在经济总量、产业配套、优惠政策等方面的比较优势，联合滇、桂形成自贸区内重要的"泛北经济圈"，跻身南亚东南亚国际分工体系。

同时，重庆作为京广线以西、离东盟最近的国内综合交通枢纽，集聚和辐射功能强，南向开放可充分发挥其经济总量、产业配套、优惠政策等方面的比较优势，构建自贸区内重要的区域性加工和中转平台，深化中国中西部地区和东盟各国合作，推进西部大开发。

二 重庆市对接南向开放现状

一是重庆市的产业拥有优越的市场前景。近年来，中国与东盟各国双边经济贸易长足发展。究其原因，主要是中国产的生活用品和生产用品在国际市场具有较大的性价比竞争优势，适合于东盟的经济发展和消费水平。同时，中国一些产品出口东盟经加工、组装后销往了其他区域市场尤其是发达国家，这方面也带动了东盟对其他区域市场的出口。

目前东盟各国正加快推进经济共同体建设，该经济体总量将在2015年跻身世界第五名，2025年升至前三名。东盟共同体将是拥有6亿人口的单一市场，其中中等收入人口为3.6亿人，购买力巨大，将成为更具吸引力的投资目的地。同时，东盟10国中有9个都是海洋国家，海洋在推动东盟国家经济发展中扮演重要角色，但东盟国家之间联系不紧密、交通基础设施薄弱等挑战限制了东盟的发展，因此大力推动"海上丝绸之路"和互联互通建设是早日实现东盟一体化的关键步骤和重要组成部分。

二是结构性契合促进经贸合作发展。东盟属于发展中国家的区域经济组织，其商品、技术、资源、资本等要素及其发展阶段与重庆市呈明显互补性。

目前，东盟已成为重庆的第四大贸易伙伴，重庆市与东盟开展多种经贸合作形式，弥补重庆市发展资源如石油、矿产、橡胶、木材等的不足；开发和储备东盟资源，正成为打造"内陆开放高地"的一个重要支撑点。东盟各国自然条件优越，矿藏、森林、农业、渔业和水力等自然资源富庶，石油、天然气储量丰富。而重庆市的工业结构较为完整，二者可通过南向开放成为能源的供需双方，搭建契合的合作关系。

第九章 省份视域下推进南向开放"软件"建设对策

三是重庆市的内在优势明显。目前,重庆市凭借国家中心城市和长江上游经济中心的功能性定位,正抓紧实施全面融入"一带一路"和长江经济带规划,强力推进"渝新欧国际经贸大通道"建设,"一带一路"南向开放将发挥重庆市的"联动辅"和战略支点功能,西向和南向开放互补,消除"马六甲困局",完善国家开放战略体系。

2014年,重庆市汽车、电子信息两大产业集群产值达到万亿规模,已带动进出口贸易955亿美元。重庆市有完备的铁、公、水、空口岸体系,口岸功能较完善,正大力发展现代物流和新兴产业。贸易、现代服务、口岸服务新业态等口岸平台型产业,临空临港制造、创新型金融服务、数据口岸产业、文化创意等口岸依托型产业,以及跨境旅游会展、外向型农业等口岸延伸型产业获得长足发展,已着力构建完善的口岸经济产业体系。特别是,重庆注重形成先进制造业与现代服务业双轮驱动格局,注重由一般贸易、加工贸易向服务贸易拓展,为对接"海上丝绸之路"已做好产业延伸准备。

目前,重庆市正着力培育两江新区对外开放核心功能,加快各类开发区、保税区转型升级,积极对接国家自贸园区战略,全力争取中国与新加坡第三个政府间合作项目落户,建好各类国别产业园区,为与"海上丝绸之路"沿线的产业合作培育载体,全市基本建成"三个三合一"的开放平台体系。同时,重庆市着力挖掘与"海丝路"沿线国家和地区的合作潜力,进一步扩大双方的贸易和投资,实现产业的互补发展,积极推进进口澳洲活牛、投资东盟轨道交通建设、江北机场商业资源运营等项目,实现与沿线国家地区优势互补、互利共赢。

三 重庆市推进南向开放"软件"建设对策

(一)利用优势,打造产业腹地

重庆市有强大的产业基础,有利于与东盟国家进行产业链融合。2014年,重庆市汽车、电子信息两大产业集群产值达到万亿规模,已带动进出口贸易955亿美元。重庆市注重形成先进制造业与现代服务业双轮驱动格局，注重由一般贸易、加工贸易向服务贸易拓展，为对接"海上丝绸之路"已做好产业延伸准备。通过产能合作，重庆市将帮助东南亚国家改善产业体系不健全的现状，帮助其提高生产能力，进行科技创新。

同时，重庆市应当大力促进现代农业的发展。应根据东南亚和南亚不同国家的特色和优势，进行有选择性的农业发展合作，由此可以促进重庆市的产业发展，也可以帮助东南亚国家摆脱毒品种植，有利于当地的产业进步和社会稳定。

（二）联动各级开发区与工业园区，建立互联互通的开放体系

加强区域信息化合作。为使次区域五国间信息沟通便捷、信息服务完善，形成支撑物流、人流和资金流的信息枢纽，以信息网络化带动区域一体化发展，国家和相应省份将加快建设昆明国际信息港、次区域国际光缆传输干线、IP宽带网和沿边重要口岸信息枢纽工程建设，通信产业可借机大显身手。深化产业梯度转移合作。考虑到次区域处于"第三层次"中的缅甸、老挝、柬埔寨三国资源丰富且开发利用价值高，特别是农副产品加工业、建材业、化学工业、制糖业、棉纺业、矿冶开采业、机械制造业农具生产业、特色工艺品加工业和其他轻工业，具有很大的发展潜力和空间。

第二节 四川省推进南向开放"软件"建设对策

一 四川省在南向开放中的地位及发展定位

四川省是支撑"一带一路"建设和长江经济带发展的战略纽带与核心腹地，是连接我国西南西北、沟通南亚东南亚中亚的重要交通走廊，也是西部地区最大的消费市场、要素市场，发挥着重要的经济集聚、物资集散作用。2019年四川省《政府工作报告》明确提出，将

深入推动"一干多支、五区协同""四向拓展、全域开放"。

而后,四川省委十一届三次全会明确提出,"四向拓展、全域开放"不可能平均用力,不同阶段应有不同的战略重点,在现阶段,要把南向和东向开放合作摆在更加突出的位置,必须既从整体上把握突出南向开放的覆盖面,又构建基于不同层次经济地理的梯度开放格局。

突出南向,主要应着眼于正南、东南、西南三大方向的开放战略纵深部署,加强与渝、滇、黔、藏、桂、粤、闽等省、市、自治区的合作,畅通和优化南向综合运输大通道,推动沿海沿边沿江协同开放;重点对接中新合作机制、粤港澳大湾区、北部湾经济区,规划建设东盟产业园、成都平原临空经济开放特区、川南内陆港口型自贸区,强化与南亚、东南亚、澳洲等地的开放合作,从整体和重点两个层面布局突出南向开放。

二 四川省对接南向开放现状

(一)高度重视,建设互联互通新通道

四川省坚持陆海联动、扩大开放,主动融入国家陆海内外联动、东西双向互济开放格局,加快建设连接北部湾、畅联粤港澳、面向东南亚、通往印度洋的综合运输大通道,打通衔接"陆上丝绸之路"与"21世纪海上丝绸之路"的南北大动脉。

近年来,四川省电子信息、装备制造、饮料食品等特色优势产业不断壮大,高端成长型产业、战略性新兴产业、现代服务业快速发展,天府新区、四川自贸试验区、国别合作园区等平台加快建设,具备了坚实的产业合作基础。

(二)利用比较优势,培育出外贸经济增长点

经过连续多年的转型升级、优化结构,四川已经培育出大量外贸经济新的增长点,优势和特色明显。比如,机电和高新产品契合了欧美和南亚、东南亚外贸市场的需求;承接了大量沿海加工贸易企业和

第二部分 "一带一路"与南向开放"软件"建设研究

订单的转移,较好较深地融入了全球产业链;服务贸易逐渐向好,特别是附加值较高的计算机和信息服务出口比重上涨较快,核心文化产品出口也出现好的态势;高铁和互联网电子科技在南亚、东南亚乃至在欧洲已经拓开了市场,树立了良好声誉;省内高科技基础较为雄厚,以技术咨询和服务为主的技术转让在对外经济贸易中有所提升。但也应看到,四川也存在对外经贸的融资、生产、销售过度集中,国际贸易新壁垒的阻隔、对外贸易企业结构不合理等短板,亟待我们在推进南向开放的过程中一一破解。

(三)深化开放,加强国际交流

东南亚和南亚地区的国家经济发展良好,市场潜力巨大。从历史上看,这些国家与我国存在比较密切的文化和经济联系。改革开放以来,我国与这些国家已经成为重要的经贸合作伙伴,形成了厚实的经贸合作基础,并建立了比较成熟的合作框架和合作机制。这些为四川拓展东南亚和南亚国家的经贸关系,构建"走出去"和"引进来"的双向对外开放的格局奠定了物质和体制的基础。事实上,近年来,四川省与南向国家(地区)的经贸往来日益频繁,南向国家(地区)正在成为四川发展国际经贸关系的重要伙伴。但整体来看,无论是货物贸易、服务贸易,还是双向投资,都还有巨大的潜力可挖,特别是在"一带一路"建设的大背景下,"潜力"更有开发空间。[1]

三 四川省推进南向开放"软件"建设对策

(一)坚持互利共赢、务实合作

发挥区位优势、资源优势、产业优势、市场优势,加强与粤港澳、北部湾、云南等南向重点区域合作,加快与东南亚、南亚、澳大利亚、新西兰等南向国际市场对接,创新合作机制,推动资源整合、优势互补、分工协作,在合作中实现共赢。

---

[1] 《扩大南向开放 四川需借势借力》,《四川日报》2018年8月14日。

第九章 省份视域下推进南向开放"软件"建设对策

要扩大南向国际产能合作。充分利用中国—东盟投资合作基金和中国—东盟专项信贷资金，积极支持有条件的企业参与东盟、南亚等地资源开发利用和基础设施建设，拓展企业发展空间。有序推动冶金建材、机械装备、医药化工、特色农业等行业优势企业到境外投资产业，带动产品制造、优势技术、行业标准、管理模式等"走出去"。大力拓展南向工程建设市场，进一步发挥总体规划、勘察设计、施工建设、运营管理的综合优势，着力提升对外工程承包规模和品牌效应，带动配套产品、成套设备出口。

要推动产业合作园区建设。依托现有的国家级和省级开发区，积极搭建国际化产业合作平台，鼓励各地与沿海地区、南向国家（地区）合作共建产业园区，推动产业集聚发展。支持有条件的地方设立南向对外合作园区，积极承接国际产业转移，提升产业外向度。加快建设新川创新科技园、东盟产业园等国别合作园区。推动四川自贸试验区、国别合作园区与广西钦州保税港区等开放平台合作，共建临港产业园区，发展适铁、适海产业和现代物流业。吸引广东、香港和澳门企业参与产业园区合作，加快甘眉、成甘、广安（深圳）等"飞地园区"建设。

要注重提升区域沟通和协调能力，深化区域协同合作。由国家制定西南地区的通道规划，为打破各省市区交通、港口、码头、产业、市场发展各自为政的局面创造了条件，四川省要借势这一规划的实施，积极与西南各省市区建立合理分工协作关系，形成整体实力走向东南亚、南亚等国家。同时要按照规划的安排，主动与广西、云南各港口或口岸，各专业市场、园区、产业基地加强联系，建立更加紧密的协作关系，甚至建立不同层次的协调组织机构，共同建设交通通道和关键枢纽，错位发展产业和专业市场，推动西南地区开放迈上新台阶。要加强与周边省、市、自治区的交流合作，打造城市、乡村、口岸、产业、园区、文旅向南开放、优势互补、协调联动、错位发展的新格局，在更大范围拓展发展空间，突破传统行政边界束缚，形成区域联动发展合力。做好物流口岸联动，大力打造现代综合交通运输体系，南向依托自贡、宜宾、泸州、攀枝花等交通枢纽，联动滇、藏、桂、黔、粤、闽、港、澳等沿海沿边口岸，疏通西南至新德里、达卡、加尔各答、孟买、马累，正南至河内、胡志明市、曼谷、万象、金边、吉隆坡、新加坡、雅加达，东南至马尼拉、悉尼、惠灵顿等城市及重点口岸，强化陆海空开放口岸立体联动运营模式。

突出南向的深意表现在三个方面：首先，四川有力的南向开放的深入实施将会引领和带动西部经济的新一轮发展；其次，四川向广州、深圳、香港方向的经济延伸将为四川发展注入新的活力；最后，向南亚东南亚国家的开放，不但有利于四川拓展开放型经济发展新空间，也将引领带动国内西部地区经济的开放合作。

（二）壮大特色优势产业，增强南向开放支撑加快发展外向型特色产业

大力实施"中国制造2025"四川行动计划，深度融入全球产业链、价值链和供应链，全面提升四川省在国内外产业分工中的地位，支持各市（州）积极申报、建设国家级外贸转型升级基地，形成具有区域国际影响力的外向型产业平台。大力发展茶叶、果蔬、林竹和中药材等优势特色农业，扩大高原生态农产品、亚热带特色农产品等出口，加快特色农业基地和农产品出口标准化基地建设，带动农业技术推广应用和农产品出口。着力壮大电子信息、汽车制造、食品饮料等特色优势产业，培育发展新一代信息技术、新能源、新材料、高端装备、节能环保等战略性新兴产业，延伸产业链、提升价值链、优化供应链，形成产业竞争新优势。构建开放安全的服务贸易体系，鼓励开展双边服务贸易合作，深化金融服务、文化旅游、医疗康养等领域交流合作，鼓励发展研发设计、检验检测、信息服务等领域服务贸易与服务外包，加快数字经济发展和技术转移出口，打造国际化现代服务业高地。

提升"四川造"品牌影响力。实施品牌战略和质量提升专项行

动，推进品牌创新提质升级。实施孵化、提升、创新、整合、信息等农业品牌建设"五大工程"，开展工业品牌提升三年行动计划，持续推进服务业"三百工程"，协同抓好产业、产品、工程、服务四大领域自主品牌培育创建，打造一批"川字号"拳头产品，培育标杆企业和产业集群。实施精品培育工程，挖掘民族民俗历史文化资源，加强对中华老字号、地理标志等品牌培育保护，打造百年老店和民族品牌。建立品牌培育标准体系和评价体系，实施"互联网+四川品牌"专项行动，提升"四川造"知名度和影响力。

（三）强化交通互联互通，打通物流关键节点

要以畅通南向进出川通道为重点，在充分发挥既有线路运输能力基础上，进一步完善路网体系，优化通道结构。把铁路建设摆在突出位置，全力打通高铁出川大通道，加快新建成南达350千米时速高铁，打通成都经达州至万州至武汉通往长三角沿江高速铁路大通道；加快建设成自宜350千米时速高铁，建成成都至贵阳铁路，打通成都经宜宾至贵阳连接贵广高铁通往粤港澳大湾区、连接贵南高铁通往北部湾经济区的高速铁路大通道；同步推进渝昆高铁建设，形成成都通往昆明的高速铁路大通道。加快推进攀枝花至大理铁路前期工作，尽快实现开工建设。进一步优化和畅通铁路货运大通道，加快高速铁路建设和实施既有线路扩能改造，把部分较低等级客货运线置换为高等级货运通道；支持中国铁路成都局集团公司建设达州—万州铁水联运港，打造达州秦巴地区综合物流枢纽，开辟经达州至万州港进入长江的货运出海新通道；推进隆黄铁路叙永至毕节段建设、隆昌至叙永段扩能改造，协同推动黄桶至百色铁路前期工作，打通通往北部湾最近出海货运通道；加快推进成昆铁路扩能改造，畅通成都经攀西通往滇中、衔接孟中印缅和中国—中南半岛的铁路货运大通道；启动泸州至遵义铁路前期研究工作。完善高速公路省际通道，加快古蔺至习水、宜宾至彝良、叙永至威信、广安绕城高速渝广支线等高速公路建设，协同推进攀枝花至大理、达州至万州直连高速公路建设，打通川黔、川滇、川渝省际高速公路待贯通路段，加快

实施成都至重庆、乐山、南充等高速公路扩容改造，疏通关键枢纽城市节点，全面解决"断头路""肠梗阻"问题。加快支线和通用机场建设，完善省内支线机场网络，支持省内机场间开行直飞航班，支持有条件的支线机场开辟国际航线。

全面提升综合交通枢纽服务功能。大力推进国际航空枢纽建设，加快建设天府国际机场，打造西部地区国际枢纽机场和西向南向重要门户枢纽机场。实施双流国际机场扩能改造，推进天府国际机场与双流国际机场一体化运营，构建国际航空客货运战略大通道。大力发展航空货运，支持设立全货运基地航空公司。

强化集疏运基础条件。加快完善综合交通枢纽集疏运体系，打通连通枢纽的"最后一公里"，完善现代集散转运设施，促进各种运输方式高效衔接。重点构建连通天府国际机场等航空枢纽的综合运输通道。实施"空中＋陆上"丝绸之路国际空铁公多式联运。推动高速铁路、城际铁路、城市轨道交通、航空等运输方式间无缝衔接，最大程度减少旅客换乘时间。有效引导中长距离货物运输由公路向空铁、铁水联运转变。

第三节　云南省推进南向开放"软件"建设对策

一　云南省在南向开放中的地位及发展定位

一是加快以交通基础设施为重点的互联互通建设。近年来，云南省依托亚洲公路、泛亚铁路、亚洲光纤网的公路、铁路、航空、水运、输油管道、电力、通信等基础设施建设进入了高潮期，并取得了重要进展，内连外通的综合立体多元的交通骨架网络初步形成，为主动服务和融入国家"一带一路"建设打下了良好基础。

二是着力建设区域性经济中心，全省经济做到了总量提升，结构优化，人民生活改善。

三是强化公共服务平台建设，推动云南省成为面向南亚东南亚地区的人才培训基地、医疗基地、科技研发基地和文化交流中心。

四是搭建互利共赢平台，全力办好中国—南亚博览会暨昆明进出口商品交易会。

二　云南省推进南向开放"软件"建设对策

（一）发挥友好关系优势，加强人文交流合作

云南是中华文化圈、印度文化圈和东南亚文化圈的交会区，是一个多元文化共生带，与南亚、东南亚国家地理相邻、人缘相亲、文化相近，建立了长期深厚的民族情感和近邻情谊。因此，在支持国家"一带一路"建设中，云南应发挥自身文化优势和民族友好关系优势，立足于巩固发展好邻居、好伙伴关系的需要，以扩大对外交往、加强文化交流、推进教育合作、加强宣传合作等为重点，通过举办各种不同层次、不同范围的文化教育交流活动，以及与周边国家整合旅游文化资源，建立多边旅游合作机制等方式，着力推进和深化同周边国家更高层次、更宽领域、更多形式的人文交流和经贸合作，使云南成为向外展示中华文化、推介中国睦邻友好思路的窗口，从而促进中国与周边国家在政治、经济等领域的交流合作，增强南亚、东南亚国家对中国"一带一路"倡议的认同感和参与力度。

（二）发挥政策机制优势，加大合作交流力度

云南作为边疆少数民族聚集的省份，由于特殊的地缘区位和发展状况，近年来除了得到国家桥头堡建设政策的支持外，还同时得到了国家西部大开发、兴边富民工程、扶贫开发、沿边开发开放等政策优惠。国家对南亚、东南亚及周边国家的重大对外举措，如"中国—东盟自贸区""沿边金融综合改革试验区""澜沧江—湄公河次区域合作""孟中印缅经济走廊"等，都与云南息息相关。昆明进出口商品交易会、中国—南亚国家商品展、南博会等合作交流活动也成为云南联系东南亚、南亚、西亚三大市场的新型机制平台。如果能将这些政

第二部分 "一带一路"与南向开放"软件"建设研究

策机制叠加在一起,将使云南在国家"一带一路"建设中具有十分明显的优势。因此,云南省有关部门应加强与国家有关部门的汇报衔接,争取国家层面的更多重视与支持,将云南对外交往的现有政策机制纳入到国家"一带一路"建设的各专项规划中,把这些政策机制和国家顶层设计整合起来,充分发挥政策机制的最大效应,努力实现云南现有对外交往政策机制和国家"一带一路"建设有关内容的无缝对接,进一步深化云南与南亚、东南亚及周边国家合作交流的深度和广度,更好地为国家重大建设服务。

(三)发挥发展互补优势,提高对周边地区的影响力

云南应进一步发挥与南亚、东南亚国家在经济、文化、科技、教育、工业、农业等方面的互补优势,发挥优势产业的互补效益,加强与周边国家之间的合作交流、经贸往来和帮助扶持力度,提高对周边地区的影响力,为双边的战略关系奠定坚实的基础。[1] 一是发挥经济产业优势,培育特色经济产业基地。云南应积极发挥在整个区域经济产业发展中的优势,将一部分优势产业、特色产业建强、建好,以此带动和吸引周边国家的投资和贸易往来。为此,云南对内应发挥枢纽集聚作用,使之成为承接东部产业转移的基地;对外应发挥龙头带动和示范作用,使之成为面向印度洋沿岸市场的外向型产业基地和进出口商品生产加工基地。应针对我国对周边国家在科技、工业等方面的互补性优势,积极吸引内陆和沿海科技、工业发达省份到云南建厂、建园,进一步完善云南产业配套和产业链构建,使云南成为我国面向南亚、东南亚的产业支撑基地,提高对周边国家的吸引力。二是积极推进人民币在周边国家的国际化水平。"一带一路"倡议中,人民币的国际化问题也是一个各界非常重视的问题。由于我国对南亚、东南亚周边国家在经济实力和社会发展进程中的相对优势,以及云南自身特殊的地缘区位优势,加之云南周边国家对人民币认同度较高,因此云南在

---

[1] 朱雄关、姜瑾:《云南在"一带一路"中的优势分析与对策思考》,《楚雄师范学院学报》2015 年第 4 期。

推进人民币国际化过程中具有十分重要的地位和得天独厚的优势。[①]

第四节 贵州省推进南向开放"软件"建设对策

一 贵州省在南向开放中的地位及发展定位

一是凭借地缘优势,特色产品走向国际,"茅台酒"已进入30多个国家的60多个国际机场,销售茅台酒的国际免税店超过300家。"老干妈"通过区域代理、海外市场授权代理商等推进辣椒制品区域化国际化。

二是不断扩大国际国内两个朋友圈,截至目前贵州已与长江经济带、泛珠三角各省区市实现了经济贸易互联互通,与港澳台、泛珠、成渝、长三角等区域开放合作更加深入,已有190多个国家和地区进入贵州国际国内"朋友圈"。

二 贵州省推进南向开放"软件"建设对策

(一)共同推进文化教育交流

借助东盟教育论坛永久会址的平台,以及贵州大学城积聚的丰富优质教学、对外交流、人才培养培训资源,加大对东盟国家留学生、小语种人才的培养,并出台政策留下"一带一路"沿线国家人才,充分发挥留学人员作用,推动贵州融入、示范、引领和辐射"一带一路"沿线国家。海外留学政策应对接各国政策和发展战略,深化务实合作,促进协调联动发展,实现共同繁荣。以民心相通建立和维护世界人民互联互通的纽带,构筑和拓展"一带一路"内涵外延。

(二)共同规避发展风险

贵州具备与重庆、云南、广西等周边省市区的交通互联、政策对

[①] 朱雄关、姜瑾:《云南在"一带一路"中的优势分析与对策思考》,《楚雄师范学院学报》2015年第4期。

接的基础，完全可以形成战略联盟，参照"湾区模式"构建规划、制度一体化。完善区域互动机制，为省际企业合作发展搭建平台，促进产业融合和有序转移，探索东西合作新途径；积极支持滇桂黔经济合作区等跨省区重大合作平台和贵州面向东盟辐射中心建设；通过政府对接、组织企业在国内先行合作，在国内抱团形成竞争力，最大限度降低贵州企业"走出去"的风险。[①]

（三）加强贸易往来

提高开发开放试验区、边境经济合作区、跨境经济合作区、综合保税区发展水平，进一步改善投资环境，加大招商引资力度，全面实施单一窗口和通关一体化，打造法治化、国际化、便利化的营商环境。积极转变招商引资方式，从过去依靠优惠政策招商转为凭借投资环境招商，从政府主导招商向市场化招商转变，不断扩大招商引资规模，优化外来投资方向，有效承接产业转移。积极承接国际国内加工贸易订单和加工贸易企业转移。加强与南亚东南亚各国的产业互动，搞好产业对接。建立健全与国际接轨的现代市场体系，全力推进沿边金融综合改革试验区建设，大力推进与周边各国间形成通畅便捷的口岸通道和物流体系建设，建立健全完善"走出去"企业的服务体系建设，将贵州建设成为面向南亚东南亚的区域性货物集散、对外投资和金融财务中心。

第五节 甘肃省推进南向开放"软件"建设对策

一 甘肃省在南向开放中的地位及发展定位

甘肃地处亚欧大陆桥的核心通道，是古丝绸之路的咽喉要道，丝绸之路全长7000多千米，在甘肃境内长达1600余千米，贯通全省，

[①] 赵光辉：《探析谱写"一带一路"贵州篇的政策导向》，《贵州日报》2018年8月21日。

是我国通向中亚、西亚以及欧洲的重要交通枢纽、商贸物流和能源输送大通道,具有承东启西、南拓北展的重要地位。

深度融入"一带一路",甘肃要渐呈枢纽节点。随着"一带一路"的深度发展,过去古丝绸之路使得甘肃成为商贸流通的黄金通道,而现在国际陆海贸易新通道的建设,使得甘肃直接联通了21世纪海上丝绸之路,由此甘肃成为"一带"与"一路"十字交会点,使得甘肃枢纽聚集辐射的区位功能凸显。同时中欧班列、中亚班列、南亚公铁联运、国际陆海贸易新通道铁海联运等4条国际货运线路的开通和交错密织的公路运输,使得甘肃成为东西和南北"钢铁驼队"的十字交会点,使得甘肃枢纽聚集辐射的货运集散功能凸显。目前甘肃正处于而且必须抓住构建枢纽制高点的最佳窗口期,因此,甘肃要抢抓机遇,打造枢纽关键节点。[①]

二 甘肃省对接南向开放现状

一是正在积极参与"南向通道"的打造建设。南向通道即"渝桂黔陇新"南向通道,是指在海上与东盟9个国家相连,在陆上与中南半岛的7个国家相连,这些国家与中国建设交通通道也有利于带动经济走廊建设。甘肃对南向通道的定位为:在中(国)新(加坡)互联互通项目框架下,以重庆为运营中心,以广西、贵州、甘肃为关键节点,利用铁路、公路、水运、航空等多种运输方式,由重庆向南经贵州等省,通过广西北部湾等沿海沿边口岸,通达新加坡及东盟主要物流节点,进而辐射南亚、中东、大洋洲等区域;向北与中欧(渝新欧、兰州号)班列连接,利用兰渝铁路及甘肃的主要物流节点,连通中亚、南亚、欧洲等地区,通过国际合作打造有机衔接"一带一路"的复合型国际贸易物流通道。

二是参与各省区市合作共建陆海新通道。2018年4月20日,渝

[①] 张应华:《紧抓"一带一路"机遇 打造甘肃枢纽制高点》,《甘肃日报》2019年8月14日。

桂黔陇四省市区在重庆市召开中新互联互通项目陆海新通道2018年中方联席会议,确定了四省区市合作共建陆海新通道2018年工作要点。随后不断有省区市加入,"陆海新通道"合作范围得以进一步扩大。目前,甘肃正补齐基础设施短板、优化合作共建机制,甘肃省拟以兰州市为主要承载城市,尝试建设"一带一路"甘肃多式联运综合体,结合国家物流枢纽创建,重点建设"国家级中欧(中亚)班列集结中心"和"一带一路"供应链大数据中心。

三 甘肃省推进南向开放"软件"建设对策

(一)积极推动南向通道建设上升为国家战略

一是加强在国家层面的响应。呼吁由国家部委牵头,提升战略定位、强化顶层推动。加快编制"南向通道"总体规划,形成相互衔接、有机统一的规划体系,从制度安排层面确立建设方向。同时,"南向通道"建设应该充分体现融入中国—东盟自由贸易区和融入粤港澳大湾区的理念。二是加强顶层设计。应由国家出台专项规划,形成互为补充的产业链。将兰州、西宁、银川建设成为高水平的深度合作示范区,将向西开放和南向通道建设成为21世纪丝绸之路重要黄金通道,将兰州新区、武威、张掖、嘉峪关建设成为物流枢纽和丝绸之路新一轮开放先行地,为"一带一路"构建开放型通道经济新体制探索新途径、积累新经验。"信息互换、监管互认、执法互助",让企业在甘肃"进来"安心,"出去"顺畅。

(二)构建甘肃省综合贸易服务体系

加快跨境电商平台建设,积极调整开拓国际市场方式,重点把握跨境电商进入红利快速释放期的历史机遇,注重培育壮大本土电商平台,加强与国内知名电商大平台合作;加快推动传统贸易模式与电子商务的融合与接轨。

(三)努力扩大甘肃省与"一带一路"沿线省市的产业融合

充分发挥甘肃省区位优势,推进甘肃工业优势产业、优势产能、优势产品"走出去"。一是主动"走出去、请进来"。与渝桂黔和东盟开展产业合作，有序推进冶金、石化、建材、电力、材料、新能源等行业的产业融合和国际产能合作，融入全球产业链和价值链。同时，紧盯沿线省市科技发展的前沿技术、领头企业、领军人物，实施精准对接，争取引进一批创新型企业，促成陇企与之战略合作。二是加强南向通道的国际科技合作。近年来甘肃省的科技成果不断增加，科技进步水平成功跃升至全国第二梯队，应加快释放甘肃省的科技创新红利，以科技杠杆撬动经济发展。中国与东盟国家在双边和区域科技创新合作中取得了积极进展，并提出了下一步加强科技创新合作、推动区域创新发展的举措和倡议。甘肃应积极"搭便车"，以科技合作与经济交流为基础，积极推进甘肃的陇药产业、新能源产业、民族用品进入东盟市场；结合甘肃省产业优势，支持大型骨干企业参与境外资源合作开发和优势产能输出，建设境外原料基地、境外经贸合作区，鼓励有条件的企业组成联合体或采用联盟方式组团"出海"。[①]

第六节　广西壮族自治区推进南向开放"软件"建设对策

一　广西壮族自治区在南向开放中的地位及发展定位

2017年习近平总书记视察广西壮族自治区并发表重要讲话，他指出广西发展的潜力在开放，后劲也在开放，有条件在"一带一路"建设中发挥更大作用。广西深入贯彻落实习近平总书记重要指示精神，加快构建"南向北联东融西合"新格局。"一带一路"建设将展现出广西的独特优势，为广西发展建设开辟出更加广阔的空间。

广西将发挥其与东盟国家陆海相邻的独特优势，构建面向东盟的国际大道，打造西南中南地区开放发展新的战略支点，形成"21世

[①] 翟晓岩：《"南向通道"建设中的甘肃战略定位与辐射作用》，《天水行政学院学报》2019年第6期。

第二部分 "一带一路"与南向开放"软件"建设研究

纪海上丝绸之路"与"丝绸之路经济带"有机衔接的重要门户，实现"三大定位"新使命和"五个扎实"新要求。广西着力构建"南向、北联、东融、西合"开放发展总体布局——南向：连接"一带"与"一路"沿线国家和地区的桥梁纽带作用，融入国家推动区域协调、坚持陆海统筹开放的重大部署。北联：深化与长江经济带合作，建设西南中南地区新的战略支点。东融：主动对接融入粤港澳大湾区，推动两广一体化向更高质量发展。西合：深度参与孟中印缅经济走廊和澜沧江湄公河区域合作，开拓新兴市场。

二 广西壮族自治区对接南向开放现状

一是实现铁海联运稳定经营，北部湾港集装箱吞吐量快速增长，北部湾港班轮常态化运营，铁海联运班列路线不断拓展，2017年中越班列、2018年中欧班列首次开通，新增广西钦州—新加坡—泰国林查班等国际班轮航线。

二是南向通道软硬件水平不断提升，钦州港东站集装箱办理站、钦州港东航道扩建工程、中新南宁国际物流园、南向通道多式联运综合信息平台等重大标志性项目建设取得积极进展，南向通道软硬件服务水平不断提升，广西陆路海路现代物流企业登记数量快速增加。

三是广西与"一带一路"沿线国家的贸易合作飞速增长。2017年广西外贸进出口总额为3866.34亿元，比2016年增长22.6%。2018年1—9月，广西外贸进出口总额继续保持增长态势。其中，广西对东盟贸易额达1511.9亿元，占全区外贸进出口总额的50.7%。2016年和1991年相比，广西与东盟贸易额增长了近60倍，多年来占比保持第一。

四是广西政府投资引导基金成立以来，积极支持"一带一路"建设。截至2018年9月，广西政府投资引导基金已完成设立8支子基金，认缴资本总规模302.08亿元，首期认缴83.2亿元，已投资企业14家，共计54.68亿元，财政资金放大了6倍杠杆。2018年子基金募资到位资本总规模26.93亿元，其中引导基金参与出资2.13亿元，投资企业9家共计27.81亿元。各子基金均可采用股权投资方式，投资"一带一路"相关企业。

五是国内国际"朋友圈"不断扩大，广西通关便利化水平和港口服务能力不断改善，西部省份南向通道合作机制不断扩大。与新加坡合作关系进一步深化，南向通道建设得到越南、泰国、马来西亚等东盟国家积极响应。深化国际区域合作。广西以亚洲开发银行贷款广西区域合作发展促进项目为抓手，统筹利用国际金融组织贷款，实现了"引资、引技、引智"相结合，推动区域合作和区域经济一体化发展，为广西深度参与大湄公河次区域（GMS）合作搭建了新平台，实现了新突破。

六是积极促进广西企业"走出去"。自治区财政巧用保险政策，发挥财政资金撬动作用，2016—2018年约投入8100万元资金，大力实施"走出去"三年行动计划、建立广西"走出去"风险保障平台、支持实施中小企业海外风险保障政府支持计划，对区内开展对外投资、对外工程承包、出口信贷等企业给予部分保费补贴，对上一年度贸易出口额在300万美元以下的企业统一投保保费，增强"走出去"企业风险防范能力。[①]

三 广西壮族自治区推进南向开放"软件"建设对策

（一）龙头高举起来

遵循区域经济发展规律，坚持北部湾经济区龙头带动的战略定力，坚持市场导向，不断聚焦人力资本、创新要素、产业布局、政策举措等发展资源，推动规划建设、开放型经济、发展动能、产业发展、基础设施、同城化提档升级，使北部湾经济区成为南向通道的龙头区域。

（二）经贸合作起来

积极促进外贸进出口稳定发展，通过争取中央财政支持，整合商务部门内贸、外贸专项发展专项资金，加大对外经贸项目支持力度。

[①] 广西壮族自治区财政厅：《南向、北联、东融、西合 广西积极融入"一带一路"开放大格局》，《中国财政》2018年第23期。

要打造开放型平台体系，以各类园区、北部湾港和一类口岸为主要依托，对外深化与东盟各国合作，对内深化与南向通道沿线各省市合作。构建开放型产业体系，高质量承接发达地区产业转移，形成产业集群。营造开放型环境，全面对标国际营商环境规则和标准，加快推进建设一批高水平的口岸，在通过能力、通关便利化和效率上全面达到国际先进水平。

（三）平台丰富起来

推动中国—东盟博览会、中国—东盟商务与投资峰会升级发展，增设人工智能、新材料、跨境电商等专题展会、技术发布会和供销对接活动，引入跨境电商、VR、智能家居等消费新业态，搭建更多让企业家唱戏的主题论坛和对话平台，以数字化手段打造永不落幕的展会。

（四）民心相通起来

习近平总书记指出，民心相通是"一带一路"建设的重要内容。针对南向通道沿线各国，要在国家"一带一路"倡议的大框架下，进一步完善广西推进民心相通的工作方案，重点抓住人才培养、智库研究和民间交流等合作项目，增加东盟各国学生、教师来桂留学、培训的资助名额，推动区内高校、智库机构与东盟各国建立智库联盟，吸引沿线国家居民和学者来华考察访问、旅游观光、学术交流。[1]

第七节　广东省推进南向开放"软件"建设对策

一　广东省在南向开放中的地位及发展定位

广东省是中国海上丝绸之路最早的发源地，两千多年来从未中断过海上贸易，始终与海上丝绸之路沿线诸国保持着频密的经贸联系，为中华文明与世界文明的交流发挥了重要窗口作用。广东要在构建开

---

[1] 杨丛：《构建"南向北联东融西合"新格局　推动广西向更高质量全方位开放发展》，《广西经济》2018年第8期。

放型经济新体制、形成全面开放新格局上走在全国前列等一系列重要指示要求，赋予广东为中国新时代全方位、高水平开放探索新路的重要使命。

作为中国第一经济大省、第一外贸大省，广东深度参与"一带一路"建设，携手港澳共同打造"一带一路"建设枢纽、经贸合作中心、重要引擎和重要支撑区。

广东在"一带一路"建设下将进一步加强与东盟的经贸合作，从广度和深度不断向外拓展纵深腹地，辐射对外带动经济。希望广东成长为世界经济"中心区域"的新机遇，具备对外带动辐射的世界级财富功能，地缘经济功能重塑优化，在中国乃至世界格局体系中扮演更为重要的角色。

广东作为中国第一经济大省，始终走在改革开放的第一线，再加上中国"一带一路"重大倡议的提出，结合其雄厚的经济实力、特殊的区位优势、港澳极化外溢、自身开放的优势，广东必将在新机遇下展现出其无穷的发展潜力。

二 广东省对接南向开放现状

一是全球交通枢纽功能稳步提升。广东大力推动设施联通，构建高水平综合交通体系，与世界各国互联、互通能力不断增强。广州白云国际机场航线成为全球重要航空综合枢纽之一，广东省港口成为国际贸易和航运网中的重要枢纽港口，广州港成为华南地区非洲航线枢纽港，通往欧洲、中亚、东南亚等地的国际班列开通。

二是"走出去"战略稳步实施。当前，"一带一路"沿线国家已成为广东实施"走出去"战略的重要平台，其规划在建的10多个境外经贸合作区，大部分位于"一带一路"沿线国家。广东按照企业主体原则着力打造一批重点境外合作园区，推动优势产能转移。截至2017年，广东在沿线国家设立企业540家，中方实际投资23.5亿美元。中广核、粤电、广晟、广新控股、广东农垦等大型国企参与沿线

第二部分 "一带一路"与南向开放"软件"建设研究

国家基础设施建设和资源开发取得初步成效。

三是打造对外经贸"深拓版图"。2013年至2017年,广东与"一带一路"沿线国家进出口额从1.11万亿元增长至1.5万亿元,年均增长率达7.8%。其中2017年与"一带一路"沿线国家进出口额增长14.9%,占全省进出口总额的22.1%。对海上丝绸之路沿线重点14国进出口额增长14.6%,对东盟进出口额增长13.4%,均高于同期全省8%的进出口增幅。2018年广东与"一带一路"沿线国家进出口额增长7.4%,高出同期全省平均水平2.3个百分点,其中对越南和俄罗斯分别增长32.3%和22.1%。

四是重大开放平台建设更高、更远。广东立足"一带一路",大力推进自贸试验区、中新知识城、从都国际论坛等一批高水平对外开放平台建设。在举办21世纪海上丝绸之路博览会的同时,从2015年始在广州举办海博会主题论坛,现已先后围绕港口城市发展合作、产能合作与创新发展、产融合作等专题举办高端论坛,吸引了新加坡、泰国、老挝、尼泊尔、斐济等国政要和亚投行等国际组织负责人及境外商协会组织负责人出席。广州国际交往中心建设取得扎实成效,这几年所承办的大型国际活动视野更高、影响更大。[①]

五是广东掌控力还不够,特别是对中国香港的"依赖症"还没有根本扭转过来。截至2017年年底,对中国香港外贸、吸收外资、对外投资额分别占全省17.1%、80.1%和57.5%,与欧美等发达国家合作仍显不足。

六是在基础设施联通方面,各港口之间布局分散,投资主体多元复杂,同质化竞争激烈,岸线资源配置有待优化,全球枢纽性功能仍不突出。广东近些年一直极力将位于珠三角几何中心的南沙打造为沟通中外的门户枢纽,但工作进展仍不明显。

七是主动谋划、主动争取国家重大项目、核心资源的力度和效果

---

① 蔡立辉、梁钢华:《"一带一路"与广东地缘经济功能重塑》,《暨南学报》(哲学社会科学版)2019年第6期。

还不够。

八是构建自主性全球经贸网络体系还有待加强。当前广东参与对外经贸合作更多体现为市场自主行为和企业自发行为，海外营销渠道建设不足。大部分企业的出口业务仍主要通过境外经销商这个"二传手"实现，其中约95%的跨境电商企业借助亚马逊、速卖通等国际营销平台。同时，广东国际贸易网络、信息等基础建设滞后、配套服务体系不足，大量的国际运输、保险、结算等贸易服务主要由境外公司提供。

九是"走出去"的服务保障还不够有力。境外企业在当地难以找到适用的市场信息和专业服务，或严重依赖国际专业机构，成本高昂。与沿线国家沟通渠道还不够通畅，中白工业园未能有效利用东道国的外资鼓励政策，影响了产业链整体进驻。"一带一路"建设项目普遍具有投资大、风险高、周期长等特点，难以完全按照市场化融资模式进行运作，融资瓶颈制约明显。

三 广东省推进南向开放"软件"建设对策

（一）持续增强珠三角"内核辐射力"

要举全省之力推进粤港澳大湾区建设，发挥主导和引领作用，打造世界一流湾区和世界级城市群，携手参与全球顶级竞争，形成以大湾区为主体参与全球分工竞争的开放新格局，增强全球资源配置和运用国际规则的能力。变珠三角城市和港澳地区"单打独斗"为"一体化"发展，着力打造"广佛肇超级城市体"和"深港全球城市"。在做大、做强外源型经济的同时，大力促进民营、国有、混合经济发展，创新培育全球创新产业。扶持、推动本土大型企业"扎根珠江、花开国际、果结全球"，打造更多像华为、腾讯、格力等具备行业国际领袖地位的本土跨国企业集群。

（二）推动更多重点骨干项目纳入国家总体盘子

在当前格局下，广东应主动加强与国家部委办请示汇报，争取更多指导和支持，使更多重大部署和项目落户。例如：结合广东参与

"一带一路"建设的四大功能定位,争取国家丝路基金、亚投行等在广东设立分部,争取联合相关金融机构、企业和华侨华商设立合作基金,等等。

(三)要加强组织化程度

在"走出去"风险居高不下的情况下,广东应在国家总体安排的格局下,更加积极主动地发挥好组织引领作用,既不越位也不缺位,着力推动双方合作不断迈上新台阶。总体而言,与欧、美、日、韩、新加坡等发达国家相比,广东企业参与东盟经济合作的层次和领域仍存在较大差距,有待进一步拓展提升。近年中小企业逐步成为广东境外投资主力,但中小企业规模小、抗风险能力弱,国际竞争力不足。政府应参照目前已经建立的"广东省'走出去'能源基础设施产业联盟"等企业联盟的模式,以政府支持、行业协会组织、龙头企业引领的方式,积极打造更多的区域性企业联盟平台,更好发挥政府的组织引领作用,引导广大企业"抱团下南洋",从更高层面、凝聚更大力量开拓东盟市场。尤其要结合广东当前与东盟经贸合作的实际情况,加快在东盟国家建设广东优势产业基地。加快构建自主性对外经贸服务体系。围绕加强广东与境外直接联系目标,设立更多驻外经贸办事处,采取"区域总部+网点"及"多方共建共享"模式,以点带面扩大办事处网点,发挥好沟通、协调、衔接、服务等作用。[1]

(四)突出合作重点

广东按照国家部署并结合实际,已先后在东盟多国布局了一批重点项目,应当抓紧抓实,力求落地见效。突出技术、品牌和市场,抓住和用好海外并购重组机会,推动价值链从低端向中高端延伸。加快打造东盟热带农业、林业、渔业集聚区,推动广东农垦集团扮演好中国农业对外合作的排头兵角色,创新走出去模式,引导国内投资经营主体联合走出去,实现企业行为和国家战略及外交目标的有机统一。

---

[1] 蔡立辉、梁钢华:《"一带一路"与广东东盟经贸合作的深化研究》,《学术研究》2019年第6期。

进一步提升中新（广州）知识城等境内合作园区引资引技引智能力，继续谋划建设一批高水平国际合作载体。

（五）大力构建服务保障体系

由于与海外经贸合作的不确定性较大，要把建立和完善对外协调与安全保障机制、强化海外风险预警和防范能力放在重中之重的位置上，切实抓好。充分发挥驻外领事馆优势，加强与沿线国家驻外领事馆的联系，促进与驻外商会、协会等的沟通对接，实现信息共享，为政府决策和企业合作提供服务。建立"走出去"公共服务平台，为企业提供资讯、投融资、法律、财务、税务、保险、市场风险预警等一站式服务。抓好涉外信息和智库建设，提高信息前瞻性、针对性和实效性。

（六）发挥华侨华人众多的独特优势

海外华人华侨是广东深化对外开放的突出优势。要坚持胸怀全局、为侨服务、改革创新、稳中求进，当好海外侨胞和归侨侨眷的贴心人，深入凝聚侨心、汇集侨智、发挥侨力，从更高层面、更深层次、更广领域服务国家对外工作和全国全省发展大局。拓展深化东盟国家侨务工作，促进与东盟国家深化交流合作、增进民心相通，助推企业"走出去"发展。[①]

第八节　海南省推进南向开放"软件"建设对策

一　海南省在南向开放中的地位及发展定位

海南省作为"海上丝绸之路"的重要支点，紧紧围绕建设全面深化改革开放试验区、国家生态文明试验区、国际旅游消费中心，实行更加积极主动的开放战略，把海南打造成为我国面向太平洋和印度洋

[①] 蔡立辉、梁钢华：《"一带一路"与广东地缘经济功能重塑》，《暨南学报》（哲学社会科学版）2019年第6期。

的重要对外开放门户。同时深度融入"一带一路"建设,发挥与东盟国家陆海相邻的独特优势,加强与"一带一路"沿线国家的国际合作,建设成为国家重大战略服务保障区、21世纪"海上丝绸之路"互联互通建设的重要枢纽、经贸合作的前沿平台、人文交流的重要纽带。[1]

2018年4月13日,中央决定在海南全岛建设自由贸易试验区和探索建设中国特色自由贸易港。未来的海南,必将利用综合优势,发挥重要作用促进南向开放。

2020年6月1日,《海南自由贸易港建设总体方案》正式出台。按照党中央重要部署,海南自贸港将对标国际高水平经贸规则,聚焦贸易投资自由化便利化,建设西部陆海新通道国际航运枢纽和航空枢纽,打造成为引领我国新时代对外开放的鲜明旗帜和重要开放门户。

二 海南省对接南向开放现状

一是借助博鳌亚洲论坛外交平台,搭建起与"一带一路"沿线国家和地区交流合作的桥梁,建立了探讨泛南海地区合作的"二轨"外交平台。

二是与以东盟为主的"一带一路"沿线国家互联互通取得明显突破,基本实现海南与东盟国家直飞航线全覆盖,与泛南海地区三小时空中飞行圈基本成型。

三是不断构建"一带一路"沿线国家陆海贸易通道,重点打造以海口、洋浦港为核心的面向两大洲和两大洋的具有国际航运和物流中心功能的枢纽港,成为国际陆海贸易的新通道。

四是不断扩大"朋友圈"。截至2020年6月,海南国际友好城市数量增至64个,其中省级友好城市38个,"一带一路"岛屿友好城市近半,覆盖东盟绝大多数国家。海南不断敞开的大门,正欢迎全球

---

[1] 马雪净:《"一带一路"建设背景下海南自由贸易区路径选择》,《新西部》2020年第2期。

市场主体和各类人才共享自贸港机遇和发展成果，不断拓宽的"朋友圈"也将为自贸港带来更优质的全球资源，彼此将在开放环境中密切合作、实现共赢。

三 海南省推进南向开放"软件"建设对策

（一）利用自贸港政策优势，完善公平开放的现代市场体系和市场化机制

构建以国际旅游业、金融服务业、高新技术产业、现代特色农业、医疗健康业为主导的现代产业体系；从优化税制、减少税种、降低税率、高效征管等方面建立现代税收体系；通过本外币资金池、投贷联动、飞机租赁、"双创"金融债券、跨境融资、离岸金融等业务，构建金融创新体系。

（二）进一步搭建国际合作与交流平台

海南通过博鳌论坛平台策划海南主题活动，打造一系列对外交往平台体系，搭建海南与"一带一路"沿线国家和地区交流合作的新桥梁。海南支持企业"出海"参与"一带一路"建设。在推进国际产能合作上，海南主打热带特色农业，拓展海南企业海外朋友圈。

（三）依托区域与政策优势构建区域服务贸易中心

随着自由贸易港的深入建设，其政策优势也将凸显。以此为依托，海南省可与沿线国家建立起广泛的服务贸易合作。例如，海南省可依托自由贸易港的优势，在当地建立人民币结算中心。在当前的国际贸易中，"一带一路"沿线国家无法通过出口贸易获得充足的美元。这一问题将使我国的出口企业承受更高的汇率风险，而海南省可利用政策优势解决这一问题。

（四）积极推动跨境电子商务发展，构建"网上丝绸之路"

2018年国务院批复同意海口设立跨境电子商务综合试验区。以此为契机，海南可大力发展跨境电商，加快建设海口跨境电子商务综合试验区，借鉴"保税+社区新零售""跨境电商+新零售"等新模

式，推动海南跨境电商创新发展。加大跨境电商招商力度，吸引国内外知名电商平台入驻。搭建综合性的跨境贸易电子商务平台，实现物流数据共享，提供物流数据交换、电子商务通关、贸易信息公布等综合性服务，构建"网上丝绸之路"。

(五) 充分发挥自由贸易港的政策优势

自由贸易港的定位是全面开放的新高地。海南自由贸易港将在税收、金融制度、市场准入等方面做出一系列特殊的政策安排，实行全方位的开放，包括货币流通、人员流通、信息流通、货物流通，以及更为重要的法律和监管方面的全方位变革。无疑，海南自贸港将以超大规模国内市场和腹地经济为依托，承担起中国南向开放的枢纽作用。一是构建海南连接"一带一路"南向沿线国家的空海联动通道。海南应充分利用南向国家扩大对华进出口和直接投资平台以及"海上丝绸之路"的地理优势，大力开拓连接南向国家的外贸航线，构建地理距离最短、运行最高效、便于监管的新贸易通道。二是利用区域与政策机遇建设区域服务贸易中心。海南省地理位置非常优越，且伴随着中国特色自由贸易港的建设契机，海南应发挥政策优势积极与南向国家加强服务贸易交流。例如：在海南建立人民币结算平台，邀请国外企业来海南建立办事机构。三是推动跨境电子商务扩大规模，建设"网上丝绸之路"。以南向开放为契机，加快组建海运、航运、陆运信息交换的海上丝绸之路物流信息交流平台，并成为高效、便捷的物流信息交流中心；搭建综合性的跨境电子商务平台，通过"网上丝绸之路"提供物流、商务、贸易信息的共享服务。

参考文献

艾渺：《一带一路基础设施建设步履不停》，《中国对外贸易》2020年第2期。

毕瑞丹：《"一带一路"下中苏产能合作的机遇与挑战》，《宏观经济管理》2020年第4期。

蔡立辉、梁钢华：《"一带一路"与广东地缘经济功能重塑》，《暨南学报》（哲学社会科学版）2019年第6期。

蔡立辉、梁钢华：《"一带一路"与广东东盟经贸合作的深化研究》，《学术研究》2019年第6期。

曹忠祥：《中巴经济走廊建设的经验与启示》，《中国经贸导刊》2019年第20期。

查文晔、农冠斌：《两岸记者广西行 感受"一带一路"建设脉动》，《台声》2019年第14期。

柴适：《交通投资项目的风险分析与管理》，《交通与港航》2018年第3期。

陈鸿磊：《浅析中印缅孟经济走廊建设的意义及对策》，《经济研究导刊》2013年第36期。

陈华：《全力实施"南向、北联、东融、西合"打造广西全方位开放发展新格局》，《桂海论丛》2018年第5期。

陈利君：《孟中印缅能源合作问题探讨》，《云南大学学报》（社会科学版）2005年第4期。

参考文献

陈林、杨国胜、杨光：《海南与"一带一路"国家的协同合作》，《现代营销》（经营版）2019年第1期。

陈平、陈卫恒：《"中巴经济走廊"作为"一带一路"倡议的示范区：现状、可行性及面临的风险》，《国别和区域研究》2019年第3期。

陈伟萍：《"一带一路"背景下海南建设自由贸易港评析》，《现代商业》2018年第27期。

陈文玲、梅冠群：《"一带一路"物流体系的整体架构与建设方案》，《经济纵横》2016年第10期。

陈雨羲、岳中心：《中巴经济走廊早期收获阶段的进展、挑战与对策》，《对外经贸实务》2020年第4期。

程云洁、蒋舜：《中国新疆与巴基斯坦贸易发展特征和发展对策分析——基于"中巴经济走廊"建设视角》，《乌鲁木齐职业大学学报》2019年第4期。

崔文博：《四川省融入中蒙俄经济走廊发展的建议》，《北方经济》2020年第1期。

邓辉：《建立钦州与中新南向通道 沿线城市物流协作机制的问题研究》，《大陆桥视野》2019年第1期。

杜朝新：《关于新海关助推"陆海新通道"建设的思考》，《海关与经贸研究》2019年第5期。

杜江、于海凤、王海燕：《中巴经济走廊背景下中巴文化产业合作：现状、路径选择与对策》，《南亚研究季刊》2019年第3期。

范建华、齐骥：《论云南在国家向西开放战略中的地位与作用——开放大西南重振南丝路的战略构思》，《学术探索》2014年第4期。

方志斌：《中国—中南半岛经济走廊建设的发展现状、挑战与路径选择》，《亚太经济》2019年第6期。

冯传禄：《"一带一路"视野下南亚地缘政治格局及地区形势发展观察》，《南亚研究》2017年第3期。

符瑜：《"一带一路"背景下海南现代物流产业发展及对策研究》，

《物流科技》2017年第12期。

傅远佳:《中国西部陆海新通道高水平建设研究》,《区域经济评论》2019年第4期。

甘肃省发改委:《甘肃:陆海新通道的关键节点》,《中国投资》2019年第17期。

古俊伟:《巴基斯坦〈论坛快报〉建构的中巴经济走廊面临的问题》,《新闻传播》2019年第16期。

《关于畅通南向通道深化南向开放合作的实施意见(摘要)》,《四川日报》2018年9月28日。

广西壮族自治区财政厅:《南向、北联、东融、西合 广西积极融入"一带一路"开放大格局》,《中国财政》2018年第23期。

郭朝先、刘芳:《"一带一路"产能合作新进展与高质量发展研究》,《经济与管理》2020年第3期。

郭文强、侯勇严、李光明、文正威:《"一带一路"倡议引导下研究生教育国际化的思考》,《教育教学论坛》2020年第17期。

国家发展改革委、外交部、商务部:《推动共建丝绸之路经济带和21世纪海上丝绸之路的愿景与行动》,《人民日报》2015年3月29日。

国家发展改革委:《西部陆海新通道总体规划》,2019年8月15日,http://www.gov.cn/xinwen/2019-08/15/content_5421375.htm。

国家统计局:《中国—东盟统计年鉴2019》,中国统计出版社2019年版。

韩惠民:《中远海运:乘"南向通道"之机 打造"一带一路"陆海新干线》,《中国远洋海运》2018年第5期。

郝洁、李大伟:《将南向通道建设为西部地区全面开放战略大通道的思考》,《中国发展观察》2019年第Z1期。

何帆、朱鹤、张骞:《21世纪海上丝绸之路建设:现状、机遇、问题与应对》,《国际经济评论》2017年第5期。

参考文献

胡必松：《陕渝铁水联运通道研究》，《铁道标准设计》2017年第6期。

黄德凯：《孟中印缅经济走廊的非传统安全合作研究——基于中国新安全视角的分析》，云南大学国际关系硕士论文，2015年。

黄镇东：《中国西南地区建设"南向通道"的前景》，《重庆交通大学学报》（自然科学版）2019年第11期。

霍强、储星星、李芹：《中印缅孟经济走廊建设的重点、难点及对策》，《东南亚纵横》2014年第5期。

蒋连生：《发挥海陆门户新优势 打造开放合作新通道 南向通道建设开辟广西发展广阔空间》，《广西经济》2018年第8期。

焦娜：《基于PPP模式的一带一路基础设施建设研究》，《工程与建设》2020年第1期。

金刚、沈坤荣：《中国企业对"一带一路"沿线国家的交通投资效应：发展效应还是债务陷阱》，《中国工业经济》2019年第9期。

景婉博：《以"大国财政"理念助推"一带一路"建设》，《财政监督》2017年第15期。

乐国友、唐慧：《"一带一路"背景下中国—中南半岛国际经济走廊陆路互联互通建设探讨》，《物流技术》2019年第6期。

黎明：《甘肃：建起新通道 发展上"高速"》，《当代贵州》2019年第23期。

李彬、靳友雯：《广西加强与南向通道沿线物流协作研究》，《经济研究参考》2018年第65期。

李进峰：《推进我国与中亚地区"一带一路"产能合作》，《中国国情国力》2020年第2期。

李静熙、施东琦、洪树琼：《云南"南向"跨境高等教育国际合作的SWOT分析》，《云南农业大学学报》（社会科学版）2018年第3期。

李力：《中国铁路兰州局集团公司服务"一带一路"倡议的基础性保

障实践》,《兰州交通大学学报》2020年第2期。

李丽平等:《孟中印缅经济走廊下以环保产业合作推动绿色发展的总体思路》,《环境与可持续发展》2018年第6期。

李明:《"一带一路"倡议下海南对外文化交流的路径》,《传播力研究》2019年第33期。

李牧原:《国际物流大通道建设与发展模式》,《中国远洋海运》2018年第2期。

李牧原、郝攀峰、许伟:《试看"南向通道"的战略布局（二）》,《中国远洋海运》2018年第7期。

李牧原、郝攀峰、许伟:《试看"南向通道"的战略布局（三）》,《中国远洋海运》2018年第8期。

李牧原、郝攀峰、许伟:《试看"南向通道"的战略布局（一）》,《中国远洋海运》2018年第6期。

李书瑶:《孟中印缅经济走廊贸易关系和发展潜力研究》,云南财经大学西方经济学硕士论文,2015年。

李文健:《落实"三大定位"全力支持服务中新互联互通南向通道建设》,《广西经济》2017年第9期。

梁双陆、申涛:《中国—中南半岛经济走廊沿线国家经济关联与增长的空间溢出效应》,《亚太经济》2019年第5期。

梁振民:《中巴经济走廊建设：意义、进展与路径研究》,《亚太经济》2018年第5期。

林麟:《"一带一路"背景下海南物流行业的转型研究》,《中国市场》2020年第13期。

刘宝存、胡瑞:《东南亚国家来华留学教育：进展、问题与对策》,《华南师范大学学报》(社会科学版)2018年第5期。

刘宝存、张永军:《"一带一路"沿线国家孔子学院发展现状、问题与改革路径》,《西南大学学报》(社会科学版)2019年第2期。

刘洪铎、陈晓珊:《"一带一路"背景下中国跨境人民币结算业务的发展现状、存在问题及应对策略》，《新疆经济研究》2018 年第 2 期。

刘佳俊：《孟中印缅经济走廊贸易发展潜力分析》，云南财经大学世界经济硕士论文，2018 年。

刘静：《"一带一路"框架下海南应用型英语专业人才的培养路径》，《北方文学》2017 年第 15 期。

刘伟、侯立娟、王亚舒：《缅甸天然气市场展望及中国企业投资合作建议》，《国际石油经济》2019 年第 8 期。

刘鑫、黄旭文：《中国—中南半岛经济走廊建设的几个要点》，《人民论坛》2018 年第 36 期。

刘稚、黄德凯：《地缘政治权力结构冲突下的孟中印缅经济走廊建设》，《南亚研究》2018 年第 1 期。

卢光盛、邓涵：《经济走廊的理论溯源及其对孟中印缅经济走廊建设的启示》，《南亚研究》2015 年第 2 期。

卢伟、公丕萍、李大伟：《中国—中南半岛经济走廊建设的主要任务及推进策略》，《经济纵横》2017 年第 2 期。

陆建人、蔡琦：《中国—东盟人文交流：成果、问题与建议》，《创新》2019 年第 2 期。

吕同舟：《四川发力对接"一带一路"南向通道》，《中国远洋海运》2018 年第 5 期。

罗群、朱强：《20 世纪以来"南方丝绸之路"研究述评》，《长安大学学报》（社会科学版）2015 年第 3 期。

马乐：《论中新互联互通南向通道对我国经济发展的价值》，《经贸实践》2018 年第 13 期。

马黎明：《打造"一带一路南线"的 LNG 通道》，《中国油气》（英文版）2019 年第 2 期。

马亮：《国际战略的国内协同：以"一带一路"为例》，《江苏师范大学学报》（哲学社会科学版）2019 年第 4 期。

马雪净：《"一带一路"建设背景下海南自由贸易区路径选择》，《新西部》2020年第2期。

孟昕馨、帅娟：《四川省南向铁路货运通道研究》，《铁道经济研究》2019年第2期。

倪弋：《打通西部商业发展"大动脉"》，《商业文化》2018年第30期。

聂润庆：《2017年中国和东盟的交往与合作》，《现代交际》2018年第18期。

潘欣：《以"一带一路"南向通道建设推动西部开发新格局》，《中国经贸导刊》2018年第16期。

庞敏、张志伟：《"一带一路"沿线国家投资便利化问题研究》，《理论探讨》2019年第4期。

祁怀高：《新中国70年周边多边外交的历程、特点与挑战》，《世界经济与政治》2019年第6期。

乔丹：《21世纪海上丝绸之路贸易自由化便利化及其经济效应研究》，华侨大学国际贸易学硕士论文，2018年。

乔文汇：《新疆丝绸之路经济带核心区建设加速》，《大陆桥视野》2015年第5期。

钦州市社科联、钦州市政协研究室联合调研组：《大力提升综合服务能力 加快推进"一带一路"南向通道陆海枢纽城市建设——广西钦州市融入"一带一路"建设的探析》，《大陆桥视野》2018年第9期。

屈廖健、刘宝存：《"一带一路"倡议下我国国别和区域研究人才培养的实践探索与发展路径》，《中国高教研究》2020年第4期。

饶卫：《近代云南对外开放格局的形成及其历史意义》，《云南师范大学学报》（哲学社会科学版）2017年第1期。

邵建平：《中国的东盟政策：误解与正解》，《外交评论》2017年第1期。

参考文献

沈铭辉、张中元：《探索中的"一带一路"融资机制》，《国际融资》2018年第7期。

盛叶、魏明忠：《中国—中南半岛经济走廊通道建设探究》，《当代经济》2017年第2期。

盛毅：《借势西部陆海新通道建设 深化四川南向开放》，《四川日报》2019年8月29日。

盛玉雪、王玉主：《中国—中南半岛经济走廊推进机制：需求、供给及选择》，《学术探索》2018年第3期。

石先进：《"一带一路"框架下中国与中亚五国农业产能合作路径》，《云南大学学报》（社会科学版）2020年第1期。

四川省人民政府办公厅：《关于畅通南向通道深化南向开放合作的实施意见》，2018年9月19日，www.sc.gov.cn/10462/10464/10797/2018/9/28/10459916.shtml。

宋蒙蒙、於晓琴、耿松涛：《"一带一路"倡议下海南国际化人才培养模式探析》，《创新科技》2018年第5期。

宋颖慧、王瑟、赵亮：《"中国债务陷阱论"剖析——以斯里兰卡政府债务问题为视角》，《现代国际关系》2019年第6期。

孙瑞者、龚英、汤晓燕、郑铁、曾艳：《一带一路对重庆市物流业的影响分析》，《物流工程与管理》2017年第12期。

谭晶纯、尹朝平、李绍明：《主动服务和融入国家发展战略建设面向南亚东南亚辐射中心》，《云南日报》2015年3月19日。

汤晓龙：《"一带一路"节点城市的发展路径研究——以广东省湛江市为例》，《财经理论研究》2016年第2期。

汤正仁：《"新南方丝绸之路"视野下的贵州发展战略定位》，《区域经济评论》2014年第6期。

陶季邑、谷合强：《中巴经济走廊"早期收获"阶段建设成效探析》，《国际论坛》2019年第3期。

田丰伦：《重庆对外开放的南向战略》，《重庆日报》2012年12月

20 日。

田军：《中国—东盟自由贸易区：重庆对外开放的南向战略》，《中国软科学研究会·第十一届中国软科学学术年会论文集（上）》2015 年。

屠年松、王浩：《大湄公河次区域经济一体化策略研究——基于边界效应视角》，《未来与发展》2017 年第 11 期。

屠年松、薛丹青：《中国—中南半岛经济走廊国家全球价值链升级研究》，《经济问题》2018 年第 2 期。

屠年松：《中国—中南半岛经济走廊建设下的贸易合作研究》，《企业经济》2018 年第 4 期。

王付永：《构建立体全面开放格局　四川为什么要突出南向?》，《四川日报》2018 年 8 月 9 日。

王国平：《泛珠三角区域合作与大湄公河次区域经济合作》，《云南社会科学》2007 年第 2 期。

王海波：《借力大通道"东风"打造物流枢纽——走访南向通道系列报道之重庆篇》，《当代广西》2018 年第 11 期。

王宏丽：《新疆"丝绸之路经济带"核心区建设进程与前景展望》，《克拉玛依学刊》2018 年第 1 期。

王剑峰：《理解国际机制融合的社会化逻辑——兼谈"一带一路"沿线机制融合问题》，《国际观察》2019 年第 3 期。

王景敏：《"西部陆海新通道"物流系统建设面临的挑战与应对之策》，《对外经贸实务》2019 年第 5 期。

王琳华：《中国对中南半岛的 FDI 和 OFDI 对中国技术创新的影响》，《经济动态与评论》2019 年第 1 期。

王领、陈珊：《孟中印缅经济走廊的贸易效率及潜力研究——基于随机前沿引力模型分析》，《亚太经济》2019 年第 4 期。

王幸福、高维新：《湛江海洋产业对接"一带一路"倡议的对策研究》，《湖北经济学院学报》（人文社会科学版）2018 年第 10 期。

参考文献

王雪梅、赵双花：《"一带一路"背景下我国高校非通用语种专业建设：现状、问题与对策》，《外语电化教学》2017年第2期。

王正菲、梁爽：《"一带一路"框架下基础设施PPP模式风险研究》，《对外经贸》2019年第9期。

卫玲、戴江伟：《丝绸之路经济带：形成机理与战略构想——基于空间经济学语境》，《西北大学学报》（哲学社会科学版）2014年第4期。

文淑惠、胡琼：《制度距离、相邻效应与中国对中南半岛国家的直接投资》，《国际商务》（对外经济贸易大学学报）2019年第3期。

吴世韶：《地缘政治经济学：次区域经济合作理论辨析》，《广西师范大学学报》（哲学社会科学版）2016年第3期。

吴学刚：《拓展南向开放通道》，《经营管理者》2002年第5期。

吴阳：《公路建设项目社会稳定风险评估方法研究》，长安大学环境工程硕士论文，2017年。

吴垠：《南向开放亟待构建梯度格局》，《四川日报》2018年8月14日。

肖佳宜：《海南如何吸引更多"一带一路"国际组织落户》，《世界热带农业信息》2019年第10期。

谢春芳、董娟：《贵州外向型企业的历史新机遇：西部陆海新通道》，《企业科技与发展》2019年第11期。

谢来辉：《"一带一路"与全球治理的关系——一个类型学分析》，《世界经济与政治》2019年第1期。

辛曼玉：《"一带一路"倡议下国际物流大通道建设研究》，《物流技术》2015年第16期。

邢瑞利：《"一带一路"倡议在南太平洋地区的进展、挑战及应对》，《边界与海洋研究》2018年第3期。

熊彬、范亚亚：《价值链嵌入形式、制度质量与国际分工地位——基于中国—中南半岛经济走廊国家的面板数据分析》，《哈尔滨商业大学学报》（社会科学版）2019 年第 5 期。

熊灵、徐俊俊：《南向通道建设的"一带一路"联动效应：影响与挑战》，《边界与海洋研究》2019 年第 1 期。

徐秀军：《中巴经济走廊建设：进展、问题与对策》，《区域与全球发展》2018 年第 6 期。

严安林、张建：《"一带一路"倡议对亚太秩序与两岸关系的影响》，《台湾研究》2017 年第 4 期。

杨丛：《构建"南向北联东融西合"新格局 推动广西向更高质量全方位开放发展》，《广西经济》2018 年第 8 期。

杨军、冼威、周阳：《"一带一路"倡议下广西高职院物流专业如何借船出海》，《环球市场信息导报》2017 年第 34 期。

杨伟娟、杨柳泉：《广西迎来与"一带一路"沿线国家贸易新一轮发展机遇》，《广西经济》2017 年第 11 期。

杨祥章、郑永年：《"一带一路"框架下的国际陆海贸易新通道建设初探》，《南洋问题研究》2019 年第 1 期。

杨祥章、郑永年：《"一带一路"框架下的国际陆海贸易新通道建设初探》，《南洋问题研究》2019 年第 1 期。

杨耀源：《泛北部湾经济合作转型升级的"助推器"——论中新互联互通南向通道在泛北部湾经济合作转型升级中的作用》，《东南亚纵横》2018 年第 2 期。

姚金伟、韩海燕：《当代中国地方官员有序政治流动及其经济性影响——实际任期考察的视角》，《财经问题研究》2019 年第 5 期。

姚树洁、欧璟华、房景：《"一带一路"框架下国际陆海贸易新通道与中蒙俄经济走廊建设——基于打造重庆内陆开放高地视角的研究》，《渭南师范学院学报》2018 年第 24 期。

尹响、易鑫：《孟中印缅经济走廊陆海交通基础设施联通研究》，《南亚研究季刊》2018 年第 4 期。

尤宏兵、周珍珍：《中巴经济走廊：推动区域全面合作的新枢纽》，

《国际经济合作》2019 年第 2 期。

袁波:《关于"南向通道"合作与中国西部开放发展的思考》,《东南亚纵横》2018 年第 2 期。

袁航、王庆、贾智:《"一带一路"与贵州机遇——访中国浦东干部学院教授、"一带一路"与长江经济带研究中心主任毛新雅》,《当代贵州》2018 年第 44 期。

翟晓岩:《"南向通道"建设中的甘肃战略定位与辐射作用》,《天水行政学院学报》2019 年第 6 期。

张春宇、朱鹤、刘桂君:《"一带一路"的金融创新:现状、特点、问题及建议》,《国际税收》2018 年第 4 期。

张发林:《化解"一带一路"威胁论:国际议程设置分析》,《南开学报》(哲学社会科学版)2019 年第 1 期。

张国臣:《"一带一路"背景下海南省国际教育发展审视》,《海南热带海洋学院学报》2017 年第 1 期。

张磊:《中新互联互通南向通道驱动因素分析与对策》,《学术论坛》2018 年第 5 期。

张立、王学人:《从地区主义视角看孟中印缅经济走廊建设》,《南亚研究》2017 年第 3 期。

张陇娟、王尚平:《南向通道:渝桂黔陇区域开放度实证分析》,《物流科技》2018 年第 11 期。

张胜:《做强南向开放通道 加快建设蓉欧枢纽》,《先锋》2018 年第 5 期。

张耀铭:《中巴经济走廊建设:成果、风险与对策》,《西北大学学报》(哲学社会科学版)2019 年第 4 期。

张译丹、陈丹蕾、苏小军、唐秋生:《不确定环境下中新南向物流通道运输成本现状评价与发展对策研究》,《智能城市》2018 年第 21 期。

张应华:《紧抓"一带一路"机遇 打造甘肃枢纽制高点》,《甘肃日报》2019 年 8 月 14 日。

章应、闫夏：《CPEC 特殊政策篇：防微杜渐》，《中国外汇》2018 年第 10 期。

赵昌平等：《嵌入性理论视角下"南海问题"的响应战略研究》，《上海交通大学学报》（哲学社会科学版）2018 年第 2 期。

赵光辉：《探析谱写"一带一路"贵州篇的政策导向》，《贵州日报》2018 年 8 月 21 日。

赵蓉、韩建民：《丝绸之路经济带背景下甘肃对外贸易现状与问题研究》，《农村经济与科技》2019 年第 13 期。

赵伊军：《铁路建设项目经济评价及其指标体系探析》，《科技传播》2011 年第 2 期。

赵永华、王睿路：《"一带一路"传播研究的局限与突破》，《中国出版》2018 年第 22 期。

赵光辉、朱谷生、王厅：《"一带一路"背景下国际陆海贸易新通道发展现状评价》，《物流技术》2019 年第 7 期。

《关于新时代推进西部大开发形成新格局的指导意见》，《人民日报》2020 年 5 月 18 日。

钟德才：《"一带一路"倡议下国际物流通道建设问题研究》，《中国商论》2017 年第 7 期。

钟建珊：《广西多措并举谋建中国—东盟国际海陆贸易新通道》，《珠江水运》2018 年第 1 期。

钟明容、刘忠萍：《西部陆海新通道高水平、高质量发展研究文献综述》，《物流科技》2019 年第 8 期。

周黎安：《晋升博弈中政府官员的激励与合作——兼论我国地方保护主义和重复建设问题长期存在的原因》，《经济研究》2004 年第 6 期。

周明华：《扩大南向开放 四川需借势借力》，《四川日报》2018 年 8 月 14 日。

参考文献

朱翠萍、陈富豪:《中国—中南半岛经济走廊建设:潜力、挑战与对策》,《东南亚纵横》2019年第2期。

朱雄关、姜瑾:《云南在"一带一路"中的优势分析与对策思考》,《楚雄师范学院学报》2015年第4期。

庄堇洁:《西部地区开发开放的新机遇——陆海贸易新通道》,《中国外资》2019年第1期。

庄媛媛、郭琼琼、常汞:《"一带一路"倡议下中国与南亚标准化合作探析》,《南亚研究季刊》2018年第4期。

Hussai, Z. Z., The "BCIM Regional Cooperation": an Emerging Multilateral Framework in Asia, *Geopolitics History & International Relations*, 2015, No. 7.

Masami I. and Ikumo I., "Old, New and Potential Economic Corridors in the Mekong Region", BRC Research report, Bangkok research center, 2012, No. 8.

Sahoo P., Bhunia A. and Dhankar S., "BCIM Economic Corridor—Prospects and Challenges", Working Papers, 2014, No. 7.